高等职业教育"十三五"规划教材——轨道交通类

轨道交通牵引供电系统

主　编　周　宏　田　瑞　徐　平
副主编　韩长英　杨正洪　勾永直

西南交通大学出版社
·成　都·

图书在版编目（CIP）数据

轨道交通牵引供电系统/周宏，田瑞，徐平主编.
—成都：西南交通大学出版社，2015.7（2024.3 重印）
高等职业教育"十三五"规划教材. 轨道交通类
ISBN 978-7-5643-4018-6

Ⅰ. ①轨… Ⅱ. ①周… ②田… ③徐… Ⅲ. ①城市铁路–轨道交通–牵引供电系统–高等职业教育–教材
Ⅳ. ①U239.5

中国版本图书馆 CIP 数据核字（2015）第 151910 号

高等职业教育"十三五"规划教材——轨道交通类

轨道交通牵引供电系统
主编　周宏　田瑞　徐平

责 任 编 辑	李芳芳
特 邀 编 辑	杨伟浩　秦志慧
封 面 设 计	原谋书装
出 版 发 行	西南交通大学出版社 （四川省成都市金牛区二环路北一段 111 号 　西南交通大学创新大厦 21 楼）
发 行 部 电 话	028-87600564　028-87600533
邮 政 编 码	610031
网　　　　址	http://www.xnjdcbs.com
印　　　　刷	四川五洲彩印有限责任公司
成 品 尺 寸	185 mm × 260 mm
印　　　　张	11.25
插　　　　页	1
字　　　　数	281 千
版　　　　次	2015 年 7 月第 1 版
印　　　　次	2024 年 1 月第 5 次
书　　　　号	ISBN 978-7-5643-4018-6
定　　　　价	26.00 元

课件咨询电话：028-81435775
图书如有印装质量问题　本社负责退换
版权所有　盗版必究　举报电话：028-87600562

前 言

本书根据城市轨道交通牵引供电系统的实际应用特点并结合目前我国电气化铁道《牵引变电所》的应用，以现场应用的电气设备为主，系统地分析了轨道交通供电系统的知识、技术和设备的使用与维护的操作规程，主要内容包括：轨道交通供电系统高压电气设备（包含变压器与整流器、高压断路器、负荷开关与隔离开关、熔断器、防雷装置和互感器等），城市轨道交通供电保护及微机保护，城市轨道交通供电系统电力电缆，牵引变电所电气主接线等基本知识。

本书可作为轨道交通供电专业和电气化铁道供电专业的高职和中职学生的通用教材，也可以作为轨道交通系统电力供电相关专业的培训教材。

本书由周宏、田瑞、徐平担任主编，由韩长英、杨正洪、勾永直担任副主编。全书编写分工如下：第一章由新疆铁道职业技术学院杨正洪编写、第三章由吉林铁道职业技术学院的田瑞老师编写；第二章由新疆铁道职业技术学院的周宏编写；第四章由乌鲁木齐市地铁公司徐平编写；第五章由新疆乌鲁木齐市技工学校的韩长英老师编写；第六章由乌鲁木齐铁路局的勾永直编写。其他参与编写的人员还有新疆铁道职业技术学院的徐冲、计建军、何涛、高盘龙和郝宝强等。全书由新疆铁道职业技术学院的孟毅军和陈光负责审阅。

由于编者水平有限，不妥之处在所难免，欢迎广大读者提出宝贵意见。

作　者

2015 年 6 月

目 录

- 绪 论 ··· 1
  - 一、城市轨道交通的种类 ·· 1
  - 二、城市轨道交通的特点 ·· 2
  - 三、城市轨道交通的作用 ·· 2
- 第一章 城市轨道交通供电系统概述 ··· 3
  - 第一节 电力牵引制式 ··· 3
    - 一、电力牵引制式种类 ·· 3
    - 二、国内发展概况 ·· 6
    - 三、牵引制式选择原则 ·· 6
  - 第二节 城市轨道交通供电系统 ·· 7
    - 一、城市轨道交通供电系统概况 ··· 7
    - 二、城市轨道交通供电系统结构 ··· 9
- 第二章 高压电气设备 ·· 15
  - 第一节 变压器与整流器 ·· 15
    - 一、变压器基础知识 ··· 15
    - 二、城市轨道交通供电系统干式变压器 ·· 23
    - 三、城市轨道交通牵引供电系统整流器 ·· 28
    - 四、变压器的运行与维护 ··· 36
  - 第二节 高压断路器 ·· 38
    - 一、电弧的形成、燃烧和熄灭 ··· 38
    - 二、高压断路器概述 ··· 41
    - 三、少油断路器 ··· 42
    - 四、SF_6 断路器 ··· 49
    - 五、真空断路器 ··· 53
    - 六、断路器的操作机构 ·· 57
  - 第三节 负荷开关、隔离开关 ··· 58
    - 一、负荷开关 ·· 58
    - 二、隔离开关 ·· 60
  - 第四节 熔断器 ·· 62
    - 一、熔断器的基本结构及工作原理 ·· 62
    - 二、高压熔断器的分类和技术参数 ·· 63
    - 三、高压管式熔断器 ··· 63

四、跌落式高压熔断器 ···64
第五节　防雷设备与防雷措施 ···64
　　一、雷云放电过程 ···64
　　二、避雷针和避雷线的保护范围 ···65
　　三、避雷器 ··70
第六节　互感器 ···74
　　一、互感器概述 ···74
　　二、电流互感器 ···74
　　三、电压互感器 ···79
第七节　高压成套配电装置 ···84
　　一、成套配电装置 ···84
　　二、分　类 ··84
　　三、高压开关柜的"五防"功能 ···84
　　四、开关柜型号及含义 ···84
　　五、结构特点简介 ···85
　　六、总体要求 ··85

第三章　轨道交通供电继电保护和微机保护 ·······························87
第一节　继电保护的意义 ··87
　　一、城市轨道交通供电系统设置继电保护的意义 ·····················87
　　二、城市轨道交通供电系统继电保护 ····································88
　　三、继电器的作用和符号 ··90
第二节　电磁型继电器 ···90
　　一、电磁型继电器原理 ···90
　　二、电流继电器 ···92
　　三、电压继电器 ···94
　　四、中间继电器 ···95
　　五、信号继电器 ···96
　　六、常用继电器线圈、触点的图形 ·······································97
第三节　变压器气体保护和差动保护 ··98
　　一、变压器气体保护 ··98
　　二、变压器差动保护 ··100
第四节　几种常用的继电保护 ··103
　　一、限时过电流保护 ··103
　　二、电流速断保护 ··104
　　三、略带时限的电流速断保护 ··104
　　四、三段式过电流保护装置 ···105
　　五、零序电流保护 ··105

  六、电流增量保护 ……………………………………………………………… 105
  七、过负荷保护 …………………………………………………………………… 106
 第五节 直流牵引供电系统的保护方式 ……………………………………………… 107
  一、直流速断保护 ………………………………………………………………… 107
  二、电流上升值 ΔI 保护 ………………………………………………………… 107
  三、电流变化率 $\mathrm{d}i/\mathrm{d}t$ 保护 …………………………………………………… 108
  四、定时限过电流保护（直流过电流保护）……………………………………… 108
  五、欠电压保护（直流欠电压保护）……………………………………………… 108
  六、热过载保护 …………………………………………………………………… 109
 第六节 城市轨道交通牵引供电系统继电保护的配置 ……………………………… 109
  一、继电保护及自动装置的设置原则 …………………………………………… 109
  二、保护配置继电保护的配置方式 ……………………………………………… 109
  三、自动装置的配置 ……………………………………………………………… 110
  四、35 kV 交流系统保护配置分析 ……………………………………………… 110
  五、直流系统保护配置分析 ……………………………………………………… 110
  六、接触网热过载保护 …………………………………………………………… 112
  七、逆流保护 ……………………………………………………………………… 112
  八、双边联跳保护 ………………………………………………………………… 113
  九、直流过电流保护 ……………………………………………………………… 114
 第七节 微机保护 ………………………………………………………………………… 114
  一、微机继电保护的基本原理 …………………………………………………… 114
  二、微机继电保护的特点 ………………………………………………………… 114
  三、微机保护装置的功能 ………………………………………………………… 115
  四、微机保护装置的硬件结构 …………………………………………………… 116

第四章 牵引变电所电气主接线 ……………………………………………………… 120
 第一节 电气主接线形式 ………………………………………………………………… 120
 第二节 常用的主接线形式 ……………………………………………………………… 122
  一、简单接线（双 T 接线）……………………………………………………… 122
  二、桥式接线 ……………………………………………………………………… 123
  三、单母线接线 …………………………………………………………………… 124
 第三节 牵引变电所典型接线模式 ……………………………………………………… 127
  一、独立牵引变电所典型接线模式 ……………………………………………… 127
  二、牵引降压混合变电所典型接线模式 ………………………………………… 129
  三、直流牵引供电系统运行方式 ………………………………………………… 130
 第四节 低压变配电系统结构及其运行 ………………………………………………… 131
  一、低压变配电系统概述 ………………………………………………………… 131
  二、降压变电所 …………………………………………………………………… 133

第五章 远动系统 …… 136

第一节 概述 …… 136
一、远动系统的基本任务 …… 136
二、远动系统的基本结构 …… 137
三、远动系统的性能指标 …… 138

第二节 远动系统的功能 …… 139
一、数据采集及处理功能 …… 139
二、运行的安全监视功能 …… 141

第三节 远动系统的硬件结构 …… 145
一、上位监控管理计算机（或计算机系统） …… 145
二、下位机系统 …… 145
三、外用接口设备 …… 145

第四节 远动系统的软件 …… 146
一、系统软件 …… 146
二、应用软件 …… 146
三、通信软件 …… 147
四、组态式软件在远动系统中的应用 …… 148

第六章 城市轨道交通供电系统电力电缆 …… 149

第一节 城市轨道交通供电系统常用电力电缆 …… 149
一、电力电缆概况 …… 149
二、城市轨道交通供电系统常用电力电缆的特点 …… 150

第二节 交联聚乙烯绝缘电力电缆 …… 151
一、35 kV 及以下交联聚乙烯绝缘电力电缆 …… 151
二、110 kV 及以上交联聚乙烯绝缘电力电缆 …… 154

第三节 750 V 或 1 500 V 直流电缆 …… 157
一、直流电缆的种类 …… 158
二、直流电缆的特性和使用要求 …… 159
三、直流电缆的结构 …… 159

第四节 电力电缆故障及检测 …… 161
一、故障原因 …… 161
二、电力电缆检测 …… 162

第五节 电力故障的探测 …… 163
一、电缆故障的类型 …… 164
二、判定电缆故障性质的方法 …… 164
三、电缆故障探测方法 …… 166
四、电缆故障的精确定点方法 …… 169

参考文献 …… 172

绪 论

一、城市轨道交通的种类

城市轨道交通系统包括地下铁路、市郊铁路、轻轨交通、磁悬浮系统,它是一个立体的交通体系,其共性是:采用电力牵引,通常采用封闭的专用线路,自动化控制水平高,运输能力强。

1. 地下铁路

地下铁路又称重型铁路,采用标准轨距 1 435 mm;最高速度为 80～100 km/h,平均速度为 30～40 km/h;馈电方式利用 DC 1 500 V 或 750 V 电压,采用架空线刚性或者柔性接触网以及第三轨受电;行车间隔为 90～120 s,行车密度高;断面客流为 4 万人/h～8 万人/h,线路形态以隧道为主。

2. 市郊铁路

市郊铁路与普速铁路类似,只不过行车密度较大,自动化控制水平较高。它主要用来满足远郊卫星城市、旅游景区、大型住宅区的客流要求,用于拓展市内交通的服务区。其启动速度高于普通铁路,运行速度最高可达 100 km/h,采用电动车组,站间距离从 5 千米到几十千米不等。市郊铁路分为环城铁路和远郊铁路。

3. 轻轨交通

轻轨并非指轻型钢轨,而是一种电力驱动的城市轨道交通系统。它造价相对较低,约每千米 1 亿元,仅为地铁的 1/7～1/5,断面客流为 3 万人/h～4 万人/h。轻轨交通一般采用全封闭专用线路,以保证车辆运行的安全和快速准时。它包括有轨电车、单轨交通系统和新交通系统,一般有地上高架和地面两种形式。

4. 磁悬浮系统

磁悬浮 magnetic levitation(缩写为 maglev)是当今世界最新的地面交通运输技术,它彻底摆脱了轮轨关系的束缚,能量损耗小,噪声低。磁悬浮有两种形式:低速磁悬浮系统和高速磁悬浮系统。对距离为 1 000 km 以上的行程,可采用高速磁悬浮系统,低速磁悬浮系统适用于机场与城市之间、都市城区与卫星城市之间以及发达地区的城市群之间。

二、城市轨道交通的特点

城市轨道交通采用电力牵引和大运量集约化运输，无污染，能耗小，被誉为绿色交通；占地少，充分利用了城市的地下空间；运量大，断面客流每小时高达几万人（地铁4万人/h～5万人/h，轻轨1万人/h～3万人/h）；速度快，平均速度为50 km/h；舒适性好且候车时间少，安全准时。现代化地铁列车与车站均有空气调节装置，能使温度与湿度保持在最舒适的范围内；城市轨道交通可靠性强、相对封闭，受环境影响小，也不受其他交通的影响。

三、城市轨道交通的作用

城市发展的过程中交通起着很重要的作用。轨道交通是现代化城市的主要资源之一，是现代化城市框架的支撑。在城市发展中它不再是追随者，而是引导者，甚至在某种程度上引导着城市的发展方向。它不仅可以优化城市的结构，还可以调整城市的布局和功能，有利于文化中心、经济中心、政治中心、工业中心、生活中心科学地建设与形成。城市轨道交通可以解决城市中心的交通拥堵问题，为进一步优化多种交通形式提供支持。它的带动效益明显，社会效益显著，可以增强城市的吸引力，增加就业岗位，同时促进相应专业技术的发展；它还会促进城市化进程，增大城市框架，增强辐射力。当前以中心城市为热核、大力发展区域经济的模式，为城市轨道交通的发展提供了机遇。

第一章　城市轨道交通供电系统概述

※知识目标※

1. 了解电力牵引制式的概念。
2. 掌握馈电方式、牵引制式与受流方式的概念。
3. 了解第三轨和第四轨的供电特点。
4. 了解目前国内城市轨道交通的发展状况。
5. 掌握牵引供电系统的供电方式。

第一节　电力牵引制式

一、电力牵引制式种类

（一）牵引制式概述

电力牵引制式是指牵引供电系统向电动车组或电力机车供电所提供的电流和电压的制式。

目前电力牵引制式按电流分，有直流制式和交流制式；按相数分，有单相制式和三相制式。

城市轨道交通牵引系统采用直流供电制式,现在的轨道交通牵引车辆多采用异步电动机，首先把接收到的直流电通过逆变设备，变换成交流电，而且电压和频率都可以调节，实现了通过改变频率调节电动机速度的方法，可以实现柔性启动，使车辆运行更平稳，效率更高；同时也可以通过调压来改变电动机的速度。

我们国家采用 50 Hz、25 kV 的工频单相交流制式。交流制式既保留了交流电可以升高供电电压的长处，又有用串励直流电动机作为牵引电动机的优点。

在电力机车上，常装设降压变压器和大功率整流设备，将高电压降压，然后整流成适合直流电动机要求的形式。电动机的调速，可以通过降压变压器的抽头或可控整流装置的电压来调解。一般来说，采用交流制式，供电电压相对较高；采用直流制式，供电电压相对较低。

交流制式的电压一般为几千伏到几十千伏；而直流制式的供电电压一般为 600～3 000 V。不论是交流制式还是直流制式，目前都没有统一的国际标准，每个国家都可根据自己的实际情况确定。在我国，交流制式采用唯一的 50 Hz、25 kV 的工频单相交流。而对于直流制式，也确定了两个标准，即 1 500 V 和 750 V，主要应用于城市轨道交通。城市轨道交通电压种类如表 1-1 所示。

表 1-1 城市轨道交通电压种类

电压	最低允许电压	额定电压	最高电压
DC 600V	400 V	600 V	720 V
DC 750 V	500 V	750 V	900 V
DC 1 500 V	1 000 V	1 500 V	1800 V
DC 3 kV	2 kV	3 kV	3 kV
AC 15 kV，16.7 Hz	11 kV	15 kV	17.25 kV
AC 25 kV，50 Hz	17.5 kV	25 kV	27.5 kV
AC 27.5 kV，50 Hz	19 kV	27.5 kV	29 kV

（二）馈电方式、牵引制式与受流方式

不同的牵引制式有不同的电压等级，无论电压等级如何，总是需要把电能馈送到机车上，而针对各种牵引制式，世界各国的电气工程师们研究出了不同的馈电方式。对于不同的馈电方式，受流设备（车辆）的受流方式也不一样。

目前，从世界范围内看，馈电方式共有架空式、第三轨、第四轨三种。

1. 架空式

架空式适合所有不同的牵引制式。无论直流或者交流，无论高压或者低压，架空式覆盖了从 250 V～50 kV 所有的轨道交通形式。一般来说，电压越高，采用架空式的越多。表 1-2 是架空式系统电压制式举例。

表 1-2 架空式系统电压制式举例

电压/V	电流形式	国家	电压/V	电流形式	国家
250	DC	美国	6 000	50 Hz	德国
500		很多国家采用	6 250		英国
525		瑞士	6 300	25 Hz	德国
550		英国	6 500		澳大利亚
900		瑞士	6 600		挪威
1 000		匈牙利	6 600	50 Hz	德国
1 100		阿根廷	8 k	25 Hz	德国
		西班牙	10 k		新西兰
1 200		古巴	11 k	$16\frac{2}{3}$ Hz	瑞士
		德国			
		爱沙尼亚		50 Hz	法国

续表 1-2

电压/V	电流形式	国家	电压/V	电流形式	国家
1350	DC	意大利	12 k	$16\frac{2}{3}$ Hz	法国
		瑞士	12.5 k	25 Hz，60 Hz	美国
2 400		德国	20 k	50 Hz，60 Hz	德国
		法国			法国
3 500		英国			日本
5 500	$16\frac{2}{3}$ Hz	德国	50 k	50 Hz，60 Hz	南非
					美国
6 000	DC	俄罗斯			加拿大

2. 第三轨

第三轨适用于直流牵引制式，牵引电压相对较低。第三轨系统电压制式如表 1-3 所示。

表 1-3 第三轨系统电压制式

电压/V	电流形式	类型	接触系统	国家或城市	电压/V	电流形式	类型	接触系统	国家或城市
50	DC	通过走行轨供电		英国	800	DC	第三轨	下部接触	德国
110		第三轨	上部接触		825			下部接触	俄罗斯
160			上部接触					下部接触	朝鲜
180		通过走行轨供电		德国	850			下部接触	法国
200			上部接触	英国				下部接触	
250		第三轨	莫根架（第三轨）	美国	1 000	DC		上部接触	美国
440			上部接触		1 200	DC	第三轨	侧面接触	英国
550			上部接触					侧面接触	德国
660			上部接触	英国	1 500	DC	第三轨	侧面接触	法国
660		第三轨和第四轨系统		美国					
700		第三轨	下部接触	美国	1 500	DC	第三轨	下部接触	中国广州

3. 第四轨

第四轨适用于直流牵引制式，牵引电压相对更低。由于该系统的牵引网比较复杂，目前新建线路几乎均不采用。只有伦敦地铁采用这种系统，如图 1-1 所示。

总之，城市轨道交通牵引供电系统从供电制式上，分为交流和直流两种制式，以直流制式为主；从馈送电能形式上，分为第三轨和架空线两种；从电压等级上，分为多等级不同电压，在 600 ~ 3 000 V。电压制式的选择，要根据实际情况，进行经济和技术的比较研究。

图 1-1 伦敦第四轨系统

二、国内发展概况

目前我国城市轨道交通供电系统馈电方式与牵引制式的组合共有四种：DC 1 500 V 架空式、DC 1 500 V 接触轨、DC 750 V 架空式、DC 750 V 接触轨。而架空式系统又分为柔性接触网和刚性接触网。直流接触轨也有上部、下部、侧面接触三种方式，而以下部为佳。

我国自 1969 年建成北京第一条地下铁道之后，已有更多城市的城市轨道交通投入商业运营。国内城市轨道交通供电制式见表 1-4。

表 1-4 国内城市轨道交通供电制式

电压/V	电流	类型	接触系统	城市	建设时间（首次）
750	DC	第三轨	上部接触（正极）走行轨（负极）	北京	1969
			下部接触（正极）走行轨（负极）	武汉	2005
		架空式	柔性架空接触系统	长春	2002
1 500		架空式	柔性架空接触系统	上海	1995
			刚性架空接触系统	广州地铁 2 号线	2003
		第三轨	下部接触（正极）走行轨（负极）	广州地铁 4 号线	2005

三、牵引制式选择原则

在选择城市轨道交通供电制式时应遵循以下原则：

（1）供电制式与客流量相适应。

客流量是轨道交通设计的基础。应首先预测客流量大小，选择适用的电动客车类型和列车编组数量。一般大运量的轨道交通系统采用 DC 1 500 V 和架空接触网馈电方式，中运量的系统采用 DC 750 V 和接触轨馈电方式。

（2）供电安全可靠。

地下铁道是城市交通的主要组成部分，其作用越来越重要，一旦发生供电故障，造成列车停运，就会影响市民出行，引起城市交通混乱。因此，安全可靠是选择供电制式的最重要条件。

（3）便于安装、维护及事故抢修。

选用的牵引网应便于施工安装和日常维修，一旦发生牵引网故障，应便于抢修，能尽快恢复运营。

（4）牵引网使用寿命长，维修工作量小，是降低轨道交通运营成本的重要条件。

（5）城市轨道交通是城市的基础设施，应注重环境和景观效果。

第二节 城市轨道交通供电系统

一、城市轨道交通供电系统概况

城市轨道交通供电系统是城市轨道交通的能源补给线，它的安全可靠运行应被放在第一位，它对城市轨道交通的影响是全面的。一旦供电系统出现问题，将会导致城市轨道交通的混乱和瘫痪。因此，建立一个安全可靠的城市轨道交通供电系统是非常重要的。

（一）电源组成

城市轨道交通供电系统的电能来源于国家电网，而国家电网的电能来源于各种发电厂。

（二）外部电源系统——城市电网

电力网简称电网，由输电线路、配电线路和变电所组成。输电线路是向用户传输电能的通道，一般来说其电压较高，即采用高压传输，其特点是线路较长，覆盖区域广。配电线路是向用户分配电能的通道，其电压相对较低，也就是通常说的低压配电线路，其特点是线路较短。由此可见，不同的电网，其电压等级也不一样。

我国规定的电网标称电压（或者说额定电压）为 3 kV、6 kV、10 kV、20 kV、35 kV、66 kV、110 kV、220 kV、330 kV、500 kV、750 kV、1 000 kV。

高压又细分为中压（3~75 kV）、高压（110~220 kV）、超高压（330~750 kV）、特高压（1 000 kV）。

高压电器设备是指输配电系统中用于控制和保护的设备，对电力设备的安全可靠运行至关重要。

城市轨道交通供电系统从城市电网引入高压或中压电源，再将引入的外部电源进行电压转换或直接分配至轨道交通的牵引变电所或降压变电所，由牵引变电所和降压变电所分别为轨道交通运行主体的车辆和辅助用电设备（动力、照明负荷）供电。

轨道交通从外部电源引入的形式上一般分为集中式供电、分散式供电和混合式供电三种模式。国内大部分采用集中式供电，一些城市采用分散式供电，部分线路采用混合式供电。

1. 集中式供电

集中式供电指轨道交通从城市电网引入较高电压等级的电源（如 110 kV、220 kV），经主变电站进行电压转换，将外部电源降压（如 35 kV 或 10 kV）后，由主变电站集中向牵引变电所和降压变电所供电的外部电源引入模式。该模式引入的电源电压等级高，电源点供电能力较强，引入电源点较少，有利于管理。

2. 分散式供电

分散式供电是相对于集中式供电而言的，是指轨道交通不设主变电站，由沿线城市变电站直接向牵引变电所和降压变电所提供中压（35 kV 或 10 kV）电源的供电模式。

该模式是根据城市轨道交通供电的需要，在地铁沿线直接由城市电网引入多路电源，构成供电系统。

分散式供电要保证每座牵引变电所和降压变电所均获得双路电源，这就要求城市轨道交通沿线有足够的电源引入点及备用容量。分散式供电要求城市电网资源充足，安全运营水平高，供电可靠。

当然，两种方式各有优缺点，轨道交通的外部电源方案应根据城市电网的具体构成情况，采用合适的供电方式。如北京采用分散式供电，上海、广州、南京、武汉、苏州、深圳等地则采用集中式供电。

3. 混合式供电

混合式供电将前两种供电方式结合起来，一般以集中式供电为主，个别地段引入城市电网电源作为集中式供电的补充，使供电系统更加完善和可靠。北京地铁1号线和2号线、建设中的武汉轨道交通工程、青岛地铁南北线工程等均采用了混合式供电方案。这种模式充分发挥了前两种方式的优点，体现了城市一体化的特点。

（三）城市轨道交通供电系统构成

城市轨道交通供电系统的电源一般取自国家电力系统，即取自于所在城市电网，也就是说城市轨道交通供电系统是嫁接在城市电网上的一个相对独立的子系统，它是一个特殊的大用电户。城市轨道交通供电系统分为外部电源系统和内部电源系统。内部电源系统是城市轨道交通供电系统的主体，主要由以下部分构成：中压环网供电系统、牵引供电系统和低压变配电系统。城市轨道交通供电系统示意图如图1-2所示。

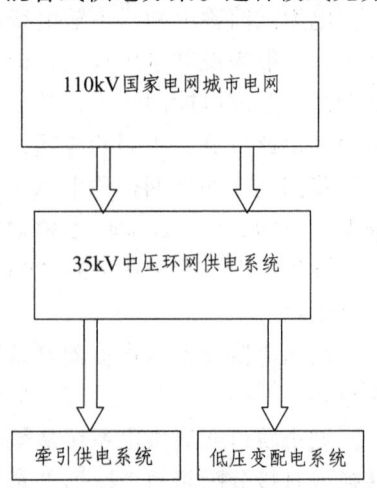

图1-2 城市轨道交通供电示意图

1. 中压环网供电系统

城市轨道交通电力能量直接取自城市或区域电网。城市电网或区域电网的结构对城市轨道交通供电系统起着决定性作用。

中压环网是连接城市或区域电网到供配电系统的系统。

该系统主要包括所有的主变电所和35 kV系统线路环网。通过中压电缆，纵向地把上级主变电所和下级牵引变电所、降压变电所连接起来，横向地把全线的各个牵引变电所、降压变电所连接起来，便形成了中压环网供电系统。中压环网供电系统不是供电系统中独立的子系统，但它却是供电系统的核心内容。它涉及外部电源方案、主变电所的位置与数量、牵引变电所及降压变电所的位置与数量、牵引变电所与降压变电所的主接线形式等。

2. 牵引供电系统

它是城市轨道交通供电系统的核心，负责向轨道交通车辆提供电能，其主要作用是降压、整流和传输电能。该系统主要包括牵引变电所、馈电线、接触网（或者接触轨）等。

牵引变电所是牵引供电系统的心脏，它的主要作用是生产出满足要求的电能；馈电线则负责把合格的电能输送到轨道沿线的接触网上；而接触网则负责把电能不间断地输送到运行的车辆设备上（主要指受电弓、接触轨等）。

3. 低压变配电系统

它负责向信号设备、照明、通风、排水、制冷设备馈送电能，其主要作用是降压、分配和传输电能。该系统主要包括降压变电所、多路馈线等。

城市轨道交通供电属于一级供电负荷，一旦中断，将打乱运输计划和机车车辆运行图，影响城市轨道交通的环控系统、照明系统等的正常运行，会造成很大的社会影响。因此，建设一个安全、灵活、经济、可靠的城市轨道交通供电系统，对城市轨道交通有着极为重要的意义。

二、城市轨道交通供电系统结构

（一）根据变电所供电接线方式划分

1. 环网供电

主变电所向沿线的所有牵引变电所和降压变电所供电。为了增加可靠性，采用双回路输电线路。当一个主变电所出现故障时，供电区域内沿线的牵引变电所和降压变电所仍能正常工作。

这种供电方式，既能满足可靠性的要求，也能满足管理和运营的要求。环网供电又分为双环网供电和单环网供电。双环网供电又称为链式网供电，其接线示意图如图 1-3 所示。目前城市轨道交通供电系统多采用这种方式。

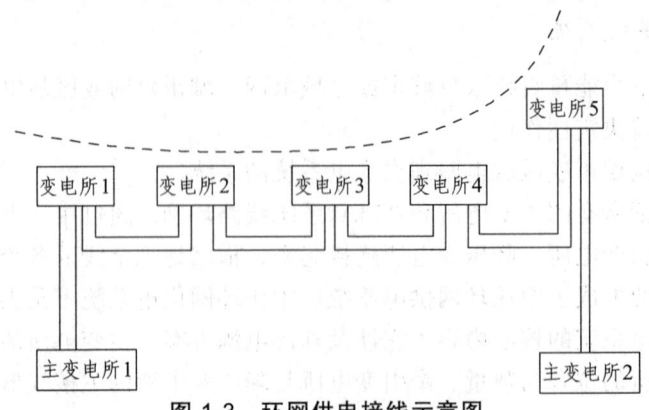

图 1-3　环网供电接线示意图

2. 单边供电

当轨道线路沿线附近只有一侧有电源时，常采用单边供电。为了增加可靠性，也可采用双路输电线路。单边供电的可靠性较差。一旦主变电所出现故障，沿线就必然断电，造成整个线路无法运行。一般在线路的末端或者特殊场所，采用这种供电方式。单边供电接线示意图如图 1-4 所示。

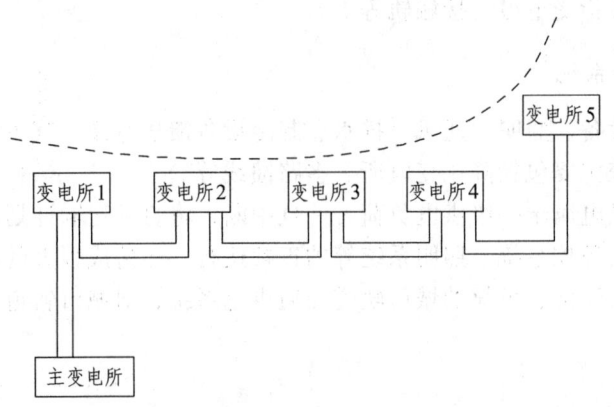

图 1-4　单边供电接线示意图

3. 辐射型供电

辐射型供电接线示意图如图 1-5 所示。当每个牵引变电所和降压变电所到主变电所距离差不多一样时，常采用辐射型供电。

为了增加可靠性，也可采用双路输电线路。但是，主变电所出现故障时，沿线就必然断电，也会造成部分线路无法运行。这种方式现在又称为辐射网供电方式。这种方式又分为单回路辐射网和双回路辐射网。实际应用中，单回路辐射网供电方式几乎不采用。

总之，为了增加系统的可靠性，不致用户供电中断，一般采用三种供电方式：一是采用双电源或多电源，双边供电采用的就是这种方式；二是采用双回路输电线路，防止因输电线路故障引起用户的供电中断，双回路线路一般用于一些重要的负荷，但其附近的电源只有一个，为了增加其可靠性，可增加一条输电线路；为减少投资，对于一些不太重要的负荷，一般采用单回路输电线路；三是在变配电所采用双变压器，这种方式我们将在以后的章节中讲解。

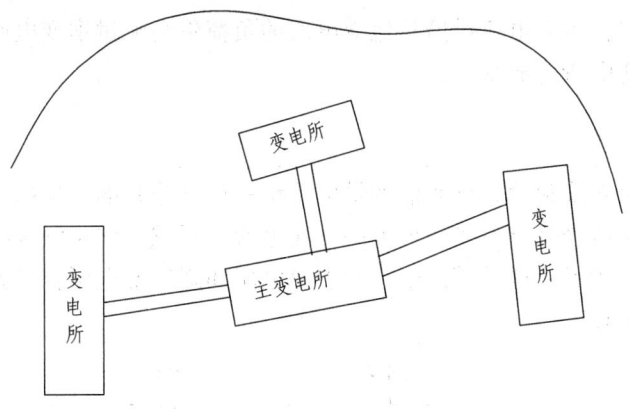

图 1-5 辐射型供电接线示意图

（二）根据变电所结构形式划分

城市轨道交通供电系统从 110 kV 或者 220 kV 系统获取电能，一般采取供电分区方式向它的下一级负荷供电，中压环网电压等级为交流 35 kV 和 10 kV，有时只有 35 kV 环网。这一系统由于低压变配电系统和牵引供电系统相互关系的不同，又分了许多模式。

1. 独立模式

城市轨道交通供电系统独立模式如图 1-6 所示。在这种模式下，牵引变电所和降压变电所分别设置，并分别向各自的用户供电，两者相对独立，相互影响较小。

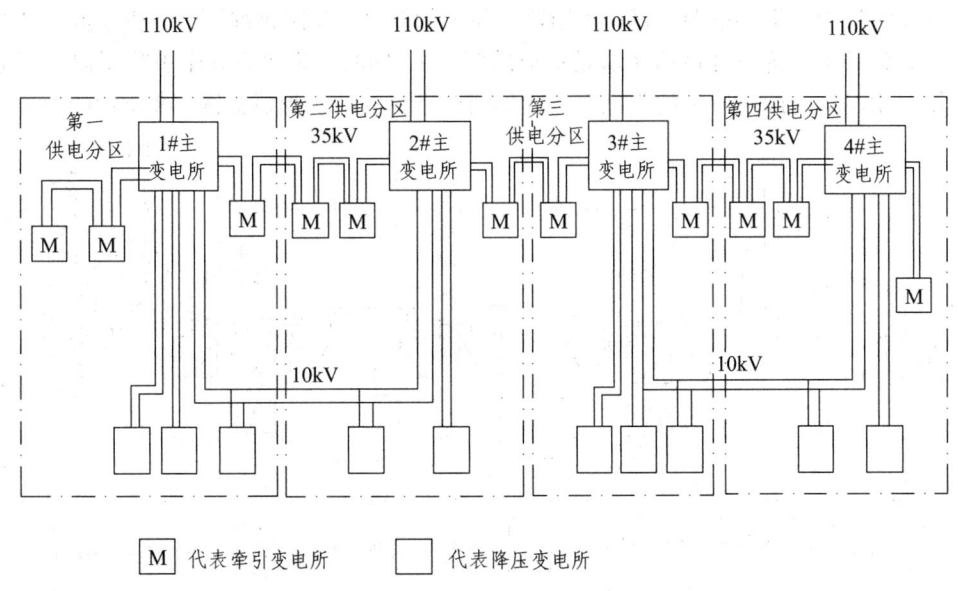

图 1-6 城市轨道交通供电独立模式示意图

从图 1-6 中可以看出，主变电所输出 10 kV 线路向降压变电所供电一般采用双 T 形接线，在供电的末端采用单边供电；主变电所输出 35 kV 线路向牵引变电所供电采用双边或单边方式。

T形接线的特点：主变电所供给其他变电所的负荷不会流过本变电所，也就是说本变电所运行不会对其他变电所造成影响。

2. 联合模式

一般来说，牵引系统和动力照明信号供电系统是相互分开的，根据实际情况，也可以把牵引系统和动力照明信号供电系统融合到一个变电所，形成一体化混合结构，即牵引降压混合变电所，如图1-7所示。这种模式中，牵引变电所和降压变电所合二为一，牵引系统和动力照明系统相互影响较大。

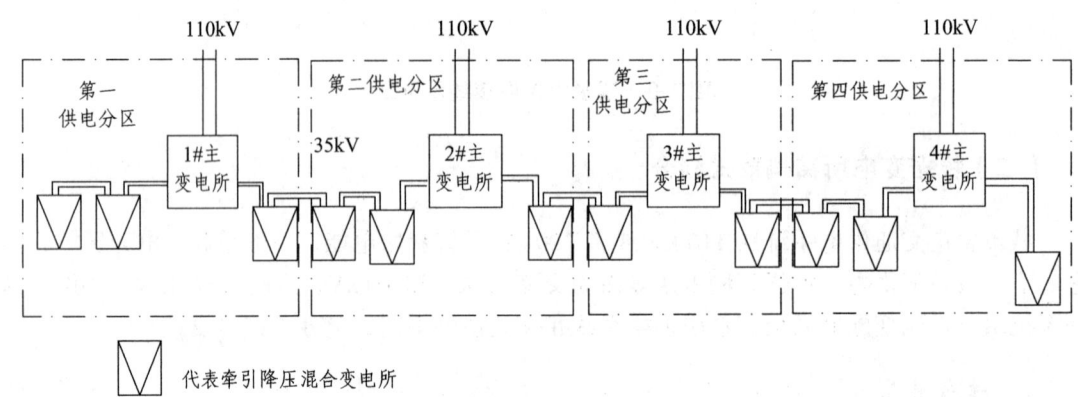

图1-7 城市轨道交通供电系统联合模式1

这一模式中，少了10 kV系统，直接由牵引降压混合变电所把35 kV电压降到380 V，为车站设备及沿线设备提供电源，目前采用这一模式的较多。实际情况下，一般根据车站之间距离的远近，设置若干降压变电所（满足负荷的要求）。同时，也可以在牵引降压混合变电所的基础上增加跟随所，即在原来的基础上再增加两台动力变器，形成如图1-8所示的变通结构。

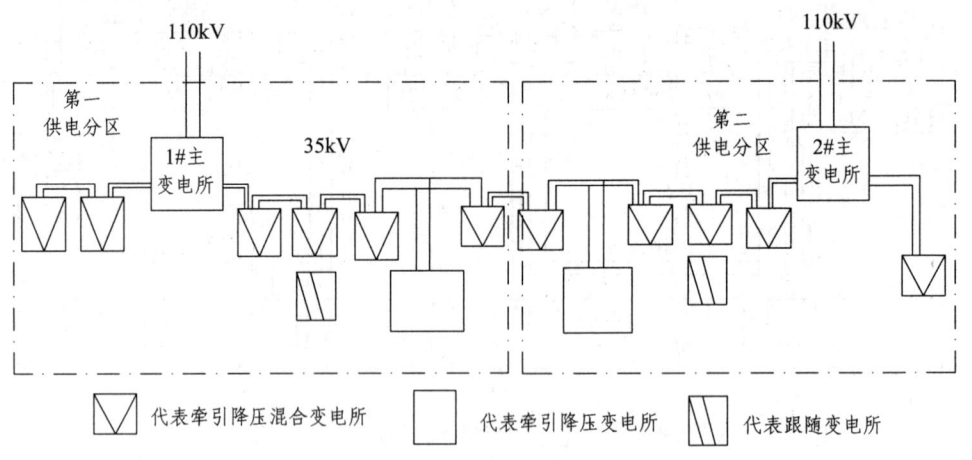

图1-8 城市轨道交通供电系统联合模式2

（三）根据外部电源方式划分

中压环网供电系统的作用是接受城市电网的电能，然后再合理科学地把电能馈送给各变电所。

根据接收电能的方式不同,外部电源系统分为集中式供电、分散式供电和混合式供电。

1. 集中式供电

集中式供电示意图如图1-9所示。

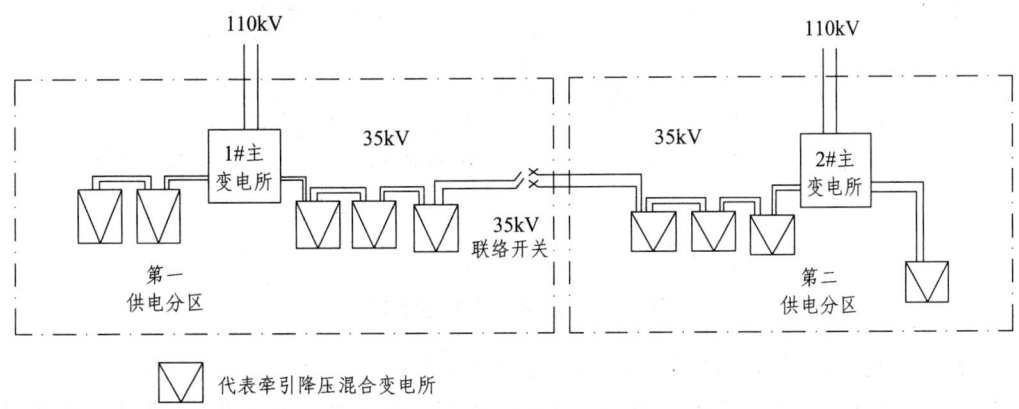

图1-9 集中式供电示意图

整个城市轨道交通供电系统的电能都是通过110/35 kV系统的两个主变电所获得的,比较集中,和城市电源接口较少。它能通过联络开关实现电源备用。目前,这种方式在我国采用较多,特别是对于电力电源比较紧缺的城市,为保证城市轨道交通供电系统的可靠供电,这种模式的优越性就比较明显。

2. 分散式供电

由于目前35 kV电网趋于淘汰,因此,这一模式主要从10 kV供电系统获得电能。随着城市一体化的发展,资源共享已经成为一种趋势。采用分散式供电模式的将会越来越多。

目前北京1、2、4、5、9、10号线及长春轻轨、大连快轨都采用这种模式。分散式供电示意图如图1-10所示。

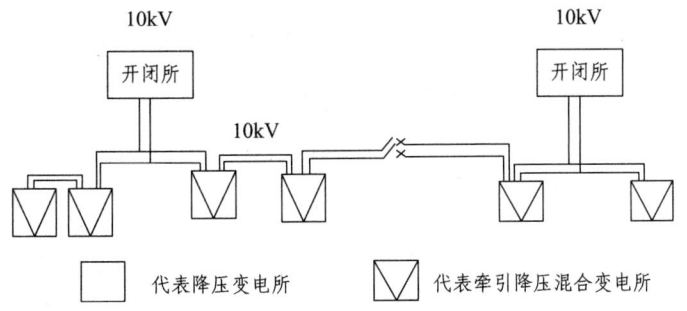

图1-10 分散式供电示意图

该模式的主要缺点是独立性差,运营管理复杂;与电网接口较多,电压等级较低。

该模式的主要优点是在轨道线路沿线直接接入电源,节省投资;有利于提高经济效益,减少运营成本。

3. 混合式供电

所谓混合式供电就是将集中式供电和分散式供电联合起来为城市轨道交通供电系统供电的一种模式，其示意图如图 1-11 所示。

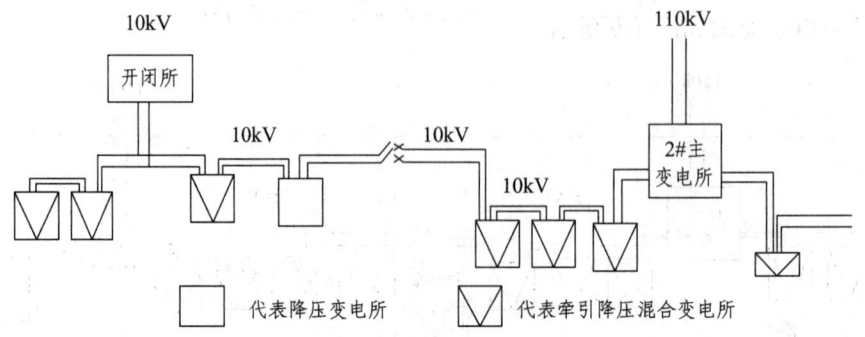

图 1-11　混合式供电示意图

混合式供电既可以发挥分散式供电和集中式供电的优点，又可以避免其缺点。采用这种模式系统更为优化。当沿线资源充足时，可利用现有城市电网，减少投资；当电力资源紧缺时，就采用集中式供电，充分保证可靠供电。它也有两种模式：一是以集中式供电为主，分散式供电为辅；二是以分散式供电为主，集中式供电为辅。究竟选用哪种方式，要结合城市实际和轨道交通实际进行选择。

【复习思考题】

1. 如何理解电力牵引制式？
2. 如何理解馈电方式、牵引制式与受流方式的关系？
3. 城市轨道交通供电系统由哪几部分构成？
4. 城市轨道交通供电系统的结构有哪几种形式？
5. 集中式供电和分散式供电各有何优缺点？

第二章　高压电气设备

※知识目标※

1. 了解变压器的作用和分类。
2. 了解干式变压器的应用特点。
3. 掌握变压器的工作原理和运行与维护的要求。
4. 了解高压断路器的作用。
5. 熟悉断路器的应用类型。
6. 掌握真空断路器和 SF_6 断路器的结构组成及工作原理。
7. 掌握负荷开关和隔离开关的作用，了解其结构组成。
8. 了解避雷器和避雷线的保护范围。
9. 掌握互感器的工作原理和使用注意事项。

※技能目标※

1. 能够正确认识变压器的结构组件，掌握其作用。
2. 能够进行整流器的接线。
3. 能够正确操作隔离开关的检调。
4. 能够进行电压互感器和电流互感器的接线。

第一节　变压器与整流器

一、变压器基础知识

城市轨道交通供电系统是一个比较复杂的系统，它由各种各样的变电所组成，包括主变电所、牵引变电所和降压变电所。

主变电所负责从国家电力系统获取电能，并把电能转换成所要求的形式，主要起接受、改变电能形式和分配电能的作用。

牵引变电所负责从主变电所获取电能，并把电能转换成所要求的形式，主要起接受、整流、分配的作用，并主要负责向动车组供电。

降压变电所也是从主变电所获取电能，但主要向动力照明、信号等系统供电。不同种类的变电所内有不同的变压器,此外,牵引供电系统还要把交流电变换成直流电,因此,还必须了解整流的基础知识。本章主要讲解这些问题。

变电所的核心设备是变压器。变压器是一种静止电机,它可以将一种电压的电能转换为另一种电压的电能。

变压器根据用途和使用场合,分为电力变压器、整流变压器、测量及仪表用变压器等多种类型。电力变压器又根据不同的作用,分为升压变压器、降压变压器、配电变压器等。

(一)变压器的工作原理及类型

1. 变压器的工作原理

变压器的工作原理示意图如图 2-1 所示。

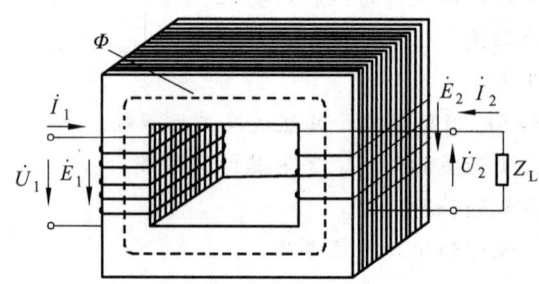

图 2-1 变压器的工作原理示意图

变压器一般有一个铁心和两个绕组。铁心提供磁通的闭合路径。两个绕组分别是一次绕组 N_1 和二次绕组 N_2。当一次绕组接交流电压后,一次电流 i_1 在铁心中产生一个交变的主磁通 Φ。Φ 在两个绕组中分别产生感应电动势 $\dot{E}_1$ 和 $\dot{E}_2$:

$$\dot{E}_1 = -N_1 \frac{\mathrm{d}\Phi}{\mathrm{d}t}, \quad \dot{E}_2 = -N_2 \frac{\mathrm{d}\Phi}{\mathrm{d}t}$$

如果略去绕组电阻和漏抗压降,则 $\dfrac{U_1}{U_2} = \dfrac{-E_1}{-E_2} = \dfrac{N_1}{N_2} = k_u$,$k_u$ 定义为变压器的电压比。

2. 变压器的类型

变压器除了按以上用途分类外,还可以按相数、绕组数目、铁心形式、冷却方式等特征分类。

变压器按相数划分,有单相、三相和多相等;按绕组数划分,有双绕组、自祸、三绕组和多绕组;按铁心形式划分,有心式和壳式;按调压方式划分,有无载调压变压器和有载调压变压器;按冷却方式划分,有干式和油浸式等。

油浸式变压器一般又分为自然冷却(ONAN)、风冷却(ONAF)、强迫油循环风冷(OFAF)和强迫油循环水冷(OFWF)。

风冷却是指在散热器上安装风扇进行冷却。此外,对于大型变压器还采用强迫油循环风冷却、强迫油循环水冷却,在风冷却、水冷却的基础上还装有潜油泵,以促进循环,加速热量的散发。干式变压器绕组置于气体中（一般置于空气或 SF_6 气体中），或是浇注环氧树脂绝缘。

目前，在城市轨道交通供电系统中的牵引变电所多采用浇注环氧树脂绝缘的方法。

环氧树脂浇注的干式变压器的优点：难燃、自熄、耐尘、耐潮、机械强度高、体积小、重量轻、损耗小、噪声低等。31.5 MV·A 的环氧树脂浇注的干式变压器在 10 m 处测量噪声只有 57 dB。绕组由于采用环氧树脂浇注，其机械强度也很高。图 2-2 就是用环氧树脂浇注的心式结构的变压器。

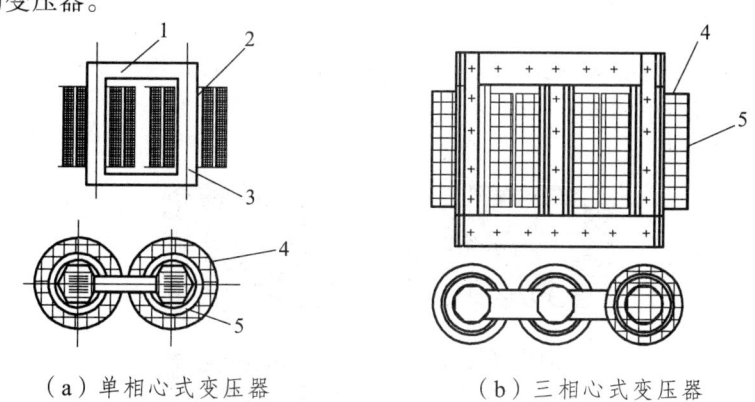

（a）单相心式变压器　　　　（b）三相心式变压器

图 2-2　心式结构变压器

1—铁轭；2—绕组；3—铁心柱；4—高压绕组；5—低压绕组

3. 变压器的型号表示

变压器型号表示如图 2-3 所示。

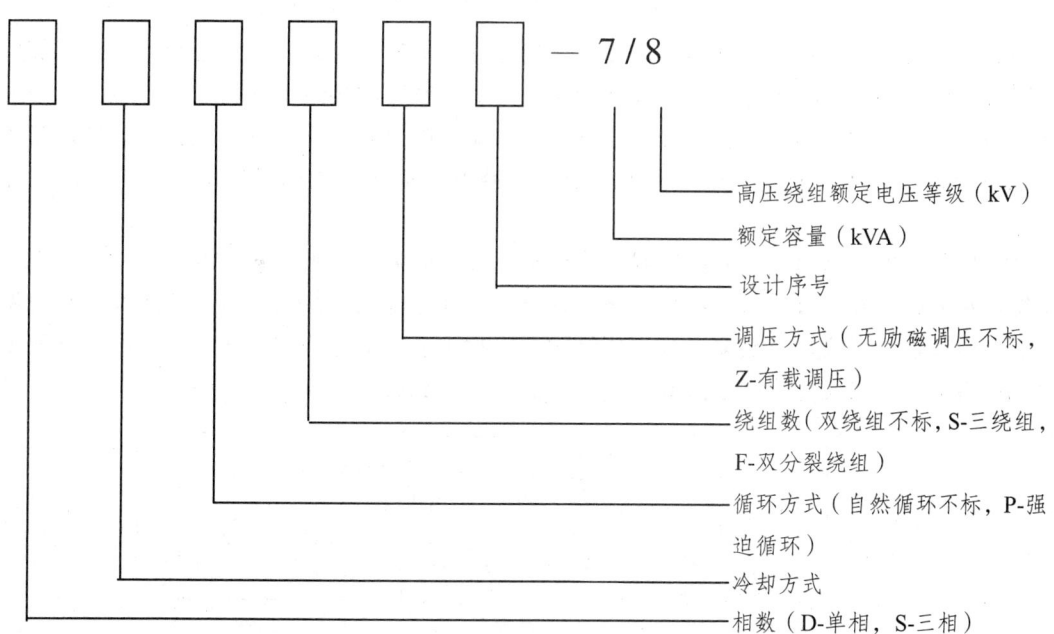

图 2-3　变压器型号的表示

注：左起第二位表示冷却方式：J—油浸自冷，也可不标；
G—干式空气自冷；C—干式浇注绝缘；F—油浸风冷；S—油浸水冷

（二）变压器的结构及参数

变压器的主要部件是绕组和铁心（器身）。绕组是变压器的电路，铁心是变压器的磁路。二者构成变压器的核心，即电磁部分。除了电磁部分，还有油箱、冷却装置、绝缘套管、调压和保护装置等部件。

1. 铁心和绕组

变压器的铁心形式有心式和壳式两种，如图 2-4 所示。心式铁心结构工艺简单、应用广泛；壳式铁心结构用在小容量变压器和电炉变压器中。

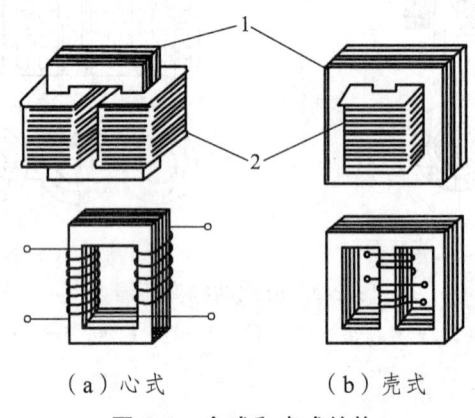

（a）心式　　　　（b）壳式

图 2-4　台式和壳式结构

1—铁心；2—绕组

铁心一般由 0.35 mm 或 0.5 mm 冷轧（也用可热轧）硅钢片叠成。铁心交叠时，相邻层按不同方式交错叠放，将接缝错开。偶数层刚好压着奇数层的接缝，从而减少了磁阻，便于磁通流通。需要注意的是，铁心叠片只允许一点接地。如果两点或两点以上接地，则在接地点之间可能会形成闭合回路。当主磁通穿过此回路时，就会产生循环电流，造成局部过热事故。

铁心柱一般由绝缘扁铜线或圆铜线在绕线模上绕制而成。绕组套装在变压器铁心柱上，低压绕组在内层，高压绕组套装在低压绕组外层，以便于绝缘。绕组通常采用绝缘铜线绕制而成，有时候也用铝线。匝数多者为高压绕组，匝数少者为低压绕组。按高压绕组和低压绕组排列位置的不同，又分为同心式和交叠式。交叠方法如图 2-5 所示。

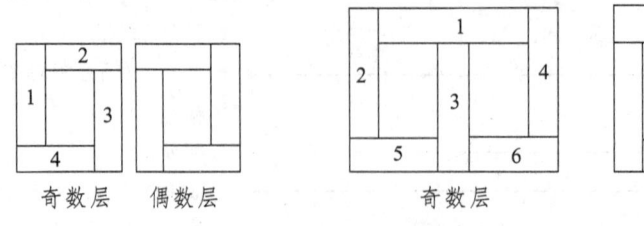

（a）四片式铁心交叠方法　　　　（b）六片式铁心每层排列法

图 2-5　交叠方法

2. 油、油箱、冷却、安全装置

油浸式变压器如图 2-6 所示。

对于油浸式变压器，器身装在油箱内，油箱内充满变压器油。变压器油是一种矿物油，具有很好的绝缘性能，并且对变压器铁心和绕组起散热作用。油箱有许多散热油管，以增大散热面积。

城市轨道交通供电系统中的变压器多采用干式变压器和干式风冷却。在绕组的下部设置有风道，并安装有送风机，以增加散热的效果。此外，为提高其绝缘性能，城市轨道交通供电系统中的变压器采用环氧树脂浇注，确保了城市轨道交通供电系统中的核心设备——变压器的可靠运行。但在许多场合油浸式变压器仍得到了广泛的使用，所以本书也对它进行了简要介绍。

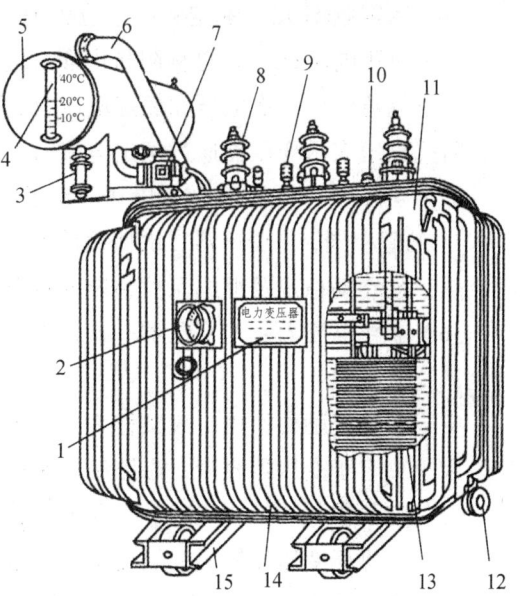

图 2-6 油浸式变压器
1—铭牌；2—信号温度计；3—吸湿器；4—油表；
5—储油柜；6—案例气道；7—气体继电器；
8—高压套管；9—低压套管；10—分接开关；
11—油箱；12—放油阀门；13—器身；
14—接地板；15—小车

3. 变压器参数

（1）额定电压 U_{1N} 和 U_{2N}：指变压器长时间运行时，所能承受的工作电压（铭牌上的 U_N 值），也即调压分接开关在中间分头时的额定电压，单位为 V 或 kV。

U_{1N} 为正常运行时，一次侧应施加的电压。U_{2N} 为二次侧额定电压，它是二次侧处于空载状态时的电压。三相变压器中，额定电压指的是线电压。当降压变压器在电源电压不为额定值时，一般可通过在高压侧的分接开关接入不同的位置来调节低压侧电压。

为了保证电压波动在一定范围，就必须调压。采用改变变压器匝数进行调压是最常用的一种方式。调压方式有两种：一种是无励磁调压，另一种是有载调压。无励磁调压是指切换分接头，变压器必须不带电的调压方式；而有载调压就是在保证不切断负荷的情况下，由一个接头调换到另一个接头。

（2）额定容量 S_N：指变压器在出厂时铭牌标定的额定电压、额定电流下连续运行时能输送的容量，单位为 V·A、kV·A、MV·A。S_N 为变压器的视在功率。

通常把变压器一、二次侧的额定容量设计为相同。额定容量对变压器的结构和性能参数影响很大。变压器的额定容量也与电压等级密切相关。一般情况下，电压高，容量大；电压低，容量小。

（3）额定电流 I_{1N} 和 I_{2N}：额定电流是在额定容量 S_N 和允许温升条件下，变压器允许长期通过的工作电流。它在三相变压器中均代表线电流，单位为 A、kA。

对单相变压器：$I_{1N}=\dfrac{S_N}{U_{1N}}$，$I_{2N}=\dfrac{S_N}{U_{2N}}$；对三相变压器：$I_{1N}=\dfrac{S_N}{\sqrt{3}U_{1N}}$，$I_{2N}=\dfrac{S_N}{\sqrt{3}U_{2N}}$。

（4）额定频率 f_N：额定频率单位为 Hz，f_N = 50 Hz。

（5）短路电压 U_d%：也称阻抗电压。它是指将变压器的二次绕组短路，一次侧施加电压至额定电流值时，一次电压和额定电压 U_N 之比的百分数。

阻抗电压表示变压器通过额定电流时，在变压器自身阻抗上所产生的电压损耗。阻抗电压一般为 4%～14%，而且随着电压等级的增大，阻抗电压一般也增大。变压器并列运行时，要求 U_d% 值相同，当变压器二次侧短路时，U_d% 值将决定短路电流的大小，所以是考虑短路电流热稳定和动稳定及继电保护整定的重要依据。

（6）空载电流 I_0：当变压器一次侧在额定电压下，二次绕组空载时，在一次绕组中通过的电流。

空载电流起励磁作用，故又称为励磁电流；一般以其占额定电流的百分数表示。空载电流的大小决定于变压器容量、磁路结构和硅钢片质量等。

（7）空载损耗（铁损）ΔP_0：指变压器二次侧开路、一次侧加额定电压时，变压器产生的损耗。它等于变压器铁心的涡流损耗和励磁损耗，是变压器的重要性能指标。

变压器的铁损包括两个方面：一是磁滞损耗，当交流电流通过变压器时，通过变压器硅钢片的磁力线的方向和大小随之变化，使得硅钢片内部分子相互摩擦，放出热能，从而损耗了一部分电能，这便是磁滞损耗；二是涡流损耗，当变压器工作时，铁心中有磁力线穿过，在与磁力线垂直的平面上就会产生感应电流，由于此电流自成闭合回路形成环流，且成漩涡状，故称为涡流。涡流的存在使铁心发热，消耗能量，这种损耗称为涡流损耗。

（8）短路损耗（铜损）ΔP_d：铜损是指变压器线圈电阻所引起的损耗。当电流通过线圈电阻发热时，一部分电能就转变为热能而损耗。由于线圈一般都由带绝缘的铜线缠绕而成，因此称为铜损。

（9）电压比：是指通过一、二次绕组之间的电压之比。变压器两组绕组匝数分别为 N_1 和 N_2，N_1 为一次绕组匝数，N_2 为二次绕组匝数。在一次绕组上加一交流电压，在二次绕组两端就会产生感应电动势。当 $N_2 > N_1$ 时，其感应电动势要比一次侧所加的电压还要高，这种变压器称为升压变压器。

此外，铭牌上还会给出型号、三相联结组标号、相数、运行方式、冷却方式、重量、几何尺寸等数据。

（三）单相变压器的极性

如果单相变压器的一、二次绕组的绕向相同，则该变压器呈现减极性，如图 2-7（a）所示，$\dot{U}_A$ 与 $\dot{U}_a$ 相差 0°（一次和二次相差 0°）。

如果单相变压器的一、二次绕组的绕向相反，则该变压器呈现加极性，如图 2-7（b）所示，$\dot{U}_A$ 与 $\dot{U}_a$ 相差 180°（一次和二次相差 180°）。

变压器在运行时，根据不同的需要，把一、二次侧连接成不同的形式。联结组标号表示变压器各相的连接方式和一、二次线电压的相位关系。三相变压器一、二次侧采用不同的连接方式时,将会出现不同的联结组标号。

三相线圈主要有星形联结(Y)、三角形联结(D)和曲折形连接(Z)三种连接方式。

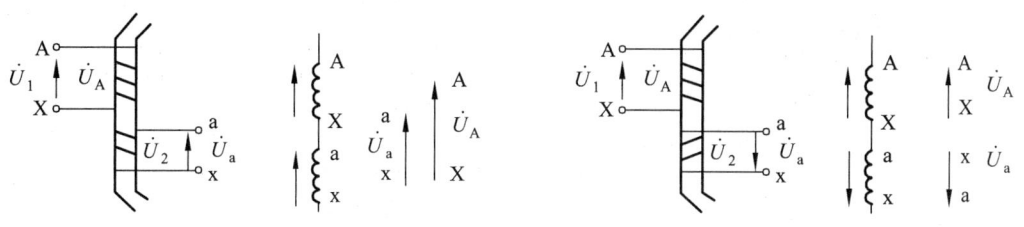

(a)线圈减极性绕法及向量　　　　　　(b)线圈加极性绕法及向量

图 2-7

根据变压器一、二次线电压的相位关系,把变压器线圈的连接分成各种不同的组合,称为线圈的联结组。为了区别不同的联结组,常采用时钟表示法,即把高压侧线电压的向量作为时钟的长针,固定在12点上,以低压侧线电压的向量作为时钟的短针,看短针指在哪一个数字上,就作为该联结组的标号。三相联结组标号与线圈的连接、绕向和线圈的标法有关,可以连接成12个组号。

(四)三相变压器的联结组标号

三相变压器一、二次线电压间的夹角取决于线圈的连接法,二次线电压落后一次线电压的角度有30°、60°、90°、120°、150°、180°、210°、240°、270°、300°、330°、360°共12种,分别对应为 1、2、3、4、5、6、7、8、9、10、11、12 点接线,常用的主要联结组标号有以下几种:

(1)一次、二次绕组的绕向相反。一次接线为 Y,二次接线为 y(或有零线),可呈现出6点接线,如图 2-8 所示。

(2)一次、二次绕组的绕向相同,一次接线为 Y,二次接线为 y(或有零线),可呈现出12点接线,如图 2-9 所示。

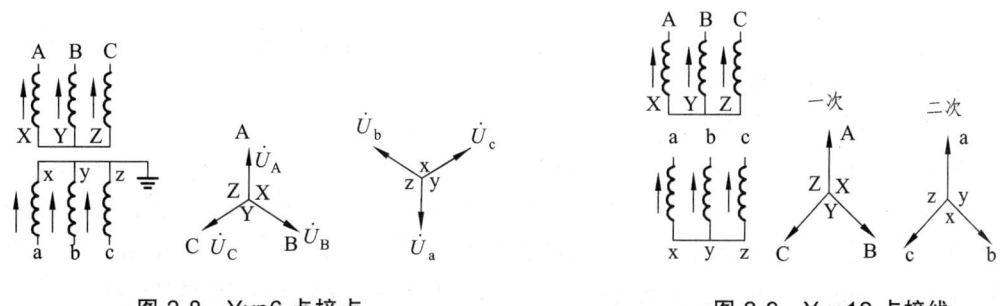

图 2-8　Yyn6 点接点　　　　　　图 2-9　Yyn12 点接线

(3)一次与二次绕组绕向相同,一次接线为 Y,二次接线为 d,可呈现 11 点接线(或 1 点接线),如图 2-10 所示。

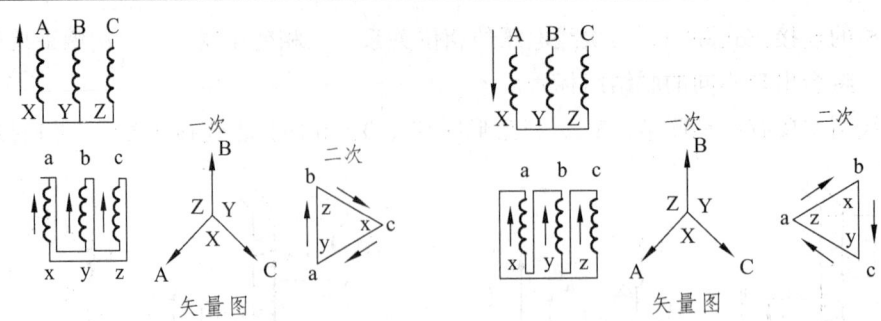

图 2-10 Yd11 点（或 Yd1 点）接线

变压器的接线方法很多，概括起来变压器一次侧仅能接成 Y、D 及外延 D。二次侧可以接成 y、d、z（曲线形接线）。表 2-1 列出了几种常用的线圈连接的特点和适用范围。

表 2-1 线圈连接的特点和适用范围

连接法	特点与适用范围
Yy	（1）线圈导线截面面积大，线圈的空间利用率高；适用于配电变压器，也可用联络变压器或三相负载对称的特种变压器 （2）中性点可引出，可供三相四线制负载，但对于单相变压器组成的三相组或三相三柱旁扼式铁心的变压器，其一次侧中性点必须与电源中性点连接，否则不能采用此种连接法 （3）对于三相三柱式铁心的变压器，其一次侧中性点不能与电源中性点连接；而二次侧供三相四线制负载用时中性线电流应加以限制
Dd	（1）线圈导线截面面积小，线圈的空间利用率低；只适用于低电压、大电流变压器 （2）允许三相负载不对称，当其中一相发生故障时，其余两相按 V 联结（两相跨接）可继续运行，此时三相输出容量减为原来的 $1/\sqrt{3}$（对于三相变压器，故障相的线圈须与其余两相断开并开路，如故障是由于匝间短路，则不能改接成 V 联结继续运行） （3）无三次谐波电压，但不能供三相四线制负载，也不适用于高电压变压器
Yd 或 Dy	（1）无三次谐波电压，适用于各类大、中型变压器。此联结适用于配电变压器时，允许三相负载不对称程度比 Yz 联结大些，中性线电流允许达到额定电流的 75% 左右，但引线结构较复杂 （2）Y 联结的中性点可引出 （3）任意一相的一个线圈发生故障，变压器必须停止运行
Yz	（1）中性点可引出，可供三相四线制负载；适用于配电变压器或特种变压器，允许三相负载不对称的程度可比 Y/Y 联结大些，中性线电流允许达到额定电流的 40% 左右 （2）Z 联结相电压中无三次谐波分量 （3）Z 联结线圈只适用于低压线圈

一般情况下，星形、三角形、曲折形连接，对于高压绕组分别用 Y、D、Z 表示；对于中压和低压绕组，分别用符号 y、d、z 表示。

由中性点引出时分别用符号 YN、ZN 和 yn、zn 表示。

为便于生产和应用，国家标准规定 Yyn0、Yd11、YNd11、Yy0、YNy0 为五种标准连接。而前三种为常用形式。Yyn0 用于二次电压为 400/230 V 的配电变压器。Yd11 用于二次电压为 400 V 的情况，常用于降压变压器。YNd11 用于高压侧要求接地的高压输电系统中，如 110 kV 以上。Yy0 用于供给三相动力负载。YNy0 用于一次侧中性点需要接地的场合。

此外电力变压器的电压组合以及容量和联结组标号之间的关系一般满足下列情况：额定容量在 50 ~ 1 600 kV·A 时，电压组合高压为 35 kV，低压为 0.4 kV，联结组标号为 Yyn0 或者 Dyn11；额定容量在 30 ~ 1 600 kV·A 时，电压组合高压为 10 kV，低压为 0.4 kV，联结组标号为 Yyn0 或者 Dyn11 或者 Yzn11；额定容量在 800~31 500 kV·A 时，电压组合高压为 35 kV，低压为 3.15~10.5 kV，联结组标号为 Yd11。

二、城市轨道交通供电系统干式变压器

（一）干式变压器概述

今天，在城市建筑、交通、能源、化工等多种场所，环氧树脂绝缘干式变压器的应用已经相当广泛和普遍，由于不同的使用技术要求，环氧树脂绝缘干式变压器又发展出配电变压器、电力变压器、隔离变压器、整流变压器、电炉变压器、励磁变压器、牵引整流变压器等种类。

如今，国内干式变压器的生产规模已位居世界第一，不少生产厂的产品技术水平和开发能力已经进入国际先进行列。由于干式变压器的优点突出，目前城市轨道交通供电系统广泛使用干式变压器。

（二）干式变压器分类

干式变压器是防灾型变压器中用量最大的一种。干式变压器的铁心和绕组都不浸在任何液体中，一般适用于安全防火要求较高的场合。它适应高污秽、高温、潮湿的环境，具有阻燃、难燃、无公害、免维护等优点，因而用量很大。目前，干式变压器最高电压等级已达 35 kV，最大容量为 20 MV·A。

1. 按照主绝缘材料分类

（1）开启式是一种常用的形式，器身与大气相连通，适用于干燥而洁净的室内环境。由于空气的绝缘强度和散热性比油差，所以以空气作为绝缘的干式变压器常用于公共建筑物、车间等场合。一般环境温度为 20 ℃ 时，相对湿度不应超过 85%。一般有空气自然冷却和风冷两种冷却方式。

（2）封闭式器身处在封闭的外壳内，与大气不直接接触。由于密封的特点，其散热条件差。它属于防爆型的干式变压器，可用于更为恶劣的环境。一般充以绝缘强度和散热能力胜于空气的其他气体，如充以 2~3 atm（1 atm = 1.01×10^5 Pa）的 SF_6 并加以强迫循环。

（3）浇注式用环氧树脂或其他树脂浇注作为主绝缘，其结构简单、体积小。

2. 按照生产工艺不同分类

（1）浸渍式干式变压器。

该种变压器生产历史最长，制造工艺也比较简单。导线采用玻璃丝包，垫块用相应的绝缘等级材料热压成形。随浸渍漆的不同，变压器绝缘等级分为 B、F、H、C 级，主纵绝缘的空道全部以空气为绝缘物质。由于此种变压器受外界环境的影响比树脂大，目前在国内外产量均趋于减少。

（2）树脂干式变压器。

树脂干式变压器又分为四种结构：树脂加填料浇注、树脂浇注、树脂绕包、树脂真空压力浸渍。虽然采用时设备的投资大，但安装、维护费用低。

3. 从结构上分类

（1）固体绝缘包封绕组。

由于包封绕组干式变压器的绕组不易受潮，维护方便，体积小，所以在城市轨道交通供电系统中得到了广泛应用。包封绕组干式变压器采用固体绝缘包封，各个绕组可以分别装模后，用树脂浇注。

（2）不包封绕组（这里不再讲解）。

（三）干式变压器结构

具有无油、免维修、难燃防火、环保等优点的干式变压器一般由线圈绕组、铁心、器身及其他辅件组成，如图 2-11 所示。

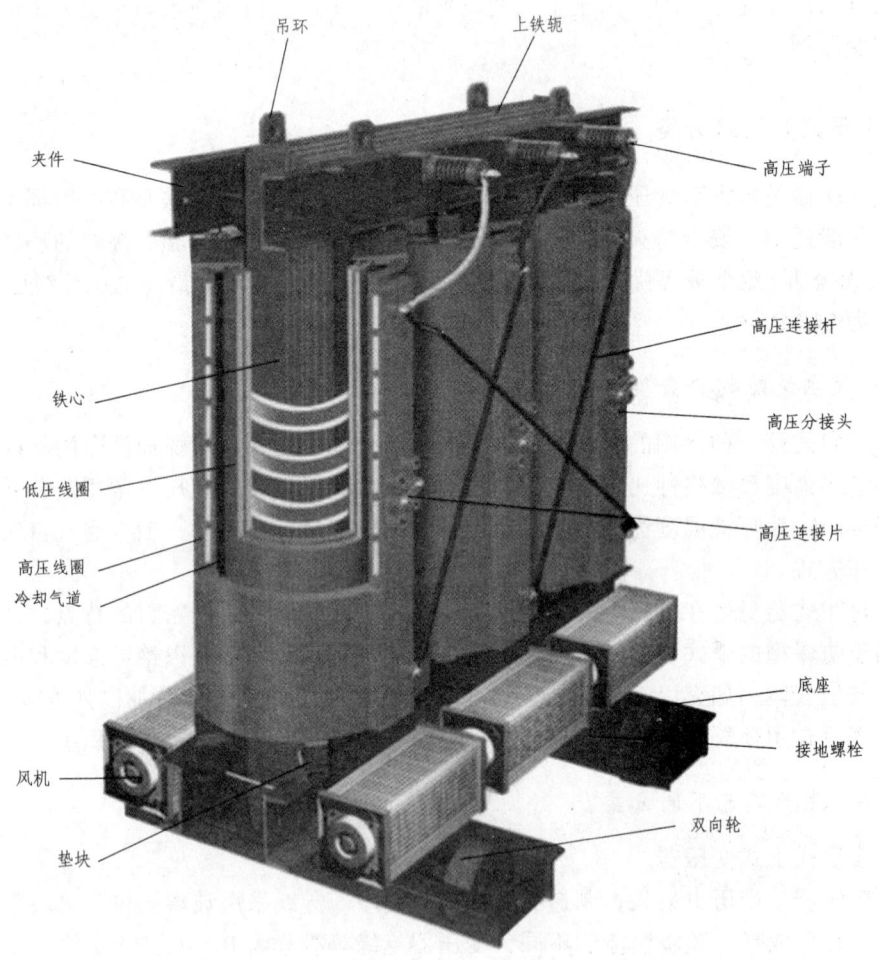

图 2-11 环氧树脂浇注干式变压器结构图

1—线导电排；2—铁心；3—弹簧压钉；4—压板；5—拉板；6—穿轭夹紧螺杆；7—高压△接引线；
8、9—旁轭夹紧螺杆；10—底座；11—牵引板；12—安装孔；13—接地螺母；14—下夹件；
15—器身；16—低压线圈；17—主气道；18—低压冷却气道；19—上夹件；
20—高压导电棒；21—高压绝缘子；22—低压绝缘子；
23—吊环；24—低压导电棒

下面以环氧树脂浇注干式变压器为例介绍干式变压器的结构特点。

1. 线圈绕组部分

干式变压器的绕组结构基本上与油浸式变压器相同，多采用圆筒式，较大容量的干式变压器绕组可采用饼式。干式变压器在绕组外加上非油绝缘介质，以增加线圈的绝缘性能，环氧树脂浇注干式变压器就是以环氧树脂为绝缘材料，以浇注的方式与绕组一起固化，从而减少变压器线圈的体积。

一般情况下，干式变压器的高压绕组（线圈）在圆筒的外侧，低压绕组（线圈）在内侧，高压绕组和低压绕组之间是冷却气道，高压绕组和低压绕组共同缠绕在铁心上。

干式变压器的绕组有以下几种：缠绕式；环氧树脂加石英砂填充浇注；玻璃纤维增强环氧树脂浇注（薄绝缘结构）；多股玻璃丝浸渍环氧树脂缠绕式。

干式变压器的高压绕组一般采用多层圆筒式结构，低压绕组一般采用层式或箔式结构。

2. 铁心及器身部分

干式变压器的铁心除了作为主磁通的通道外，还作为变压器线圈、器身及其他组件的主要支撑件，所以铁心一方面通过多片硅钢片叠片，减少涡流损耗；另一方面利用紧固件、支撑件增加铁心的强度和刚度，同时也减少铁心噪声的产生。

干式变压器的铁心采用优质冷轧晶粒取向硅钢片，铁心硅钢片采用 45°全斜接缝，使磁通沿着硅钢片接缝方向通过。

一台干式变压器最基本的结构，除了线圈绕组和铁心以外，还包括器身部分，即出线端子、变压器底座及接地结构等，以方便用户安装和固定，保证用户的使用安全。

3. 辅件（风机、外壳、温控器、温显仪、有载开关等结构辅件）

根据不同的用户、不同的使用环境和工作要求，干式变压器可以增加不同的组件。如根据不同的用户高、低压接口要求，增加不同形式的出线端子结构（如侧出线、封闭母线等）。

根据不同的环境和运行工况，为提高负载能力和降低变压器温升，增加冷却设备，目前一般多采用风机冷却。风机冷却一般安装在底座上，在铁心和绕组的下方，风机产生的冷却气体通过气道冷却绕组及铁心，并把热气体向上排出。

根据使用环境的差异或用户的要求，增加保护外壳，以提高变压器的防护等级，增强变压器对外部环境的适应能力。

为实现变压器的智能监控，满足在任何时刻对变压器实施温度控制，变压器一般都加装温度控制设备。

因为电网电压波动较大，对供电质量要求较高的用户，在变压器负载的状态下需要切换变压器分接位置改变变压器电压比以实现低压输出电压稳定，这样加装有载调压开关就可以满足要求。一般有载调压开关有两种形式：真空开关和空气开关，一般都选择真空开关。

（四）干式变压器特点

以树脂浇注式干式变压器的特点为例进行介绍。

(1) 无油、无污染、难燃阻燃、自熄防火。IEC 60076—11—2008 标准制定了两种耐火等级 F0 和 F1 级。F0 级为规定耐火性能，不采取特殊措施。F1 级适用于有火灾危险的变压器，能限制燃烧的发生，尽可能减小有毒物质和黑烟的排放。

(2) 绝缘温升等级高：F 级绝缘，变压器温升可达 100 ℃，应尽量采用绝缘温升等级高的绝缘材料。

(3) 损耗低、效率高。

(4) 噪声小，通常可控制在 50 dB 以下。

(5) 局部放电量小（通常 10 pC 以下），可靠性高，可保证长期安全运行，寿命达 30 年。

(6) 抗裂、抗温度变化，机械强度高，抗突发短路能力强。

(7) 防潮性能好，可在 100%湿度下正常运行，停运后不需干燥处理即可投入运行。

(8) 体积小、重量轻，据有关人士统计，油式变压器的外形尺寸为干式变压器的 2 倍多。

(9) 不需单独的变压器室，不需吊心检修及承重梁，节约土建占地和占空；因无油，不会产生有毒气体，不会对环境造成污染，不需要集油坑等附属建筑，减少了土建造价。

(10) 安装便捷，无需调试，几乎不需维护；无需更换和检查油料，运行维护成本低。

(11) 配备有完善的温度保护控制系统，为变压器安全运行提供可靠保障。从低噪声、节能、防火、节省土建造价及运行维护管理费、寿命长等综合技术经济性能比较，干式变压器表现出了明显的优越性。

（五）干式变压器选用

选用干式变压器时，首先根据负荷计算来确定变压器容量和台数，然后根据具体工程情况、环境、系统特点、运行要求等确定变压器的性能参数。

(1) 二次额定电压的确定：一般根据电力网系统和用户的要求确定。

(2) 联结组标号的确定：配电变压器常有 Dyn11、Yyn0 等联结组标号，推荐选用 Dyn11。

(3) 其他：如短路阻抗等，这些性能参数都可以从制造厂的样本、手册中查到，再根据工程情况予以确定。

(4) 调压方式：主要考虑采用何种调压方式、调压范围如何等问题。通常采用无励磁调压，即一、二次侧均切断电源时，在高压侧人工进行调压，分接范围常用 ±2×25%。若要求电源电压稳定，可选用有载自动调压，即通过有载调压开关，自动调整高压分接头，以保持输出电压的稳定，分接范围常用 ±4×25%。

(5) 其他配置的选择：是否配外壳；是否带风机（强迫风冷）；是否配温度控制箱；是否带温度显示器等，上述这些附件的功能，各制造厂样本上均有说明，可酌情选择配置。

（六）干式变压器的相关技术

对干式变压器的使用选型，提醒注意下列一些技术。

1. 强迫风冷

干式变压器的冷却方式分为自然空气冷却（AN）和强迫空气冷却（AF）。

自然空冷时,变压器可在额定容量下长期连续运行。强迫风冷时,变压器输出容量可提高50%,适用于断续过载运行或应急事故过载运行;由于过载时,负载损耗和阻抗电压增幅较大,处于非经济运行状态,故不应使其处于长时间连续过载运行。

变压器的额定容量是在自然空气冷却下长期运行的容量,在应急情况下,启动强迫风冷系统可使变压器在1.5倍额定容量下运行。

2. 防护等级

选用外壳,可防小动物(鼠、蛇、猫、雀等)和直径大于12 mm的固体异物进入,并能防止短路停电等恶性事故的发生。

防护等级主要是防止人体接近壳内带电部分或转动部分,防止固体异物进入和防止由于进水、油等而引起有害影响,它符合相关标准的规定。

变压器保护外壳的防护等级有IP20和IP23两种。对于防护等级为IP00的无外壳变压器,应该在变压器的周围安装隔离栅,以防止误碰变压器。IP20外壳可防止直径大于12 mm的固体异物进入,为带电部分提供安全屏障。IP23外壳除具备IP20外壳功能外,还具有防止与垂线成60°以内的水滴流入,可适用于户外运行,但是IP23外壳会使变压器冷却能力下降,冷却能力将下降5%~10%。城市轨道交通供电系统使用的防护等级一般为IP20。

防护等级的代号及含义如表2-2所示。

表 2-2 防护等级的代号及含义

代号	含义	第一位数字	含义	第二位数字	含义
IP	国际防护形式	2	防大于12 mm固体	3	防淋水
		4	防大于1 mm固体	4	防溅水
		5	防尘	5	防喷水
				6	防海浪

3. 温度显示控制系统

干式变压器的安全运行和使用寿命,很大程度上取决于变压器绕组绝缘的安全可靠性。绕组温度超过绝缘耐受温度时使绝缘破坏,是导致变压器不能正常工作的主要原因之一,因此对变压器的运行温度的监测及其报警控制是十分重要的。

干式变压器的温度显示控制系统实现对运行温度的监测及报警跳闸控制,以使干式变压器安全运行,延长使用寿命。

系统的主要功能如下:

(1)风机自动控制:负荷增大,变压器运行温度上升,当绕组温度达到某一数值(一般整定为110 ℃)时,系统自动启动风机冷却;当绕组温度降低至某一数值(一般整定在90 ℃)时,系统自动停止风机。

(2)超温报警、跳闸:运行中,若干式变压器温度继续升高,当达到F级绝缘所能耐受的极限155 ℃时,系统输出超温报警信号;若温度再上升达到某值(通常整定在170 ℃),变压器已不能继续运行,系统输出超温跳闸信号,迅速切断干式变压器电源。

(3)温度显示:可随时显示各相绕组温度,常用数字显示,还可用4~20 mA输出,也可配计算机接口，远传显示及报警。

（七）干式变压器的启用

（1）短接变压器的"输入"与"输出"接线端子，用绝缘电阻表测试其与地线的绝缘电阻。选用 1 000~3 000 V 绝缘电阻表测量时，其阻值应大于规定的数值，一般为几兆欧姆。

（2）变压器输入、输出电源线截面积应满足其电流值大小的要求。

（3）输入、输出三相电源线应按变压器接线板母线的颜色正确接线。即黄、绿、红，分别接 A 相、B 相、C 相，中性线应与变压器中性线相接，接地线与变压器外壳相接（如变压器有机箱应与箱体地线标志对应相连接）。检查输入、输出线，确认正确无误。

（4）先空载通电，观察测试输入输出电压是否符合要求。同时观察各种设备，特别是变压器的内部是否有异响、打火、异味等非正常现象；若有异常，应立即断开输入电源。

（5）当空载测试完成且正常后，方可接入负载。接入负载要依次由小到大，由少到多。直至全部负载都接入。

三、城市轨道交通牵引供电系统整流器

城市轨道交通牵引供电系统整流器全部采用三相全波桥式整流，为了提高输出直流的质量，减少谐波，减少对城市电力系统的影响，一般采用 12、24 脉波整流电路。

（一）三相桥式整流电路（6 脉波整流电路）

三相桥式整流电路如图 2-12 所示。

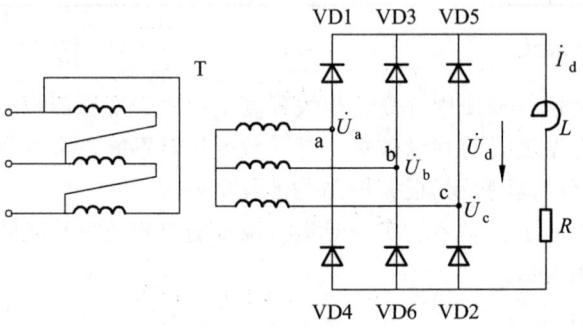

图 2-12 三相桥式整流电路

三相桥式整流电路的工作原理：

在第一阶段，a 点电位最高，共阴极组的 VD1 触发导通，b 点电位最低，共阳极组的 VD6 触发导通，这时电流由 a 点经 VD1 流向负载，再经 VD6 流向 b 点。变压器 a、b 两相工作，加在负载上的整流电压为 $\dot{U}_a - \dot{U}_b = \dot{U}_{ab}$，经过 60°后进入第二阶段。这时 a 点电位仍最高，VD1 继续导通，但 c 点电位最低，经自然换向点触发 c 相的 VD2，电流即从 b 点换到 c 点，VD6

承受反压关断。变压器 a、c 两相工作，加在负载上的整流电压为 $\dot{U}_a - \dot{U}_c = \dot{U}_{ac}$。如此循环下去，其输出直流在一个周期之内共有六个脉动的电压波形，这就实现了 6 脉波整流。三相桥式整流电路的输出电压波形和矢量图如图 2-13 所示。

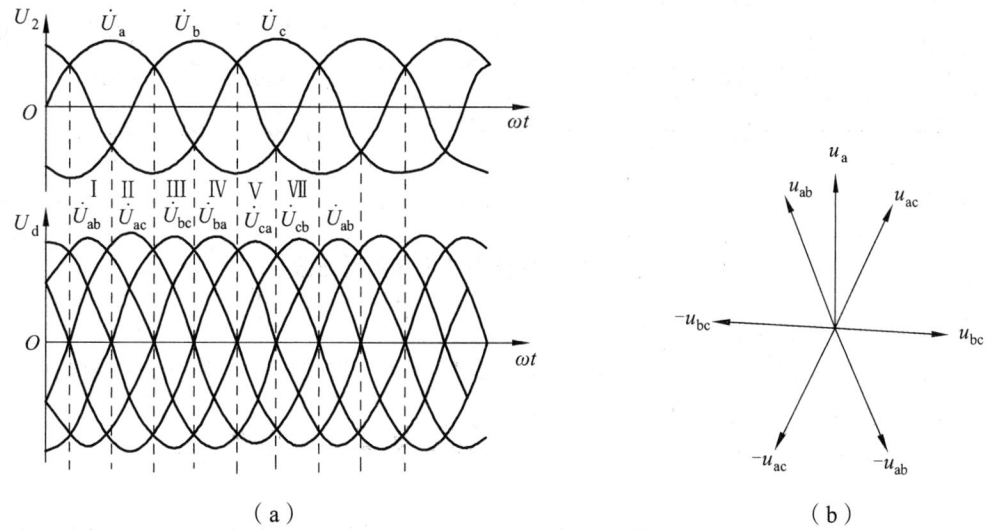

图 2-13　三相桥式整流电路的输出电压波形和矢量图

（二）12 脉波整流原理

6 脉波整流是 12 脉波整流的基础。选择两组三相变压器和整流器系统，使两组变压器二次电压之间相差 30°电角度，其直流电压脉冲分量也相差 30°电角度，将两组桥式整流器的输出并联运行，即可实现将三相交流电源整流输出 12 脉波直流的目的。12 脉波整流原理图如图 2-14 所示。

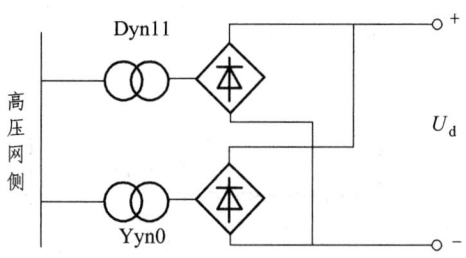

图 2-14　12 脉波整流原理图

图 2-14 中的两台变压器（Dyn11 和 Yyn0），在工程上已广泛采用带双低压输出的轴向分裂四线圈整流变压器，即一台双输出变压器（Dd0y11）作两台（Dyn11 和 Yyn0）变压器用，从而减少工程的占地面积和费用。

所谓分裂变压器就是将低压绕组分裂成相等容量的两个绕组，此时若两个低压绕组的负荷不平衡，两段母线电压将会略有偏差。采用分裂变压器和普通变压器相比，在同容量和同电抗时，低压侧短路电流减少了一半。图 2-15 就采用了轴向分裂结构。

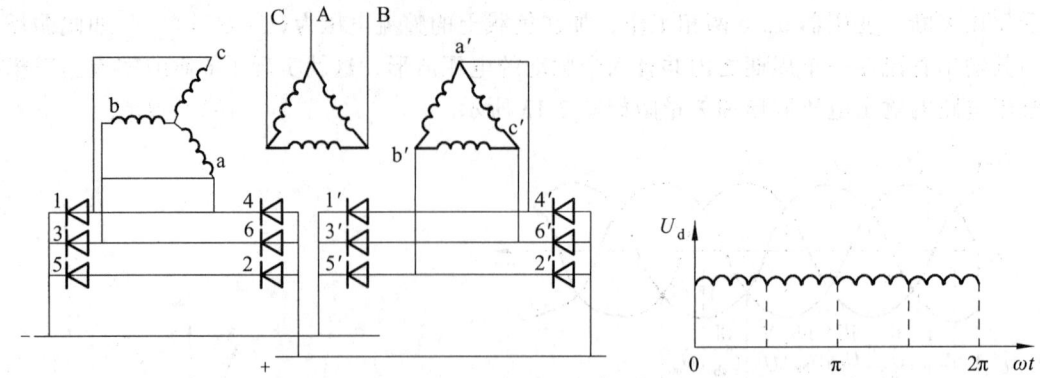

图 2-15　12 脉波整流电路及直流输出波形

漏抗取代平衡电抗器的优点：

（1）24 脉波整流电路可将 4 个三相整流桥直接并联，省去两个平衡电抗器及其磁损耗，消除平衡电抗器铁心有可能饱和的风险。

（2）整流机组重量、体积、造价比下降，损耗降低，减少工程投资成本。

缺点：

（1）因整流变压器漏抗值有限，小负荷区段整流器工作在推挽状态，使此间交直流侧谐波稍有增加，但是与额定工况相比很小。另外，变压器二次侧 5、7 次谐波电流增加，但不会影响网侧谐波电流。

（2）由于无平衡电抗器限流，特大容量整流器直流侧短路电流很大，保护应多加考虑。

该整流方式，由于整流相数的增加，其产生的谐波分量较 6 脉波整流有较大的降低，输出电压也较稳定。其直流输出 (U_d) 波形如图 2-15 所示，$0 \sim 2\pi$ 内共有 12 个脉动波形。

（三）24 脉波整流原理

24 脉波整流原理图如图 2-16 所示。

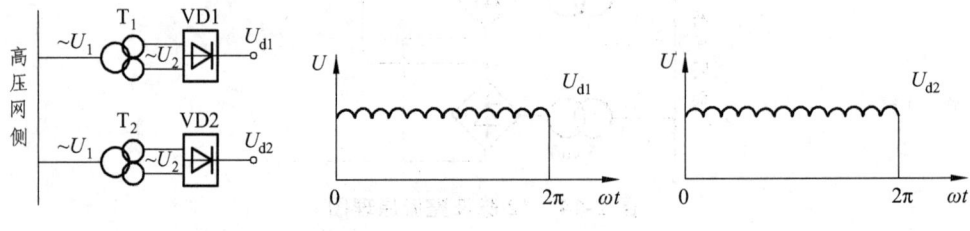

图 2-16　24 脉波整流原理图

图 2-16 中，T_1、T_2 为两台低压双输出电压的 12 相整流变压器，且 T_1 和 T_2 低压输出电压相差 15°相位角。VD1 和 VD2 为两台 12 相整流器。T_1 和 VD1 单独工作时，输出 12 脉波的直流电源；T_2 和 VD2 单独工作时，也输出 12 脉波的直流电源。T_1 + VD1 和 T_2 + VD2 并联（直流输出端子并联）工作时，由于 T_1 和 T_2 具有 15°相位差，合成输出 24 脉波的直流电源，实现将三相交流电源整流输出 24 脉波直流的目的。当然，二者也可以串联工作。

（四）24 脉波整流变压器系统

1. 基本结构

24 脉波整流变压器系统有各种不同的结构组合。

第一种情况下，可以采用单列四台变压器和四台全波整流器构成 24 脉波整流变压器系统，但这种系统占地面积大，维护复杂。第二种情况下，可以采用两台三相三绕组变压器和四台全波整流器构成 24 脉波整流变压器系统。而四台整流机组也可以根据不同的需要进行组合。四台整流机组串联运行，适用于电压较高的场合；四台整流机组并联运行，适用于负荷电流较大（或多负荷）的场合，城市轨道交通系统多采用这种系统。

图 2-17 所示是城市轨道交通系统常用的 24 脉波整流变压器系统的主电路原理图。

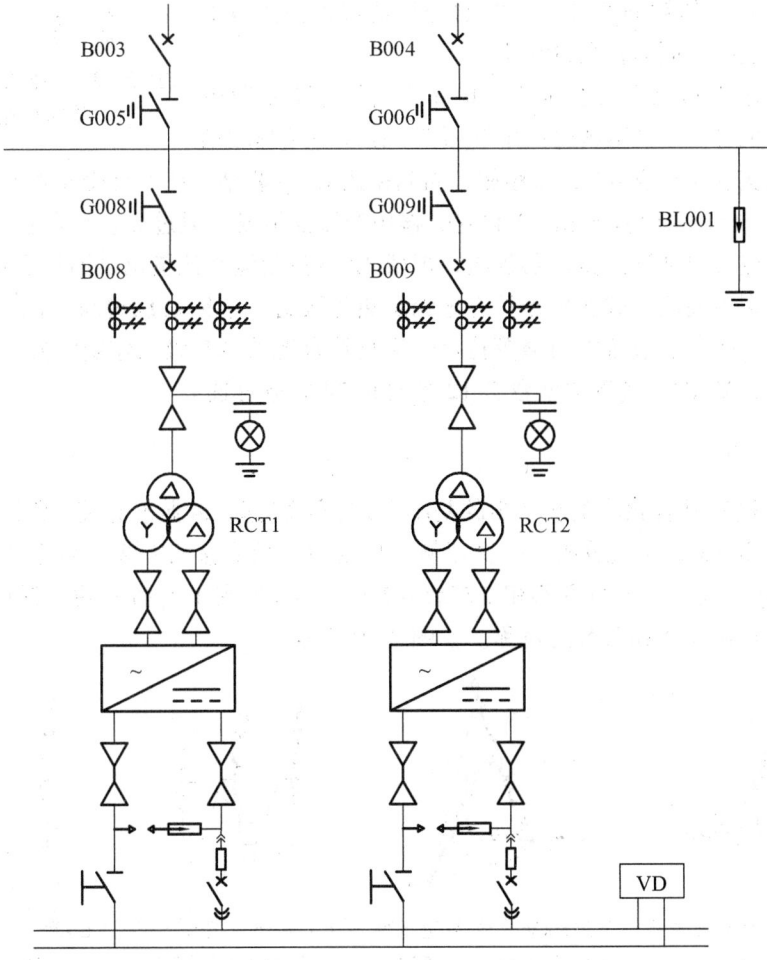

图 2-17 24 脉波整流变压器系统的主电路原理图

城市轨道交通系统常用的等效 24 脉波整流系统包含两台变压器，即 T_1 和 T_2。T_1 和 T_2 均为双低压输出变压器，每台变压器（T_1 或 T_2）均可与 12 脉波整流器组成独立的 12 脉波整流系统。

2. 环氧浇注牵引整流干式变压器

为了减少变压器低压绕组之间的相互影响,环氧浇注牵引整流干式变压器沿轴向设置双线圈的低压输出线圈,即所谓的每相铁心两线圈轴向双分裂结构,通常要求其分裂系数 $K_F \geqslant 3.6$,基本联结组标号为 Dd0y11。采用了轴向双分裂结构后,直流阀侧绕组间具有较大的短路阻抗,因此,一般不再设置平衡电抗。

图 2-18 所示为轴向双分裂结构变压器的绕组布置图,这种变压器网侧为一个不分裂的绕组,分成上下两个支路,两个支路并联。两组阀侧绕组沿轴向布置于同一铁心柱上,其本身并没有并联或串联,而是将其头尾各自采用 Y 联结和 d 联结分别引出,分裂成两个支路。这种阀侧绕组分裂为两个支路布置在同一铁心柱上的轴向双分裂结构的变压器可以使阀侧的两个支路并联运行,同时向负载供电。

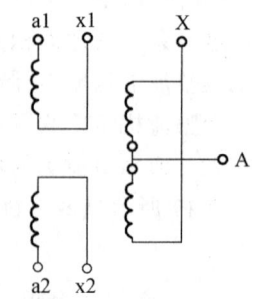

图 2-18 轴向双分裂结构变压器的绕组布置图

环氧浇注牵引整流干式变压器是地铁牵引机车电源整流系统的重要组成部分,采用延边三角形原理,改变三角形联结的方式便可以实现 7.5°或 -7.5°的移相,阀侧采用 d、y 联结,使两台变压器阀侧绕组输出线电压相量互差 15°,由两台 6 相 12 脉波的移相变压器组成,通过硅整流器整流,形成 24 脉波直流输出,也可单独通过整流器供电,形成 12 脉波整流直流输出,谐波含量少。

环氧浇注牵引整流干式变压器具有绝缘耐热等级高、达到 H 级绝缘、低损耗、低噪声、局部放电量少、防潮、过载能力强等特点,完全符合地铁 VI 级工作制的要求。电压等级有 10 kV、20 kV、35 kV,整流脉波数有 12 脉波和 24 脉波可选。

3. 移相原理

在保证 T_1 和 T_2 具有相同基本结构的基础上,要实现等效 24 脉波整流,就必须使 T_1 和 T_2 低压输出之间移相 15°,经过分析,在高压侧采用延边三角形移相方法。为此 T_1 和 T_2 在基本联结组标号 Dd0y11 基础上,分别移相 7.5°或 -7.5°,不仅实现了 T_1 和 T_2 输出低压移相 15°的目的,又保证了几何尺寸和参数的对称。如图 2-19 所示。

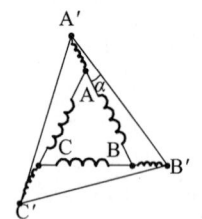 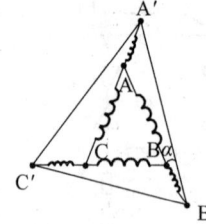 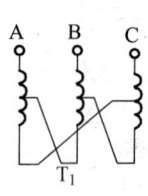 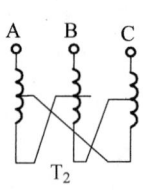

(a) 35 kV 网侧延边三角形接线($\alpha = 7.5°$)   (b) 35 kV 网侧延边三角形接线($\alpha = -7.5°$)   (c) 延边三角形移相 7.5°的相量图   (d) 延边三角形移相 -7.5°的相量图

图 2-19 延边三角形移相 7.5°和 -7.5°的接线图和相量图

4. 一次侧(网侧)连接

为了保证产品的通用性,T_1 和 T_2 的高压线圈和低压线圈均相同,T_1 和 T_2 分别采用如图 2-20 所示的高压(一次)连接方法。此时,T_1 变压器二次(阀侧)电压将滞后 T_2 变压器二次电压15°电角度。

两台变压器（T_1、T_2）的铁心、线圈是相同的，仅一次侧（网侧）接法的不同而产生二次低压移相15°。因此，两台变压器的互换性特别好。

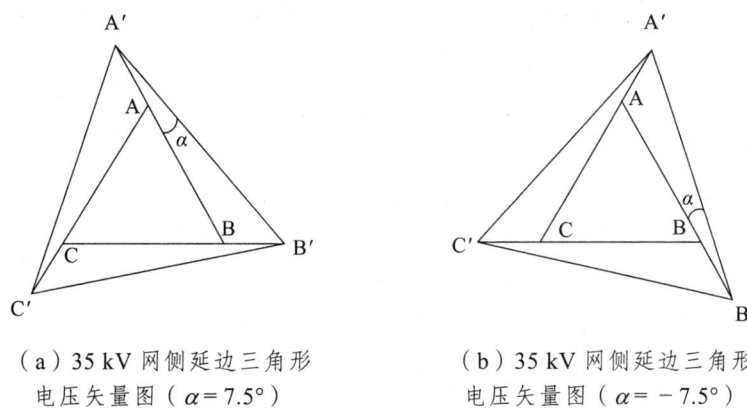

(a) 35 kV 网侧延边三角形　　　　(b) 35 kV 网侧延边三角形
电压矢量图（$\alpha=7.5°$）　　　　电压矢量图（$\alpha=-7.5°$）

图 2-20　延边三角形矢量图

24 脉波整流电压矢量分析图如图 2-21 所示。左边的变压器为 1# 变压器，为 Dd0yn11 接线；右边的变压器为 2# 变压器，为 Dd2yl 接线。其中 1# 变压器的一次侧三角形接线滞后 7.5°，2# 变压器的一次侧三角形接线超前 7.5°。为了便于分析，把相互相差 120°的一组向量，用同一个方框表示出来。

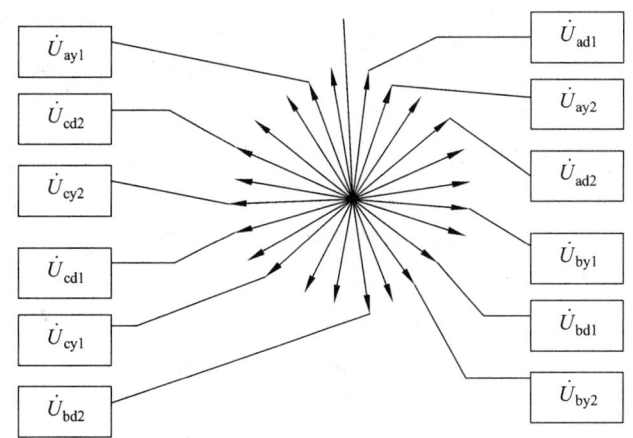

图 2-21　24 脉波整流电压矢量分析图

$\dot{U}_{ad1}$—1#变压器二次侧三角形接线 A 相输出电压；$\dot{U}_{bd1}$—1#变压器三角形接线 B 相输出电压；
$\dot{U}_{cd1}$—1#变压器三角形接线 C 相输出电压；$\dot{U}_{ay1}$—1#变压器星形接线 A 相输出电压；
$\dot{U}_{by1}$—1#变压器星形接线 B 相输出电压；$\dot{U}_{cy1}$—1#变压器星形接线 C 相输出电压；
$\dot{U}_{ad2}$—2#变压器三角形接线 A 相输出电压；$\dot{U}_{bd2}$—2#变压器三角形接线 B 相输出电压；
$\dot{U}_{cd2}$—2#变压器三角形接线 C 相输出电压；$\dot{U}_{ay2}$—2#变压器星形接线 A 相输出电压；
$\dot{U}_{by2}$—2#变压器星形接线 B 相输出电压；$\dot{U}_{cy2}$—2#变压器星形接线 C 相输出电压

以 1# 变压器的星形接线为参考，以它的 12 点为基准，那么：

$\dot{U}_{ad1} = U\sin(\omega t + 7.5°)$,
$\dot{U}_{bd1} = U\sin(\omega t + 120° + 7.5°)$,
$\dot{U}_{cd1} = U\sin(\omega t + 240° + 7.5°)$;
$\dot{U}_{ay1} = U\sin(\omega t - 30° + 7.5°)$,
$\dot{U}_{by1} = U\sin(\omega t + 120° - 30° + 7.5°)$,
$\dot{U}_{cy1} = U\sin(\omega t + 240° - 30° + 7.5°)$;
$\dot{U}_{ad2} = U\sin(\omega t + 60° - 7.5°)$,
$\dot{U}_{bd2} = U\sin(\omega t + 120° + 60° - 7.5°)$,
$\dot{U}_{cd2} = U\sin(\omega t + 240° + 60° - 7.5°)$;
$\dot{U}_{ay2} = U\sin(\omega t + 30° - 7.5°)$,
$\dot{U}_{by2} = U\sin(\omega t + 120° + 30° - 7.5°)$,
$\dot{U}_{cy2} = U\sin(\omega t + 240° + 30° - 7.5°)$。

然后画出它们的反向量,就可以得到所有电压向量图。这里没有把它们的反向量表示出来,读者可以自己标示一下。

(五)整流器功率因数的表示法

1. 系统状况

两套整流机组分别通过两台断路器与交流母线相连,而且采用母线不分段方式,以确保输入电源的一致性。这种方案的两套整流机组的进线相互独立,两套整流机组也可以独立运行。当某一整流机组发生故障时,其保护装置使其进线断路器跳闸,故障容易判别。

当一套整流机组因故退出运行时,在负荷较小时,另一套整流机组可以继续运行。通过接线的改变,使两套机组的脉波输出相差15°,并且让两者并联或串联运行,就会构成24脉波整流机组系统。只不过当一组出现故障时,就会输出12脉波整流系统。整流器和变压器的接线如图2-22所示。

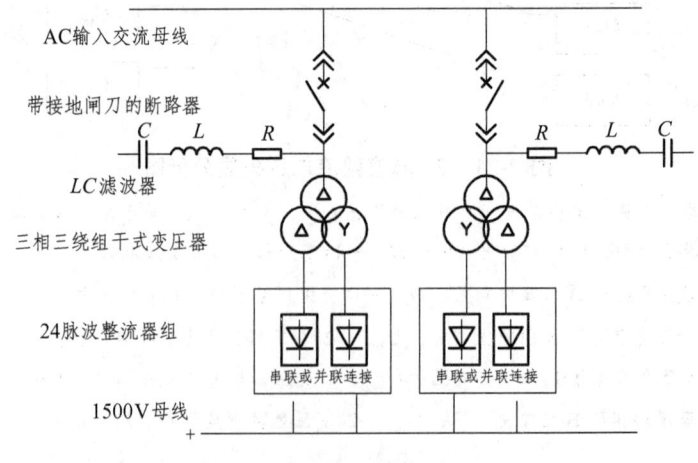

图2-22 整流器和变压器的接线

由图 2-22 可以看出，每台变压器的二次侧都有两个绕组：一组采用星形接线，一组采用三角形接线。变压器二次绕组同名端线电压相差 30°，经整流形成 12 脉波整流系统。每座牵引变电所有两台整流机组，通过对一次侧进行处理（一般采用外延三角形接线）得以实现，一台移相 7.5°，一台移相 –7.5°，这样两套 12 脉波整流系统形成一套 AC35 kV/1 500 V 或 750 V 的等效 12 相 24 脉波整流系统。

2. 计算方法

用交流装置电网（一次）侧的每相输入有功功率 P_1 和视在功率 S_1 之比来表示功率因数，即

$$\cos\varphi = \frac{P_1}{S_1}$$

$$\cos\varphi = \frac{P_1}{S_1} = \frac{U_1 I_{11} \cos\varphi_1}{U_1 I_1} = \frac{I_{11}}{I_1} \cos\varphi_1 = \gamma_q \cos\varphi_1$$

式中，I_{11} 是变压器一次电流基波分量的有效值；φ_1 是基波电流与电压的相位差。对于桥式整流，$\gamma_q = \frac{I_{11}}{I_1} = 0.9$。

要减小谐波电流，减小波形畸变，就应让 γ_q 近似于 1。因为电流所含谐波分量与整流相数成反比，因而整流后电流波形的脉波数越多，交流装置从电源所取得的电流波形就越接近于正弦，γ_q 越接近于 1，功率因数与位移因数越趋于一致。

与单相桥式整流电路相比，由于三相桥式电路每周期有 6 个波头输出，比单相桥式的两个波头增加 3 倍，所含谐波减小，畸变系数增大，因此，其三相电路的功率因数就较高。城市轨道交通牵引供电系统的整流机组都是以 6 脉波为基础的，在此基础之上，组成了 12 和 24 脉波整流器，因此，它们的功率因数都比较高。

三相全波桥式整流预期功率因数如表 2-3 所示，可以看出，一般情况下三相全波桥式整流预期（或理想）功率因数和脉波数的关系：脉波数越多，功率因数越高。

表 2-3 三相全波桥式整流电路功率因数

脉波数	功率因数
6	0.955
12	0.988
24	0.997

3. 影响功率因数的因素及改进措施

（1）功率因数的理论值与实际值。

从分析知道，城市轨道交通牵引供电系统整流机组的功率因数对系统功率因数贡献巨大。也就是说，牵引负荷所占比重越大，系统功率因数就越高。从理论值上可以看出，12 和 24 脉波整流器，它们的功率因数都比较高；但实际情况下，都达不到这么高。

当所需电流较大时，二者工作在并联状态，同时输出直流电流。此时负载电压为 $U_d = U_{d1} = U_{d2}$。在这种情况下，整流机组的功率因数都比较高。由此看出，当工作负荷较小

时，三相桥式整流（二极管）机组的效率会降低，功率因数达不到理想值，而且此时的谐波也较大。

（2）整流相数与功率因数。

通过计算分析知道，增加整流相数本身就可以提高功率因数。

整流相数越多，电流中谐波的最低次数越高，且幅值也减小，从而也可以提高功率因数。从表2-3中可以看到，由6脉波提高到12脉波，功率因数提高了0.033；而从12脉波提高到24脉波，功率因数提高了0.009。因此，对于高于24脉波的整流机组而言，其主要目的不再是为了提高功率因数，而是减少谐波，提高电源质量。

谐波电流在电网中流动会影响电网及各种电气设备的经济运行；谐波电流通过变压器，可使变压器的铁心损耗明显增加，从而使变压器出现过热，效率降低，寿命缩短的现象；谐波对电网的影响也是如此。因此，目前的城市轨道交通供电系统不再采用12脉波整流机组，而多采用24脉波整流机组，以达到经济运行的目的。

（3）安装补偿装置。

轨道交通供电系统有许多感性负载，如电力变压器、整流机组动力照明负载等设备。

为减少供电系统的无功损耗、有效利用供电设备容量、降低运行成本，需对供电系统的功率因数进行改善，同时抑制供电系统向电网返送无功。为了提高整个系统的功率因数，可以在一些特殊设备处，特别是比较大的感性设备处，安装电容性补偿装置，以利于提高功率因数。但是目前地铁供电系统还没有安装补偿装置，一般都预留了位置。

四、变压器的运行与维护

（一）变压器的运行

1. 变压器的并联运行条件

（1）各变压器的变比应基本相等，最大误差不应超过0.5%。

（2）各变压器接线组别应一样。

（3）各变压器的阻抗电压百分数应基本相等，最大误差不应超过10%。

（4）变压器的容量比不应超过三分之一。

2. 变压器的允许运行方式

（1）在规定的冷却条件下可按铭牌出力运行。

（2）油浸式电力变压器在运行中，上层油温应遵守制造厂的规定，但最高不得超过95 ℃，为防止变压器油质劣化过速，一般不宜超过85 ℃。

（3）升压或降压变压器的一次电压，一般不得超过额定值的10.5%。如一次电压在额定值的10.5%以内，二次侧可带额定容量的电流。

（4）变压器在正常或事故情况下，可过负荷运行，但必须遵守制造厂的规定。

3. 根据变压器异常声响判断故障

变压器正常运行时，会发出连续均匀的"嗡嗡"声。如果变压器出现故障或运行不正常，声音就会异常。

原因分析：

（1）夹紧铁心的穿心螺杆松动或铁心上有遗漏零件时，变压器有"锤击"和"吹风"之声。

（2）变压器的跌落式熔断器或分接开关接触不良时，有"吱吱"声。

（3）变压器高压套管脏污，表面釉质脱落或有裂纹存在，可听到"嘶嘶"声。

（4）变压器铁心接地断线，会产生"劈裂"声。

（5）变压器绕组短路，将有"劈啪"声音，严重时会有巨大轰鸣声，随后起火。

（6）变压器绕组高压引出线相互间或它们对外壳闪络放电时，有爆裂声音。

（7）变压器低压侧电力线路接地时，有"轰轰"声。

（8）变压器过载运行时，音调高、音量大。变压器的负载急剧变化时，出现"咯咯"的间歇声，监视测量仪表的指针发生摆动。

（9）电网电压超过变压器分接头的额定电压时，变压器声音比平常尖锐。

4. 空载拉、合闸对变压器的影响

空载变压器拉闸时，铁心中磁场会很快地消失，磁场的迅速变化在绕组中产生很高的电压，这可能使变压器的绝缘薄弱处被击穿。变压器合闸瞬间可能产生很大的电流，这个电流会使绕组受到很大的机械应力，造成绕组变形和绝缘损坏。因此，空载变压器拉闸、合闸的次数过多会影响变压器的使用寿命。

（二）变压器的巡视检查

1. 变压器的正常巡视

（1）变压器本体：

① 检查变压器的油温指示是否正常。

② 检查油位，根据温度与油位的对应关系判断油位是否正常。

③ 监听（视）声音和振动，注意异常的声音和振动。

④ 检查有无漏油、渗油现象，箱壳上的各种阀门状态是否符合运行要求，特别注意阀门、表计、法兰连接处及焊缝等。

⑤ 检查呼吸器硅胶应呈蓝色，当硅胶整体 2/3 以上变为粉红色时应及时更换；检查油封、油杯油位、油色是否正常。

⑥ 瓦斯继电器有防雨罩，且封盖完好。

⑦ 变压器本体无小动物筑巢现象。

⑧ 外壳及接地良好。

（2）套管：

① 检查高、中、低及中性点套管的油位，有无漏油和渗油现象。

② 检查套管表面有无放电痕迹或污损。

③ 检查套管有无破损、破裂等现象。

④ 检查接点和引线有无异常和明显发热迹象，特别是雪天和雨天，接头上有无熔化蒸汽的现象，金具有无变形，螺丝有无松脱和连接线有无断股损伤。

2. 变压器的特殊巡视

（1）新设备或经过检修、改造的变压器在投运 72 h 内。

（2）变压器存在缺陷近期有发展迹象时，要加强巡视，防止缺陷发展成事故。

（3）高温季节、高峰负载期间。变压器过负荷或过电压运行时每小时至少巡视一次，特别要注意温度和接头是否过热，声音是否异常，及冷却系统运行情况。

（4）大风时，检查变压器附近应无容易被吹起的杂物，防止吹落到变压器带电部位，引起短路，同时应注意引线摆动情况。

（5）大雾和小雨、雪天气，检查套管瓷瓶应无严重电晕、闪络和放电现象。

（6）大雨、雪天气，引线接头应无积雪，无雪溶化过快和冒气现象，并注意瓦斯继电器、油位计、温度计等附件积雪情况。

（7）雷雨后，检查变压器各侧避雷器计数器的动作情况，判断主变有无遭雷击过电压。

（8）节假日和上级有特殊保证用电任务期间，必须增加特殊巡视次数。

第二节　高压断路器

一、电弧的形成、燃烧和熄灭

（一）电弧现象

当断开电路时，若断开处的电压大于 10 V，回路电流超过 80 mA 时，在断开的瞬间，断口处的游离气体在电场的作用下自持放电，形成强烈的白光，这种白光就称为电弧。

它具有以下特点：

（1）电弧的能量集中，温度很高，亮度很强。电弧的表面温度达 4 000 ~ 5 000 ℃，弧柱中心温度高达 10 000 ℃。这样的高温对电弧附近区域的介质会产生较大的危害。

（2）电弧是一束游离的气体，质量极轻，容易变形。在气体和液体流动的作用下，或在电动力的作用下，电弧极易变形、移动。

（3）电弧的气体放电是一种自持放电，维持电弧稳定燃烧的电压很低，在大气中 1 cm 直流电弧柱电压只有 15 ~ 30 V，在变压器油中也不超过 100 ~ 200 V。

（二）电弧形成与燃烧

为了说明电弧的形成，有几个概念要介绍。

1. 热电子发射

实验表明，高温的阴极表面能够向四周发射电子。阴极表面发射电子的多少与阴极的材料及阴极表面温度有关。

2. 强电场发射

强电场发射：指如果阴极表面的电场强度很高，那么金属内部的电子在强电场的作用下，也会脱离原子核的束缚而发射出来的现象。

3. 热游离

游离：是中性质点分裂为电子和正离子的过程。

气体热游离：当温度升高到一定温度时，静止气体中的各种质点（如自由电子）的运动速度加大，动能增加，使它们挣脱子核的吸引，而脱离原子核的束缚而解体，分解为带负电的自由电子和带正电的正离子的现象。

4. 碰撞游离

碰撞游离：受强电场发射的自由电子，碰撞气体中其他中性质点，中性质点变为正离子和自由电子，被打出的自由电子又可能与别的中性质点碰撞，造成新的中性质点游离，产生大批电子，移向阳极，使大量的中性质点被游离的现象。

（三）电弧的熄灭

在电弧中，介质产生游离的同时，还存在一个相反的过程，即去游离。

（1）复合：当正负离子互相接触时，等量的正负电荷中和，相互结合成不带电的中性质点的过程。

复合的速度一般取决于电场强度。电场强度越小，离子运动的速度就越小，复合就越容易。

（2）扩散：浓度高处的物质向浓度低处运动的规律。

在弧隙中，游离和去游离两种运动并存，当游离速度大于去游离速度时，弧隙中带电质点增多而电弧维持继续燃烧；当游离速度小于去游离速度时，弧隙中带电质点减小，当减小到无法维持电弧时，电弧就熄灭。

（四）常用灭弧方法

现代开关电器中主要采用以下几种灭弧方法。

（1）气体吹弧。

由于电弧是一束质量很轻的游离气体，在外力作用之下，极易弯曲变形。利用高压气体吹动电弧，使电弧受到强烈的冷却和拉长，加强了去游离过程，加快电弧熄灭。

气体吹弧形式：横吹、纵吹和纵横吹等，如图2-23所示。

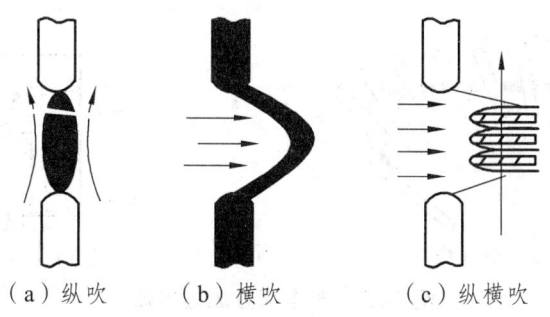

（a）纵吹　　（b）横吹　　（c）纵横吹

图2-23　气吹灭弧的方式

高压断路器中采用的吹弧介质一般有：压缩空气；SF_6气体；变压器油及高温时产生的油气等。

（2）利用磁吹法熄弧。

利用磁吹法熄弧如图2-24所示。也可以通过安装于触头外侧或触头两侧的线圈产生，如图2-25所示。

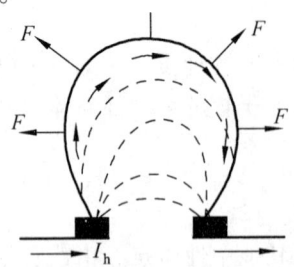

图2-24 电弧在本身电流产生的电动力影响下的伸展

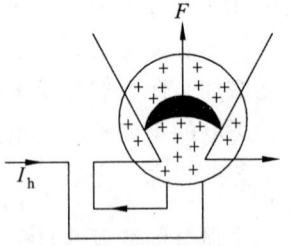

图2-25 电弧在外加线圈磁场力影响下的移动

（3）采用多断口。

在高压断路器中常采用两个或两个以上多个串联的断口，降低加在每个断口的电压，使电弧易于熄灭，如图2-26所示。

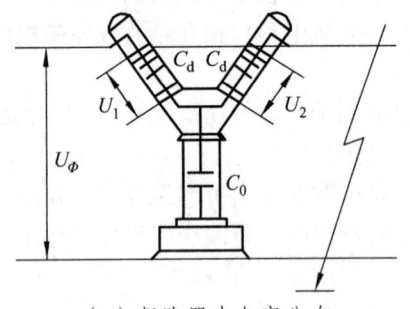

(a) 断路器中电容分布　　　(b) 断口分布电压计算图

图2-26 两断口断路器断口上电容、电压分布电路

（4）提高触头的分离速度。

（5）采用SF_6气体作为灭弧介质。

（6）采用真空熄弧。

（7）将长电弧分裂成一串短电弧。

这种方法多用于低压开关中，如图2-27所示。

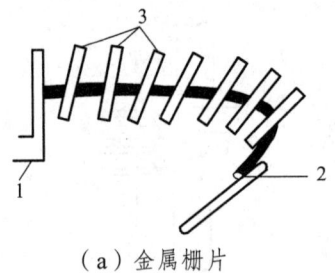

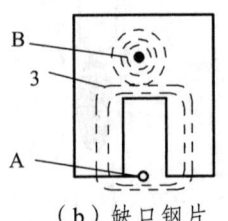

(a) 金属栅片　　　(b) 缺口钢片

图2-27 长电弧分成短电弧

1—静触头；2—动触头；3—栅片

二、高压断路器概述

(一) 作用及分类

高压断路器作用：在正常运行状态下，依靠断路器接通或断开负荷电流起控制作用；在故障事故状态时，依靠断路器与继电保护装置配合迅速而准确的切断短路电流起保护作用。

它具有很强的灭弧能力，性能完善，同时具有控制和保护双重作用。

高压断路器依据灭弧介质的不同可分为不同的类型：

① 以变压器油作为灭弧介质的断路器称为油断路器；
② 以 SF_6 气体作为灭弧介质的断路器称为 SF_6 气体断路器；
③ 断路器触头在高真空容器中的称为真空断路器；
④ 以压缩空气为灭弧介质的断路器称为压缩空气断路器等。

(二) 高压断路器的基本技术参数

1. 额定电压 U_N

额定电压指该断路器正常、长期工作的线电压，单位是千伏（kV）。

2. 额定电流 I_N

在标准环境温度下，电气设备长期通过的、发热不超过允许值的最大负荷电流，称为额定电流，单位为安（A）。

3. 额定开断电流 I_{NK}（额定断流量）

在额定电压下，断路器能够可靠开断的最大电流，称为额定开断电流。它表征了断路器的开断能力，单位用千安（kA）。

4. 额定断流容量 S_{NK}

由于开断能力和额定电压、开断电流有关，因此，通常用一个综合参数即额定开断容量来表示，单位为兆伏安（MV·A）。

5. 热稳定电流

断路器在规定时间内（国标为 4 s）所允许通过的最大电流称为热稳定电流，单位是千安（kA）。它表征断路器承受短路电流热效应的能力。

6. 极限通过电流 i_{Nes}（动稳定电流）

断路器在闭合状态时，允许通过的短路电流最大瞬时值称为极限通过电流或动稳定电流，单位为千安（kA），它表征断路器承受短路电流电动力效应的能力。

7. 分闸时间

在额定操作电压和压力下，以接到分闸指令开始到所有极的弧触头都分离瞬间的时间间隔，称为分闸时间，也称为固有分闸时间，单位为毫秒（ms）。

8. 全开断时间

全开断时间是指从断路器接到分闸指令瞬间起，到各极电弧最终熄灭瞬间止的时间间隔。

9. 合闸时间

在额定操作电压或压力下，从断路器合闸线圈通电开始至所有极触头都接触瞬间为止的时间间隔，称为合闸时间。

10. 自动重合闸无电流间隔时间

从断路器第一次分闸，三相电弧完全熄灭起，至重合闸成功线路重新出现电流为止，这段时间称为自动重合闸无电流间隔时间。

三、少油断路器

采用变压器油作为灭弧介质的断路器称为油断路器。油断路器的分类如下：
（1）多油断路器：变压器油不仅作为灭弧介质，而且作为绝缘介质的断路器。
（2）少油断路器：变压器油只作为灭弧介质和触头开断后弧隙绝缘介质，而带电部分与地之间的绝缘采用瓷介质的断路器。

（一）SW3-110型少油断路器

1. 本体结构和各主要部件的作用

SW3-110型断路器一相的外形如图2-28所示。它主要由底架、支持瓷套管、中间机构箱和灭弧室等部件组成。

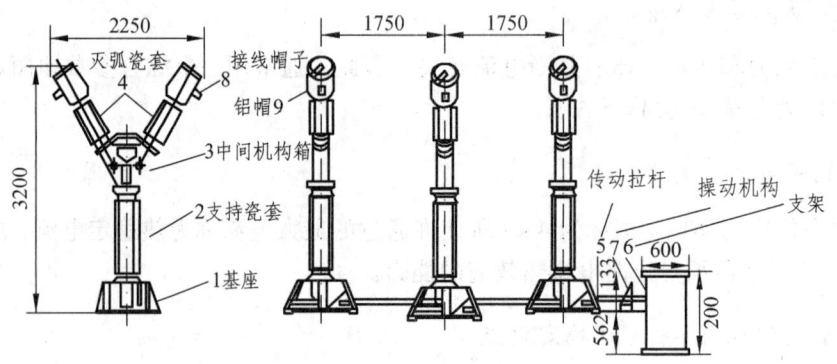

图 2-28　SW3-110型断路器外形图

（1）底架。

底架主要由水平拉杆，主、副分闸弹簧，油缓冲器，油箱，放油阀，分、合闸位置指示器，水平变直杆等组成。

水平拉杆用于连接操动机构和断路器三相本体,传递操作功,使断路器三相联动分、合闸。

合闸时主分闸弹簧拉长、副分闸弹簧压缩储存能量,分闸时释放能量使断路器快速分闸。

副分闸弹簧的作用是为了提高断路器的初分速度,保证开断性能。

油缓冲器起分闸缓冲作用,用于吸收分闸过程即将结束时多余的动能,防止设备剧烈的振动,同时起分闸定位作用。

常用的油缓冲器如图 2-29 所示。

（2）支持绝缘套管。

瓷套管内充满了变压器油。内装有绝缘提升拉杆。拉杆下部与水平变直杆相连,上部与中间机构箱变直机构相连。瓷套管支持着中间机构箱和灭弧装置。

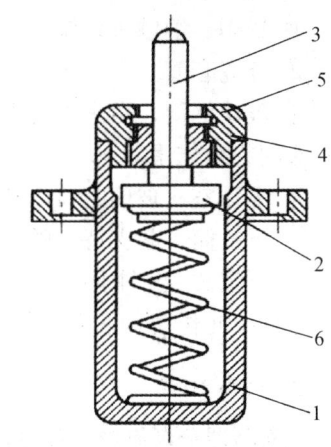

图 2-29 等油隙油缓冲器结构

1—外壳；2—油塞；3—连杆；
4—盖；5—密封；6—返回弹簧

（3）中间机构箱。

用钢板制成,运行时带电,箱内充满变压器油并装有两套准确椭圆变直机构用于将提升杆短距离的垂直方向的运动,变为两导电杆互为70°的长距离的直线运动,完成分合闸操作。

（4）灭弧装置。

灭弧装置的结构如图 2-30 所示。

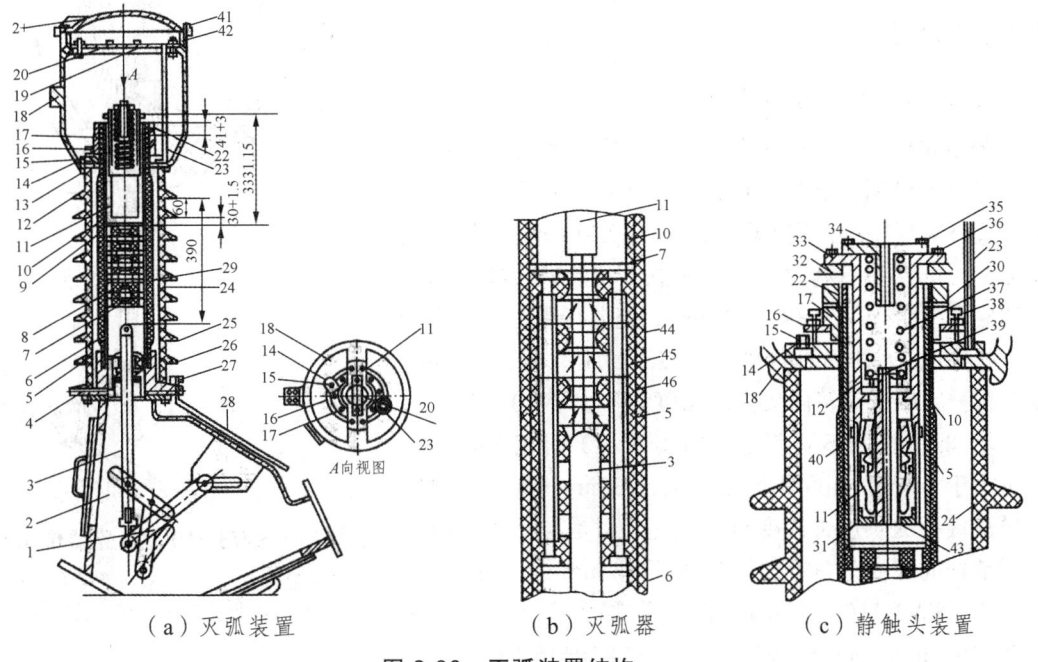

图 2-30 灭弧装置结构

1—变直机构；2—中间机构箱；3—动触杆；4—放油阀；5—玻璃钢筒；6—下衬筒；7—调节垫；8—隔弧片；9—调楼垫；10—上衬筒；11—静触头；12—压油活塞；13—密封橡皮垫；14—铁压圈；15—逆止阀；16—铁压圈；17—铝法兰；18—铝帽及接线板；19—上盖板；20—安全阀片；21—盖子及排气门；22—压圈；23—排气管；24—灭弧室瓷套；25—中间触头；26—油毡垫；27—铝法兰；28—中间导电板；29—衬环；30—$\phi 10$ 的油孔；31—保护环；32—铅帽凸台；33—静触头座；34—压油活塞压板；35—六角螺丝（M14）；36—六角螺帽（M12）；37—压油活塞弹簧；38—六角螺栓（M12）；39—压油活塞尾部螺钉（M10）；40—六角螺丝（M6）；41—六角螺栓（M10）；42—六角螺帽（M12）；43—压油活塞顶杆绝缘端头；44—灭弧片；45—衬环；46—绝缘管

① 铝帽、静触头系统。
② 外瓷套管。
③ 玻璃钢筒，用来承受灭弧时产生的高压力，同时起压紧、保护外瓷套管的作用和动、静触头间绝缘作用。
④ 灭弧室，玻璃钢筒内装有灭弧室。
⑤ 下衬筒，起支持灭弧室及灭弧室的定位作用。
⑥ 下铝法兰、中间触头、放油阀。其特点是动触杆与触头只有相对运动而不相互分离，起导电杆导向作用。下铝法兰用于支持外瓷套、玻璃钢筒，并与中间机构箱相连。

2. 灭弧过程

当断路器分断有电流的电路时，动静触头分离产生电弧。随着动触杆向下运动，电弧被拉入灭弧室依次与油囊中的油接触，使油蒸发、分解形成高压油气泡，在压力差的作用下，高压油气通过灭弧片中心的圆孔连续对电弧向上纵吹，使电弧冷却并熄灭。

3. 传动系统和导电回路

SW3-110 型断路器的传动系统如图 2-31 所示。SW3-110 型断路器的导电回路是：

一侧铝帽的上接线板→铝帽→上静触头支持座→静触头→动触头→动导电杆→下静触头→下铝法兰→下接线板→导电板→至第二灭弧室→第二灭弧装置铝帽上接线板。

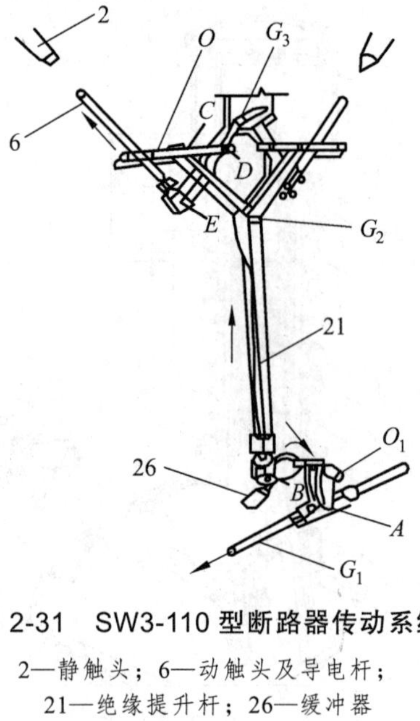

4. 维修、调整基本常识

① SW3-110 型断路器周期性大修一般 3～5 年一次。对于新投断路器应在投运后一年内进行大修。

② SW3-110 型断路器行程（390±10）mm，超行程（60±5）mm。调行程时，必须注意三相的油缓冲器都要打到底（缓冲行程为 38～40 mm），先调行程，再调超行程。调整时，水平拉杆各接头连接深度应不小于 20 mm。提升杆拧入底架油箱内接头的深度应不小于 30 mm。

③ 测量合闸不同期（以距离表示）同相两断口误差不大于 2 mm，相间不同期不大于 3 mm。调整动触杆拧进活接头的长度可改变行程误差。但是与动触杆相连的调节杆的螺纹外露部分不应大于 53 mm。

④ SW3-110 型断路器主分闸弹簧的长度为（450±10）mm，副分闸弹簧长度为（250±15）mm。

⑤ 每相二断口串联接触电阻不大于 220 μΩ。砂光接触面，压紧接触处可减小接触电阻。

⑥ 对于油的绝缘强度，运行中要求支持绝缘瓷套中油耐压不低于 20 kV；灭弧室中耐压不低于 15 kV；大修后注入的绝缘油耐压不低于 30 kV。否则应滤油和换油。

图 2-31　SW3-110 型断路器传动系统
2—静触头；6—动触头及导电杆；
21—绝缘提升杆；26—缓冲器

5. 小修范围及标准

少油断路器每年应进行一次小修。

① 检查清扫外壳、套管、瓷套和引线，必要时对外壳局部涂漆。要求各部分无灰尘和污垢，瓷件应无破损和裂纹、无爬电痕迹，引线应无断股、松股，连接牢固，外壳无锈蚀，接地可靠。

② 检查各部法兰螺栓、油位指示器及放油阀。要求各部法兰螺栓紧固，受力均匀，油位指示器清洁，指示清晰，不应有渗油现象。

③ 检查底架固定螺栓，应紧固良好，不应松动。

④ 检查主、副分闸弹簧及水平拉杆，主、副分闸弹簧长度应符合规定，水平拉杆拧入接头深度不应小于 20 mm，轴销涂润滑油。

⑤ 检查合闸保持弹簧。

合闸保持弹簧应无变形及锈蚀，其尺寸应符合规定，弹簧应涂防锈漆及干黄油，寒冷地区应涂防冰油。

⑥ 少油断路器 SW3-110，由于其绝缘性能好，熄弧能力强，结构简单，易于安装调试、检修，因而在早期的牵引变电所中得到了广泛应用。

（二）SN10-10 型少油断路器

本体结构特点：每相单箱单断口，三相联动悬臂式结构，其外形结构如图 2-32 所示。

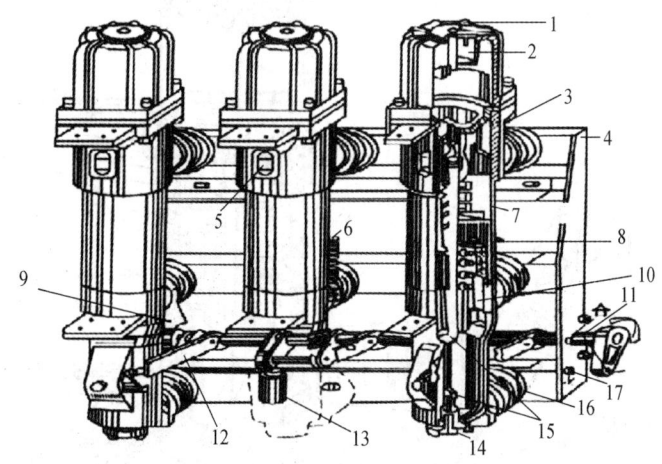

图 2-32　SN_{10}-10 型断路器外形图

1—注油孔；2—油气分离器；3—静触头；4—框架；5—油标；6—开端弹簧；7—灭弧室；
8—大绝缘筒动触杆；9—分闸定向件；10—滚动触头；11—主轴；12—绝缘拉杆；
13—合闸缓冲器；14—放油阀；15—分闸缓冲器；16—绝缘子；17—接地螺钉

1. 本体结构及主要部件作用

（1）金属框架。

金属框架由角钢、槽钢、钢板焊接而成，固定在高压开关柜内。框架上固定有 4 条强力分闸弹簧，合闸时弹簧拉长储能；分闸时释放能量，使断路器快速分闸。

（2）支持绝缘子。

6 个棒式绝缘子（每相两个）将断路器油箱固定在金属框架上。它是带电部分与地的主绝缘，同时支持断路器油箱组成悬臂式结构。

（3）传动系统。

该断路器的传动系统由若干个拐臂、大轴和四连杆机构组成，如图 2-33 所示，用于改变方向传递操作，使断路器分合闸。

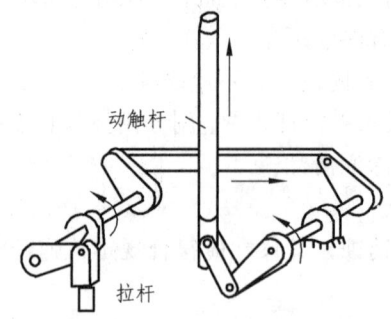

图 2-33 SN10-10 型断路器传动系统

（4）灭弧装置（油箱）。

灭弧装置如图 2-34 所示，它的主要组成部分有：

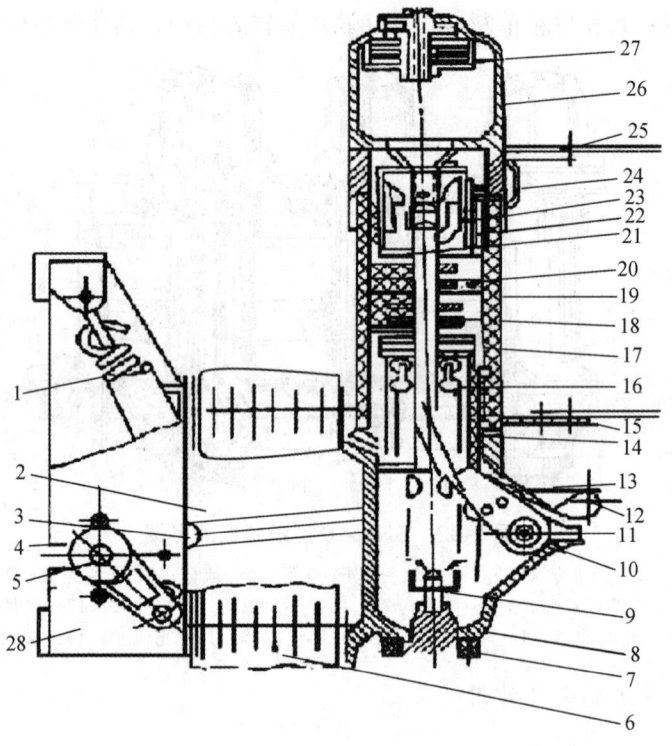

图 2-34 SN$_{10}$-10 型少油断路器的内部结构

1—分闸弹簧；2—绝缘拉杆；3—拐臂；4—轴承；5—主轴；6—支持绝缘子；7—放油螺栓；8—低罩；
9—油缓冲器塞杆；10—轴承；11—轴；12—拐杆；13—缓冲橡皮垫；14—密封圈；
15—下出线座；16—架钢辊轮；17—牙环；18—导电杆；19—绝缘套；20—灭弧室；
21—铁片；22—内法兰；23—瓣形静触头；24—油位指示器；
25—上出线座；26—上帽；27—汽油分离器；28—框架

① 铸铁帽部分。

铸铁帽上有注油螺栓用于检修时加油；排油阀门，用于分闸时排出电弧产生的多余油气，起泄压作用；油标用于监视油位；用于接线的接线板；惯性油气分离器，油气分离器固定在铸铁帽内，结构如图 2-35 所示。

② 高强度环氧树脂玻璃布钢筒部分。

高强度环氧树脂玻璃布钢筒部分的作用：主要固定灭弧室等元件，并承受燃弧时产生的油气高压力。

球阀的作用：一是合闸时导电杆挤压孔内油，关闭单向球阀，利用油的反压力，使导电杆平滑减速，吸收合闸终了导电杆多余的动能，减小机械振动，起合闸缓冲作用；二是分闸时电弧产生的高温高压油气冲向触头内孔，使球阀关闭，高压油气从触头外侧吹弧道上喷，减小触头烧损。

（3）底罩部分。

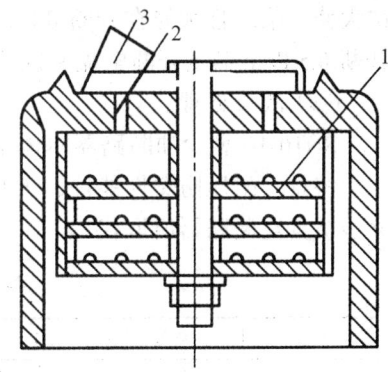

图 2-35 惯性式汽油分离器
1—汽油分离片；2—排气孔；3—排气口

2. 灭弧过程

断路器在合闸位置时，横吹口被导电杆堵住。当分断有电流的电路时，导电杆向下运动，如图 2-36 所示。

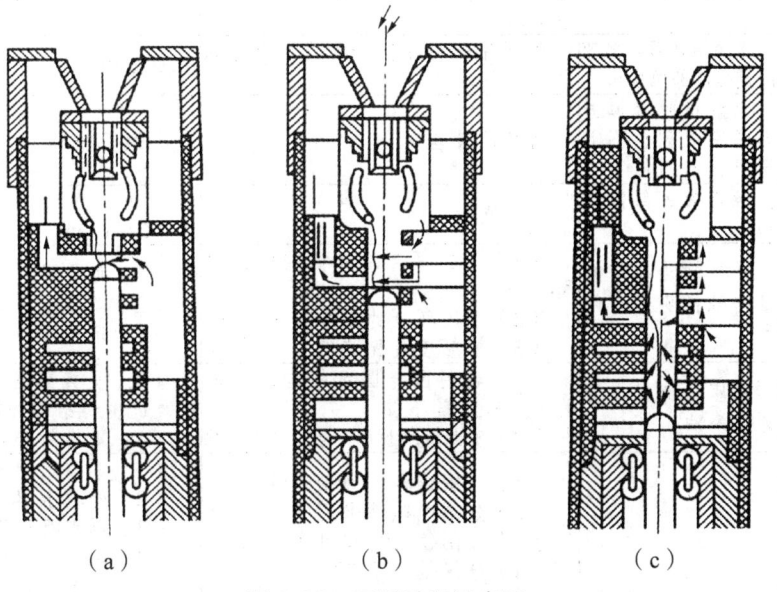

图 2-36 灭弧过程示意图

触头分离后产生电弧，在横吹口未打开之前，电弧在封闭空间燃烧，油被蒸发、分解形成高压油气泡，建立高压力区，并开始向横吹口喷射。一旦横吹口被导电杆高速向下运动，灭弧室下部新鲜冷油从纵道被挤上，形成油流，集中向第一横吹口喷射，填补导电杆让出的空间，起压油吹弧作用。在横吹和压油吹弧的作用下，大电流电弧被强烈冷却而熄灭。

3. SN10-10 型少油断路器的导电回路

上接线板铁帽→静触头座→静触头→导电杆→滚动触头→导电条→下接线板

4. 维护与检修

（1）检修周期。

SN10-10型少油断路器在新安装投入运用一年后应进行大修；正常运用3～4年应安排一次大修。临时性大修在开断0.8以上额定开断电流3次或开断0.5～0.8额定开断电流6次或开断0.5以下额定开断电流9次均应安排大修。小修应每年安排一次。

（2）故障处理。

SN10-10型少油断路器本体常见故障及处理方法如表2-4所示。

特点：耐压防爆性能好，灭弧能力强，结构简单，维护方便，但其频繁动作能力差，正逐步被真空断路器所取代。

表2-4 断路器本体常见故障处理

类别	故障现象	可能的原因	处理方法
渗油	拐臂转轴渗油	（1）骨架密封圈有气孔、裂纹、破损等机械损伤或有毛边 （2）转轴和轴孔不光滑，有毛刺	（1）检查更换骨架油封加平垫 （2）用0号砂纸处理光滑
触指脱落	触指脱落，卡在灭弧孔中合不上闸	（1）弹簧片弯曲，失去弹性 （2）铝隔栅与触指间公差配合过大，触指脱落，卡在灭弧孔中合不上闸	（1）更换弹簧片 （2）更换铝隔栅或触座
静触头烧伤	弧触指弹簧片触座隔栅接触部位烧伤	弹簧片失去弹性，致使触指与触座接触不良	更换弹簧片
弧触指脱落	弧触指脱落掉进灭弧室中孔合不上闸或合不到位	焊接质量差	更换弧触指
局部烧伤	触指紫铜部位烧伤	逆止阀行程过大	逆止行程过大调整钢珠行程为0.5～1 mm
触指变形	动静触头合闸时撞击触指变形合闸不上	（1）下压环与绝缘筒间的弹簧圈压偏 （2）下压环上的螺栓紧固不均 （3）静触座装配装偏	（1）更换弹簧圈重新组装 （2）调整螺栓坚固均匀 （3）调整静触座装配位置
渗油	基座底部缓冲器圆盘渗油	（1）密封圈与圆盘槽沟配合公差大，压缩量不够 （2）密封圈运行中产生永久性变化	（1）更换较粗的密封圈，更换改进密封结构的阻尼器 （2）更换新密封圈
分闸失灵		（1）分闸连板中间轴过低 （2）分闸电磁铁卡涩 （3）分闸铁心行程过小 （4）分闸铁心下落 （5）电气回路不通	（1）调整定位螺钉高度 （2）处理卡涩 （3）调整行程至符合要求 （4）调整正当位置并紧固 （5）检查控制、合闸回路熔断器及二次回路，进行处理
合闸失灵		（1）分闸连板中间轴过高 （2）合闸铁心上部绝缘垫圈装偏 （3）合闸接触器动触头卡碰灭弧罩 （4）电气回路不通 （5）合闸时振动，分闸铁心跳动	（1）调整支点螺钉高度 （2）调整铁心外部绝缘垫圈 （3）处理动触头，使动触头不致卡碰灭弧室 （4）检查其控制、合闸回路，并针对不同情况进行处理 （5）针对不同情况进行处理
合闸跳跃		（1）辅助开关触点打开过早 （2）合闸铁心顶杆太短	（1）调整辅助开关触点，在合闸位置时距离小于2 mm （2）调整顶杆长度

四、SF_6断路器

（一）SF_6气体的特性

① SF_6是一种无色、无味、无臭、不燃亦不助燃，在常温下化学性能稳定的惰性气体。
② SF_6气体热导率低，但由于其私度较低且密度较高，热容量大，故总的热传导能力是空气的2~5倍。
③ SF_6气体分子结构呈正八面体，属于完全对称型。被激励的硫原子与六个氟原子间的极强的共价键相连，键合距离小，键合能量高，化学性能稳定，不易电离。
④ SF_6气体分子具有强负电性，而且体积大，容易捕获电子吸收其能量，生成低活动性的稳定负离子。在电场力作用下负离子较自由电子自由行程短，运动速度慢，复合过程强烈。
⑤ SF_6气体具有优良的灭弧和绝缘性能。
⑥ 纯的SF_6无毒无腐蚀，但其分解物遇水后会变成腐蚀性电解质，会对设备内部某些材料造成损害，酿成运行故障。
⑦ SF_6的电晕起始电压与击穿电压相近，电晕放电容易发展成全间隙击穿。
⑧ SF_6环保。

（二）SF_6气体的灭弧原理

SF_6气体中电弧的熄灭原理与空气电弧和油中电弧是不同的，它并不仅依靠气流等的压力梯度所形成的等熵冷却作用，而主要是利用SF_6气体的特异的热化学性质和强电负性，使得SF_6气体具有很强的灭弧能力。对于灭弧来说，供给大量新鲜的SF_6中性分子并使之与电弧接触是有效的方法。

SF_6断路器的优点：
① 可以提高单断口的额定电压和开断电流。
② 切小电感电流时较少发生截流现象；切空载架空线时不会发生多次重击穿；能承受快速上升的瞬态恢复电压，尤适于开断近区故障。
③ 满容量开断次数多，检修周期长。
④ 可集合成GIS。

（三）SF_6断路器的分类

按所利用能源的不同，将SF_6灭弧装置分为三类：
① 外能式灭弧装置：利用运行储存的高压力SF_6气体或开断过程中依靠操作力产生SF_6的压力差，在开断时将SF_6气体吹向电弧而使之熄灭。
② 自能式灭弧装置：利用电弧本身的能量使SF_6气体受热膨胀而产生压力差，在开断时将SF_6气体吹向电弧而使之熄灭；或者利用开断电流本身依靠线圈形成垂直于电弧的磁场，使电弧在SF_6气体中旋转运动而使之熄灭。
③ 混合式灭弧装置：既利用电弧（或开断电流）自身的能量，也利用部分外界能量的综

合式灭弧装置。

按开断过程中，灭弧装置工作特点的不同，将 SF_6 灭弧装置分为：气吹式，热膨胀式，磁吹旋转电弧式，混合式。

（1）气吹式 SF_6 断路器灭弧装置如图 2-37 所示。

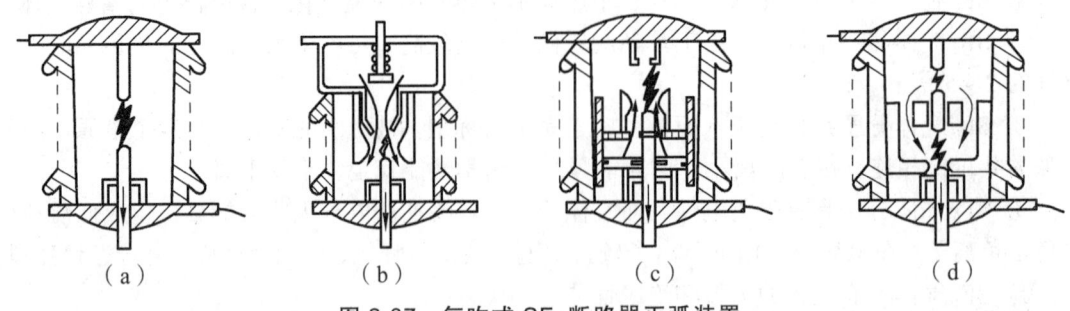

图 2-37　气吹式 SF_6 断路器灭弧装置

（2）双压力式 SF_6 断路器如图 2-38 所示。

最早的 SF_6 断路器是根据压缩空气断路器的气吹灭弧原理设计的。设计通常采用全密封结构，0.3 MPa（表压力）的低压气体作为断路器内部的绝缘介质，1.5 MPa（表压力）的高压气体用作灭弧。

由于这种断路器内部有两种不同的压力，故称为双压力式 SF_6 断路器，又称为第一代 SF_6 断路器。

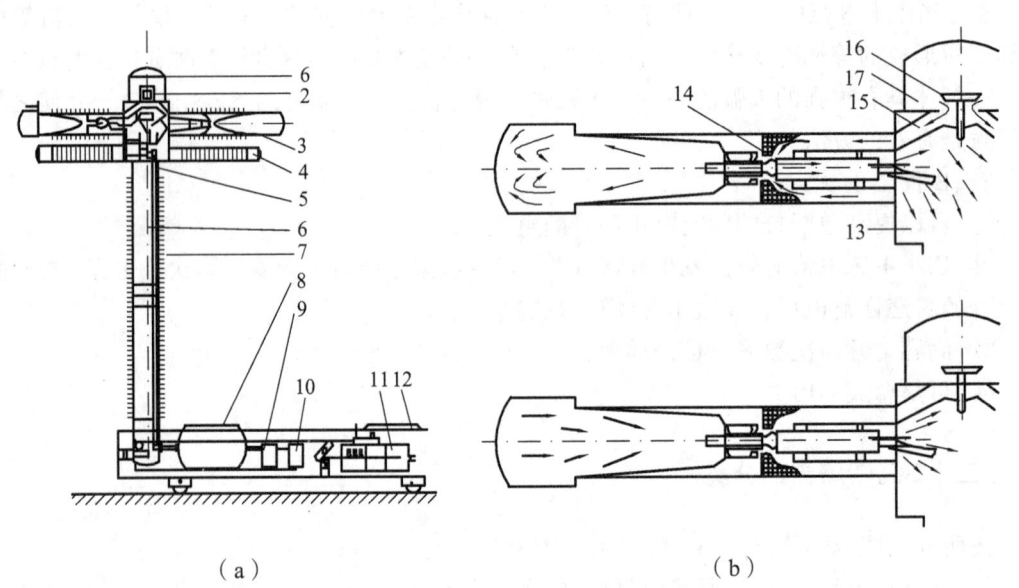

图 2-38　双压式 SF_6 断路器

1—高压中间储气罐；2—吹气阀；3—动触头；4—灭弧室；5—脱扣弹簧；6—绝缘拉杆；7—高压力连接管；8—高压储气罐；9—压缩机；10—$Al2O3$ 吸附剂；11—气动机构；12—气动机构气罐；13—低压气体区；14—喷嘴；15—管道；16—吹气阀

（3）单压力式 SF_6 断路器如图 2-39 所示。

双压力式 SF_6 断路器工作性能虽然良好，但必须配置一台在密封循环中工作的气体压缩机，结构复杂，价格昂贵。单压力（压气）式 SF_6 断路器，外形上与双压式无多大差别。断路器内部只有一种压力，一般为 0.6 MPa（表压力），它是依靠压气作用实现气吹来灭弧的。

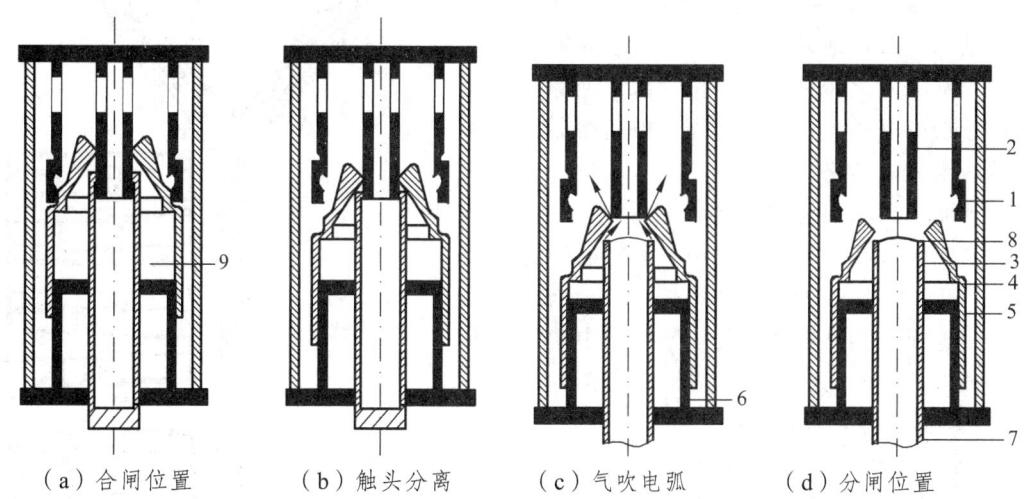

（a）合闸位置　　（b）触头分离　　（c）气吹电弧　　（d）分闸位置

图 2-39　压气式 SF_6 断路器开断过程示意图

1—静主触头；2—静弧触头；3—动弧触头；4—动主触头；5—压气缸；
6—活塞；7—操作杆；8—喷嘴；9—压气室

（4）自能式 SF_6 断路器如图 2-40 所示。

自能式 SF_6 断路器是在压气式基础上发展起来的，又称第三代 SF_6 断路器。用电弧能量建立灭弧所需要的压力差。

自能式 SF_6 断路器的开断能力与电弧能量有关。

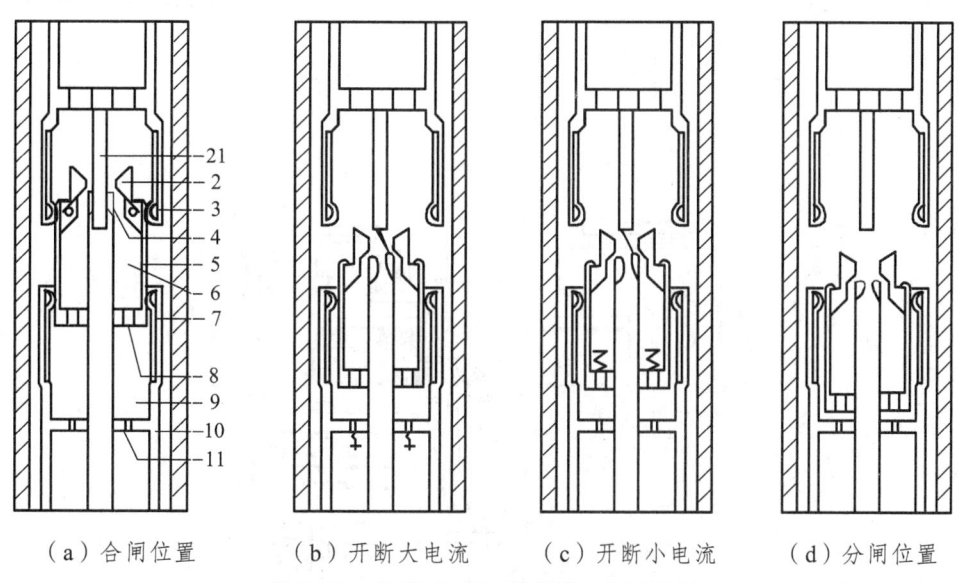

（a）合闸位置　　（b）开断大电流　　（c）开断小电流　　（d）分闸位置

图 2-40　自能式 SF_6 断路器工作示意图

1—弧静触头；2—绝缘喷口；3—主静触头；4—弧动触头；5—主动触头；6—储气室；
7—滑动触头；8—阀门；9—辅助储气室；10—固定活塞；11—阀门

（四）SF₆断路器的结构

瓷柱式 SF₆ 断路器的结构如图 2-41 所示。

开断元件放在绝缘支柱上，使处于高电位的触头、导电部分及灭弧室与地电位绝缘，绝缘支柱则安装在接地的基座上。称为外壳带电断路器，也称之为绝缘支柱式断路器。

罐式断路器的结构如图 2-42 所示。

开断元件放在接地的箱壳中，其间的绝缘依靠气体来承担，导电部分经套管引入，结构比较稳定，常在额定电压高的高压和超高压断路器中使用，抗地震性能好，称为外壳接地断路器（又称落地罐式）。

SF₆ 断路器的灭弧方式：

① 变熄弧距灭弧方式：触头开距在整个分闸过程中是不断改变的。优点是开距大，断口电压可以做得较高，熄弧后介质强度恢复速度较快，喷口形状不受限制，可以设计得比较合理，有利于改善吹弧效果。

② 定熄弧距灭弧方式：两个静触头始终保持固定的开距，气流向静触头喷口处对电弧进行双向对称纵吹。优点是触头开距小，行程短，电弧能量小，熄弧能力强，燃弧时间短。

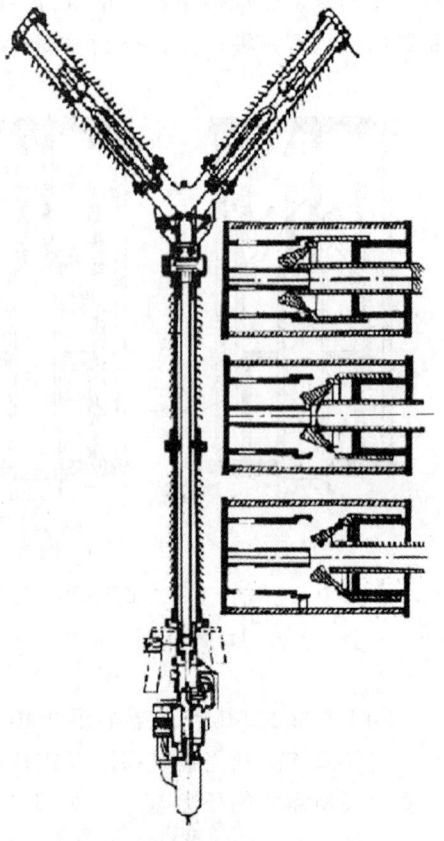

图 2-41　瓷柱式 SF₆ 断路器

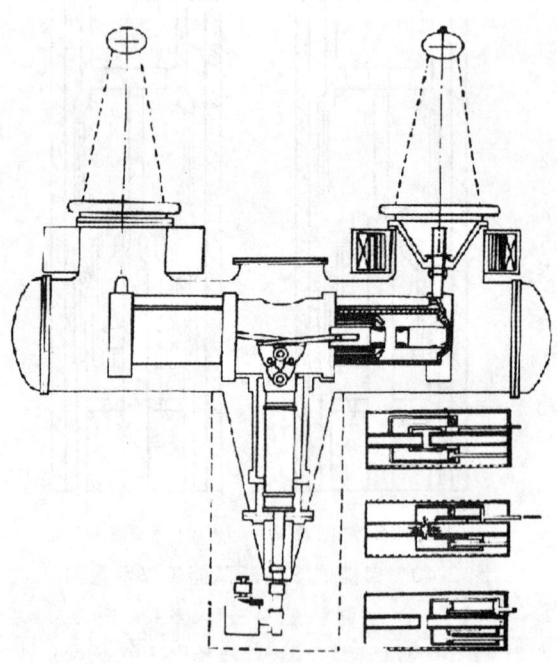

图 2-42　罐式 SF₆ 断路器

五、真空断路器

（一）真空的概念

通常将绝对压力低于一个大气压的气体稀薄的空间称为真空。真空用真空度来表示。

碰撞游离在真空间隙中很少发生，碰撞游离不是真空间隙击穿的主要原因。真空的绝缘强度远比空气的高。不同介质的绝缘间隙击穿电压比较如图 2-43 所示。

影响真空间隙击穿的因素主要有：电极的材料；电极形状及表面状况；间隙长度；真空度；电压的类型和波形；真空间隙的老练。

（1）真空间隙长度与击穿电压的关系如图 2-43 所示。

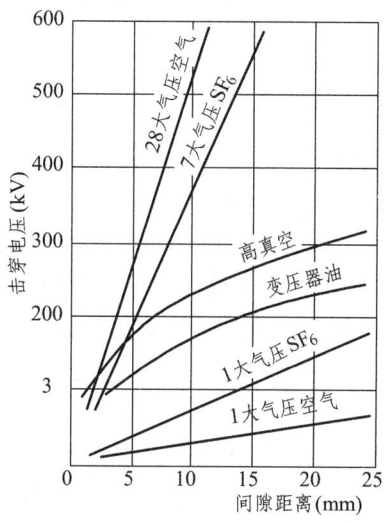

图 2-43　不同介质的绝缘间隙击穿电压比较

由图可见，当间隙小时，随着间隙的增大，击穿电压也增大，但当达到一定值之后，尽管间隙增大，但击穿电压的增加变得缓慢。

（2）真空度与真空间隙的击穿电压在间隙距离不同时，真空度对击穿电压的影响有完全不同的反应。对于较短的真空间隙，实验结果如图 2-44 所示。

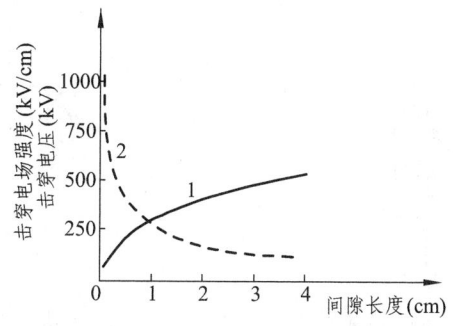

图 2-44　击穿电压、击穿场强与间隙长度的关系

1—实际击穿电压（kV）；2—击穿电场强度（kV/cm）

（3）老练对真空灭弧室绝缘性能的影响。

老练就是在某一电压下对新真空灭弧室进行若干次击穿。经过老练，触头表面毛刺被冲击掉，触头表面光洁度提高，去气清洁，提高了真空间隙的绝缘强度。

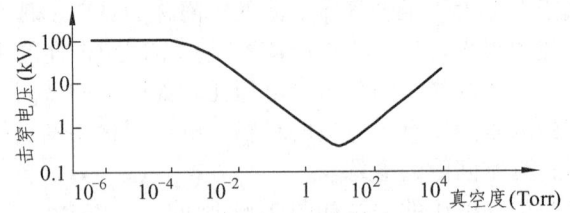

图 2-45　短真空间隙的击穿电压与真空的关系（1 Torr = 133 Pa）

电极材料：钨；间隙长度：1 mm

（4）真空电弧。

① 真空电弧的形成。

当触头带电分离时，由于接触压力减小，触头由面接触变为点接触，接触点截面减小，电阻增大；耗散功率大，温度急剧升高，最后分断的接触点熔化，电流集中通过这一接触点并产生高温金属蒸气；与此同时，触头表面结合不牢固的金属团粒在电场的作用下，离开电极表面，加速通过真空间隙轰击电极，使电极和金属团粒的温度升高，蒸发出高温金属蒸气；同时，触头表面尖端突起部分的电场极强，因强电场发射电子所形成的电子束轰击阳极，也可使阳极发热，蒸发出金属蒸气（蒸气电弧）。故真空电弧是电离状态的金属蒸气电弧。

② 真空中电弧的形态。

真空中电弧的形态可分为扩散型电弧和集聚型电弧。

扩散型电弧：当电弧电流小于 100 A 时，触头间只存在一束电弧，触头上只有一个阴极斑点，并在触头表面作不规则运动。当电弧电流大于 100 A、小于 6 kA 时，阴极斑点会从一个分裂为若干个，并在阴极表面不断向四周扩散，电弧以许多完全分离的分支电弧形态出现。这种电弧称之为扩散型电弧，如图 2-46（a）所示。

集聚型电弧：当电极上电弧电流大于 10 kA 时，阴极斑点受电磁力作用相互吸引，使所有阴极斑点集聚成一个运动速度缓慢的阴极斑点团，形成单束大弧柱，且电极强烈发光，触头表面将出现熔坑，这种电弧称为集聚型电弧，如图 2-46（b）所示。

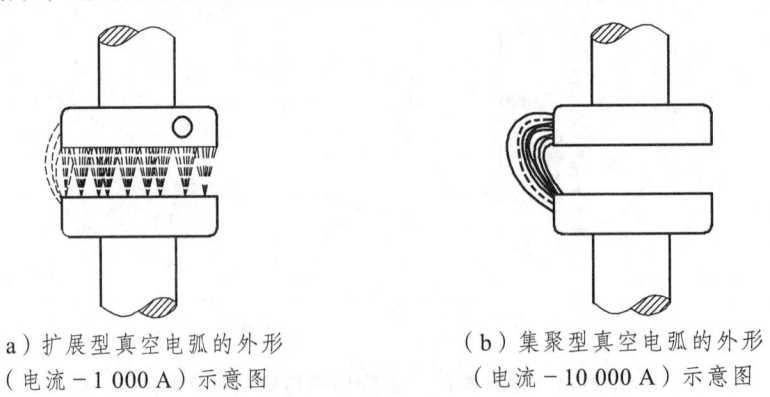

（a）扩展型真空电弧的外形　　（b）集聚型真空电弧的外形
（电流 - 1 000 A）示意图　　　（电流 - 10 000 A）示意图

图 2-46　真空电弧的形态

③ 真空电弧的熄灭。

扩散型电弧：当电流过零时，真空电弧自然熄灭。

集聚型电弧：当电极上电弧电流大于 10 kA 时，阴极斑点受电磁力作用相互吸引，使所有阴极斑点集聚成一个运动速度缓慢的阴极斑点团，形成单束大弧柱，且电极强烈发光，触头表面将出现熔坑，这种电弧称为集聚型电弧，如图 2-46（b）所示。

④ 真空电弧的截流现象。

截流现象：交流真空电弧在电流自然过零点前电流还不为零时突然熄灭的现象。

（5）真空触头材料及结构。

真空触头的三种典型的结构形式：平板触头、横磁场触头、纵磁场触头，如图 2-47 所示。

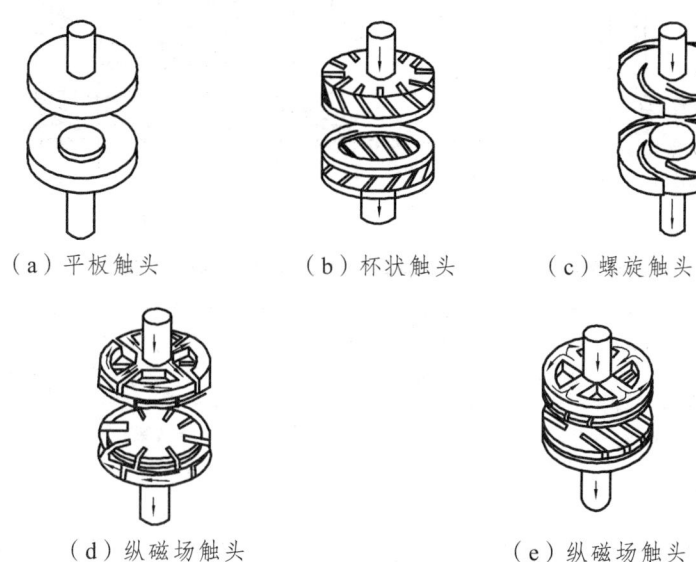

(a) 平板触头　　(b) 杯状触头　　(c) 螺旋触头（横磁场）

(d) 纵磁场触头　　(e) 纵磁场触头

图 2-47　各种触头结构形状

① 平板触头。

平板触头一般用于开断电流 5 kA 以下的工作场合。

② 横磁场触头。

常见的有两种：一种为螺旋触头，如图 2-47（a）所示；另一种为杯状横磁场触头，如图 2-47（b）所示。

螺旋触头可断开 40 kA 电流。杯状横磁场触头可开断 40 kA 以上的电流。

③ 纵磁场触头。

其开断电流在实验室已高达 200 kA，而且仍有可能开断更大的电流。

纵磁场触头的两种结构形式：一种为用装在灭弧室外围的线圈产生纵磁场，如图 2-47（d）所示；另一种为触头本身的结构产生纵磁场，如图 2-47（e）所示。

（二）ZN$_6$-27.5 型真空断路器

该真空断路器是专为牵引变电所设计的馈线断路器。它是一种户内、单相、单断口、玻璃外壳灭弧室、手车式的组合电器，其外形如图 2-48 所示。

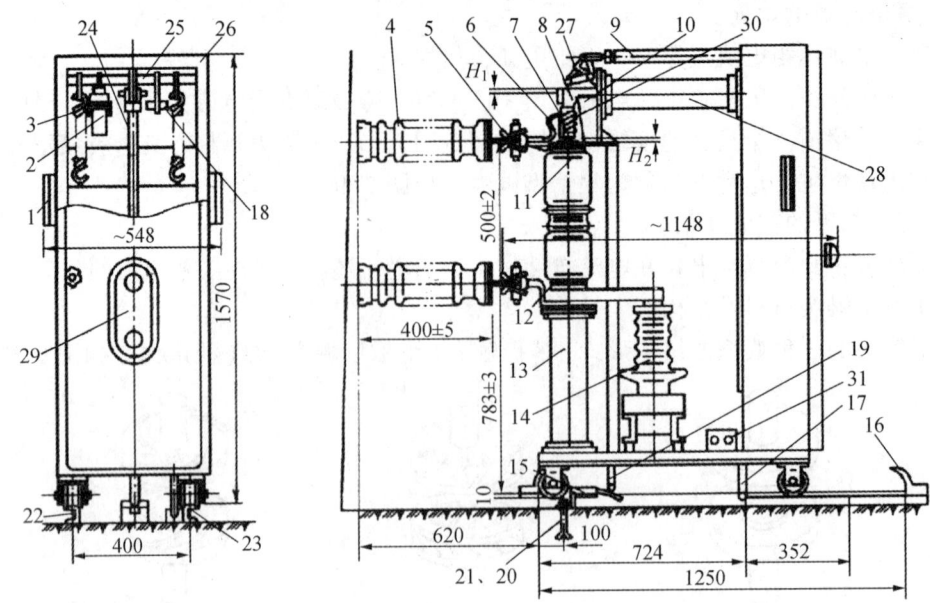

图 2-48 ZN$_6$-27.5 型真空断路外形与结构组成

1—拉手；2—油缓冲器；3—分闸弹簧；4—母线支柱瓷瓶；5—鸭嘴隔离插头（触指）；6—同皮软接线；
7—接线夹；8—导向套及滑块；9—水平拉杆；10—支架；11—真空灭弧室；12—橡皮垫；
13—绝缘支座；14—LCZ-35 电流互感器；15—接地支架（接地弓）；16—止轮箍；
17—机械联锁杆；18—止位器；19—接地触头；20、21—M12 螺钉、螺母；
22、23—导轨；24—拉杆；25—传动主轴；26—铁架；
27—拐臂；28—水平绝缘支座；29—电磁操动
机构；30—接触压力弹簧

ZN$_6$-27.5 型真空断路器主要由小车、支柱绝缘子、灭弧室、操动机构、传动装置、电流互感器、隔离触指等部分组成。

真空灭弧室采用屏蔽罩中间封接式玻璃结构，其外形结构如图 2-49 所示。

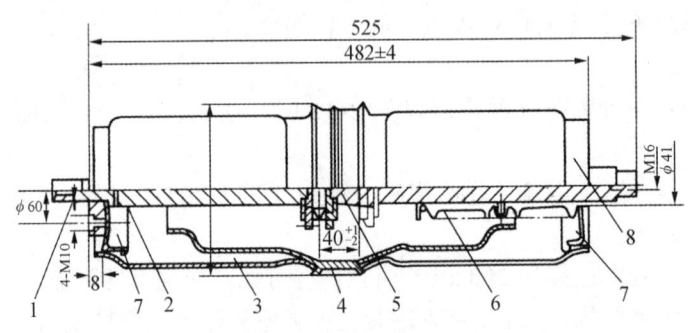

图 2-49 真空灭弧室外形结构

1—保护帽；2—静触头装配；3—玻璃壳；4—主屏蔽罩；5—动触头装配；
6—波纹管；7—均压屏蔽罩；8—可伐环

真空灭弧室主要由玻璃外壳、端盖及可伐环、屏蔽罩、波纹管、触头及导电杆等组成。玻璃外壳、端盖和可伐环、波纹管组成一个密封的真空容器，用于容纳真空触头。

真空灭弧室中的屏蔽罩有三种：

① 主屏蔽罩。
② 波纹管屏蔽罩。
③ 均压屏蔽罩。

六、断路器的操作机构

(一) 操动机构的组成

1. 能量转换装置

能量转换装置的作用是将其他形式的能量转换为机械能，使操动机构按规定目的发生机械运动。如电磁铁、电动机、弹簧、液压传动工作缸、压缩空气工作缸等均属此装置。

对装置的要求：应能提供足够的操作功，用以克服断路器的静力矩和短时的电动力矩，保证断路器的分、合闸速度。

2. 传动机构

传动机构的主要作用是将能量转换装置提供的操作功传递给断路器操作机构，使断路器改变工作状态。特点是惯性小，传动速度大，能耗小，动作可靠、迅速、准确。

3. 保持与脱扣机构

保持与脱扣机构：使断路器可靠地保持在合闸位置，又可迅速解除合闸位置，使断路器进入自由分闸状态的装置称为保持与脱扣机构。

要求：保持与脱扣机构应稳定可靠、动作灵活。

4. 控制系统

机构的控制系统有电控、气控、油控等类型，用于实现对断路器的远距离控制。保持或通过控制保持或释放操作功。

5. 缓冲装置

缓冲装置用于吸收做功元件，完成分、合闸操作后剩余的操作功，使机构免受机械冲击。缓冲装置应有较短的复位时间，以便为下次动作做好准备。

缓冲装置的类型有弹簧缓冲器，橡胶缓冲器，油、气缓冲器。

6. 闭锁装置

防止断路器的误操作和误动作。

(二) 操动机构的类型及特点

类型：主要依据能量转换装置的类型区分为直流电磁机构、弹簧储能机构、液压机构、气动机构。

各种机构的特点如表 2-5 所示。

表 2-5 断路器操动机构的类型及特点

类型	基本特点	使用场合
手动机构	用人力合闸,用已储能的弹簧分闸,不能遥控合闸及自动重合闸;结构简单,需有自由脱扣机构;关合速度和操作者有关,不易保证	可用于电压 10 kV,开断电流 6 kA 以下的断路器或负荷开关
直流电磁机构	靠直流螺管电磁铁合闸,靠已储能的弹簧分闸;合闸时间长,电源电压的变动对合闸速度影响大;可遥控操作与自动重合闸,结构较简单,制作工艺要求不高;机构输出力特性与本体反力特性配合较好;需大功率直流电源	用于 110 kV 及以下的断路器
弹簧机构	用合闸弹簧(用电动机或手力储能)合闸,靠已储能的分闸弹簧分闸;动作快,能快速自动重合闸,对操作电源要求低,纯机构构件,无泄漏之忧,故障率低	可用于交流操作,适用于 110 kV 及以下的断路器,是 35 kV 及以下断路器配用的操动机构的主要品种,应用前景广阔
液压机构	以高压油推动活塞实现合闸与分闸,动作快,能快速自动重合闸;机构较复杂,密封要求高、工艺要求高;操作力大,冲击力小,动作平稳;因泄漏易引起故障	适用于 110 kV 及以上的断路器,是超高压断路器配用的操动机构的主要品种
气动机构	以压缩空气推动活塞往复运动,使断路器分、合闸,或仅用压缩空气推动活塞合闸(或分闸),而以已储能的弹簧分闸(或合闸);动作快,能快速自动重合闸,合闸力容易调整。结构复杂,密封要求高,制造工艺要求较高;因泄漏易引起故障;需压缩空气源,操作噪声大	适用于有压缩空气源的变电所

第三节 负荷开关、隔离开关

一、负荷开关

(一)负荷开关的作用

负荷开关是在高压隔离开关的基础上加入灭弧装置构成的,能切、合负荷电流,但不能切断短路电流。因此,负荷开关必须与高压熔断器配合使用,短路电流由熔断器切断,高压装置中负荷电流由负荷开关切断。

负荷开关常在一些经常需要进吊、合闸的地方使用。负荷开关的结构和断路器相似,开断性能要求比断路器低。

负荷开关在分闸状态时有明显的断口,可起隔离作用,同时可切断、闭合额定电流和规定的过载电流,与熔断器配合时,可保护线路和设备。

根据有无熔断器,负荷开关又分为无熔断器负荷开关、上熔断器负荷开关和下熔断器负荷开关。图 2-50 所示为 FN3-10RT 高压负荷开关的结构。

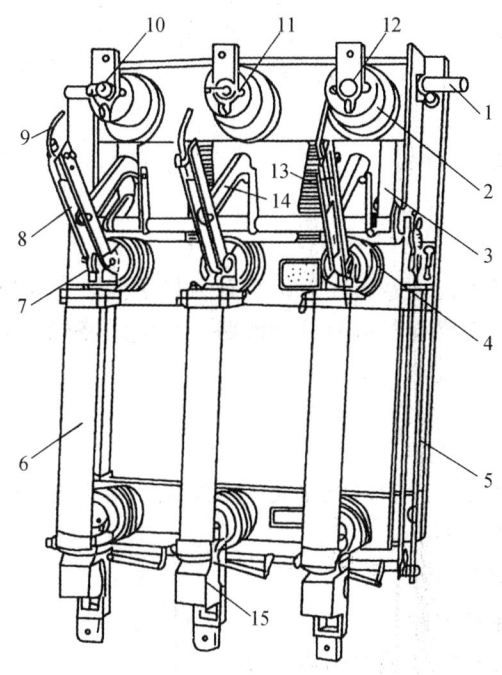

图 2-50 FN3-10RT 高压负荷开关的结构

1—主轴;2—上绝缘子兼气缸;3—连杆;4—下绝缘子;5—框架;6—高压熔断器;7—下触座;8—闸刀;9—动触头;10—绝缘喷嘴;11—主静触头;12—上触座;13—断路弹簧;14—绝缘拉杆;15—热脱扣器

(二) 负荷开关的熄弧原理

负荷开关的熄弧原理如图 2-51 所示。FN5-10 型负荷开关的闸刀中部装有灭弧管,灭弧管内有成套的灭弧装置。

灭弧方式是利用主轴带动活塞,进而压缩空气,使压缩空气从喷嘴中喷出,以吹灭电弧。还有一种是利用固体产气元件,在电弧高温的作用下产生大量的气体,沿喷嘴高速喷出,形成强烈的纵吹作用,使电弧迅速熄灭。

(三) 负荷开关的技术数据

负荷开关的主要技术指标有额定电压、额定电流、额定断流容量、最大开断电流、极限通过电流、热稳定电流、固有分闸时间等。

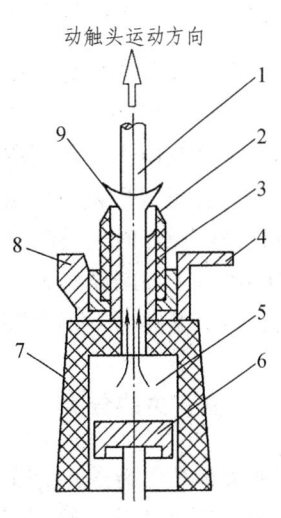

图 2-51 负荷开关的熄弧原理

1—弧动触头;2—绝缘喷嘴;3—弧静触头;4—接地端子;5—气缸;6—活塞;7—上绝缘子;8—主静触头;9—电弧

FN2-10/400 型负荷开关的技术数据是：额定电压 10 kV，额定电流 400 A，额定断流容量 25 MV·A，最大开断电流 1 200 A，极限通过电流峰值 25 kA，有效值 14.5 kA，5 s 热稳定电流 8.5 kA。

二、隔离开关

（一）隔离开关的用途

1. 隔离电源

由于隔离开关触头、导电杆均暴露在外，状态一目了然。在分闸状态下，隔离开关断口明显可见。利用这一特点将需要检修或分段的线路与带电线路相互隔离，使检修人员放心监护便于确认，确保检修工作的安全。

2. 接通或切断小电流电路

隔离开关未设专门灭弧装置，它只能靠大气的绝缘性能和流动性自然熄灭电弧。因而其接通和切断电路的能力非常有限。

一般只能接通或切断以下电路：
（1）电压互感器和避雷器电路；
（2）励磁电流不超过 2 A 的空载变压器电路；
（3）电容电流不超过 5 A 的空载线路；
（4）母线和直接接在母线上的电气设备的电容电流；
（5）变压器的中性点接地线。

3. 与断路器配合进行倒闸操作

由于隔离开关造价低廉，维护方便，它与断路器配合操作，可增加牵引供电系统的运行灵活性、安全性、经济性。应用隔离开关进行倒闸作业时，一定要注意隔离开关在任何情况下，均不得带负载操作；否则将因断口产生的电弧烧毁设备，酿成事故。

实用中，若隔离开关与断路器串联，隔离开关进行分合闸操作的条件是断路器处于分闸状态。即在分闸操作时先分断路器，后分隔离开关；在合闸操作时，先合隔离开关，再合断路器。若隔离开关与断路器并联，隔离开关进行分合闸操作的条件是断路器处于合闸状态，即合闸时，先合断路器，再合隔离开关；分闸时先分隔离开关再断开断路器。

（二）隔离开关的分类

隔离开关可按安装地点分类，分为屋内式和屋外式两类；可以按闸刀运动方式分类，分为水平转动、垂直转动、伸缩插入、伸缩折叠等；也可以按结构形式或断口数、接地刀数分类，等等。

常见常用的隔离开关结构形式及特点如表 2-6 所示。

表 2-6　隔离开关结构形式及特点

形式		简图	特点	适用范围
屋内	GN₁, GN₅		单极,600 A 以下,用钩棒操作	发电厂,变电站较少用
	GN₂		三极,价格高于 GN6	屋内配电装置,成套高压开关柜
	GN₆ GN₁₉		三极,可前后连接,可平装、立装、斜装,价格较便宜	
	GN₈		在 GN6 基础上,用绝缘套管代替支柱绝缘子	
	GN₁₀		单极,大电流 3 000~13 000 A,可手动、电动操作	
	GN₁₁		三极,5 kV,大电流 200~600 A,用手动操作	大电流回路发电机回路
	GN₁₈ GN₂₂		三极,10 kV,大电流 2 000~3 000 A,机械锁紧	
	GN₁₄		单极插入式结构,带封闭罩 20 kV,大电流 10 000~13 000 A,电动操作	
屋外	GW₄		220 kV 及以下,系列较全,双柱式,可高型布置,质量较轻,可手动、电动操作	220 kV 及以下各型配电装置常用
	GW₅		35~110 kV,V 形,水平转动可正装斜装	常用于高型、硬母线布置及屋内配电装置
	GW₆	GW₆-220 偏折　GW₆-330 对称折	220~500 kV,单柱,钳夹,可分相布置,220 kV 为偏折,330 kV 为对称折	多用于硬母线布置或作为母线隔离开关
	GW₇		220~500 kV,三柱式,中间水平转动,单相或三相操作,可分相布置	多用于 330 kV 及以上屋外中型配电装置
	GW₈		35~110 kV,单极	专用于变压器中性点

(三) 隔离开关的主要技术参数

隔离开关的主要技术参数包括额定电压、最大工作电压、额定电流、极限通过电流、热稳定电流、动稳定电流、机械寿命、分合闸次数、开断电流等。不同等级的隔离开关,其技术参数不一样。

对于 GN8-10T/3000 型隔离开关，它的主要技术参数如下：额定电压 10 kV，最大工作电压 11.5 kV，额定电流 3 000 A，极限通过电流（峰值）160 kA，5 s 的热稳定电流 70 kA。

对于 GW4-35D/1000 型隔离开关，它的主要技术参数如下：额定电压 35 kV，额定电流 1 000 A，极限通过电流（峰值）50 kA，4 s 的热稳定电流 23.7 kA。

隔离开关是一种没有专门灭弧装置的开关设备，结构简单、造价低廉。其动静触头、导电杆均暴露在外，所以闭合或分断的状态一目了然。由于这一特点，在牵引供电系统中用量最大、分布最广，操作也最频繁。了解其工作原理，掌握其运用维护知识，对保障牵引供电系统正常运行意义重大。

（四）对隔离开关的基本要求

（1）开关的断口间隙和绝缘部分在任何形式的过电压下不致击穿和闪络。

（2）开关有足够的热、动稳定性。

（3）主闸刀和接地刀、隔离开关和断路器间应有可靠的联锁装置，以防止误操作。

（4）隔离开关的结构应简单，动作要可靠、灵活。户外式隔离开关在恶劣的气象条件下也能可靠分、合闸。

（5）隔离开关应能承受一定的操作次数。如 35 kV 以下的应能完成 2 000 次操作，高于 35 kV 的应能完成 1 000 次操作。

第四节　熔断器

熔断器是最简单和最早使用的一种保护电器。结构简单，价格低，体积小，维护与更换方便；动作直接，不需要继电保护和二次回路相配合，应用广泛。但是，每次熔断后须停电更换熔体，才能再次使用，需短时停电；保护特性不稳定，可靠性低；保护选择性不易配合；不能用于正常切断或接通电路，而必须与其他电器配合使用。

一、熔断器的基本结构及工作原理

1. 基本结构

熔断器主要由熔体、支持熔体的触头、灭弧装置和绝缘底座等部分组成。其中决定其工作特性的主要是熔体和灭弧装置。

熔体是熔断器的主要部件，一般选用铅、铅锡合金、锌、铜、银等金属材料，它的性能直接影响熔断器的好坏。金属熔体一般有铜、银、锡、铅、锡铅合金等，它们的熔点分别为 1 080 ℃、960 ℃、420 ℃、327 ℃、200 ℃。

灭弧装置主要是熄灭熔体熔断时产生的电弧。

2. 工作原理和保护特性

熔断器安装在被保护设备或线路的电源侧。熔体熔化时间的长短,取决于熔体熔点的高低和所通过电流的大小。熔断器的工作全过程由以下三个阶段组成:

① 正常工作阶段,熔体通过的电流小于其额定电流,熔断器长期可靠地运行,不应发生熔断现象。

② 过载或短路时,熔体升温并导致熔化、汽化而开断。

③ 熔体熔断汽化时产生电弧,又使熔体加速熔化和汽化,并将电弧拉长;这时的高温金属蒸气向四周喷溅并发出爆炸声。熔体熔断产生电弧的同时,也开始了灭弧过程。直到电弧被熄灭,电路才真正断开。

二、高压熔断器的分类和技术参数

熔断器按电压等级可分为高压熔断器和低压熔断器;按结构可分为管式熔断器和跌落式熔断器;按使用地点可分为户内式和户外式;按是否有限流作用可分为限流式和非限流式熔断器。

熔断器的主要技术参数有:熔断器额定电压、熔断器额定电流、熔体的额定电流和熔断器的开断电流。

对于 RW5-35/200-800 熔断器,它的主要技术指标如下:额定电压 35 kV,额定电流 200 A,断流容量上限 800 MV·A、下限 30 MV·A。

三、高压管式熔断器

高压管式熔断器主要由熔管、接触座、支柱绝缘子和底座组成,如图 2-52 所示。

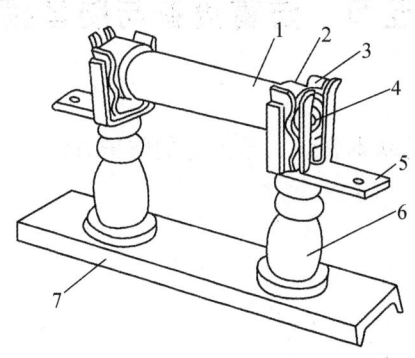

图 2.52 熔断器的结构

1—熔管;2—金属端盖;3—弹性接触座;4—指示器;5—接线端子;6—瓷绝缘子;7—底座

熔体管由熔管(瓷管)、端盖、顶盖、弹性接触座、陶瓷芯、熔体和石英砂等组成。熔管用滑石陶瓷或高频陶瓷制成，具有较高的机械强度和耐热性能。熔管不仅是灭弧装置的主要组成部分，而且还起着支持和保护熔体的作用。端盖用铜制成，熔体通过端盖与接触座接触组成导电回路。顶盖也用铜制成，用来封闭熔管。充入熔管的石英砂形成大量细小的固体介质狭缝狭沟，对电弧起分割、冷却和表面吸附（带电粒子）作用，同时缝隙内骤增的气体压力也对电弧起强烈的去游离作用，所以电弧被迅速熄灭。对于高压管式熔断器，则会有指示器显示熔丝熔断与否的情况。

四、跌落式高压熔断器

户外跌落式高压熔断器的主要作用是作为电力输电线路和电力变压器的短路和过负荷保护使用，也可作为分、合空载及小负荷电路使用。

跌落式高压熔断器如图 2-53 所示。

上静触头和下静触头分别固定在瓷绝缘子的上、下端。鸭嘴罩可绕销轴转动，合闸时，鸭嘴罩里的抵舌（搭钩）卡住上动触头同时施加接触压力。一旦熔体熔断，熔管上端的上动触头就失去了熔体的拉力，熔管在自身重力的作用下，向下转动而跌落。

熔管由层卷纸板或环氧玻璃钢制成，两端开口，内壁衬以石棉套，既可以防止电弧烧伤熔管，又具有吸湿性。熔体熔断后，在电弧的高温作用下，熔管内壁分解产生的氢气、二氧化碳等，向管的两端喷出，对电弧产生纵吹作用，使其在过零时熄灭。该熔断器由固定板安装在支架上，并保持熔管向外倾斜 20°～30°。分合闸时要用绝缘钩棒操作。

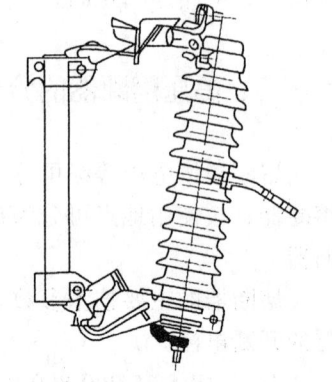

图 2-53　跌落式高压熔断器

第五节　防雷设备与防雷措施

本节主要是要了解雷电的基本常识，掌握它的防护方法，以保证电力牵引供电系统的安全运行。

一、雷云放电过程

（一）雷云放电本质及特点

本质：雷云放电是一种超长间隙的火花。

在线路的上空有雷云存在，由于电荷的同性相斥、异性相吸的作用，使导线上带有与雷云电荷符号相反的电荷（如果雷云带有负电，则导线上就被感应而带正电）。

当雷云对地或对另一雷云放电后,导线上感应的电荷失去束缚,由于导线上积聚了很多电荷,它的电压就比远处导线的电压高,因此,这些积聚着的电荷就要向导线的两端流动,于是就有电压很高的电压波在导线上分别向两端移动。这种电压波因为是被雷电感应出来的,所以称为感应雷。

雷云放电的特点:雷云放电可自上而下发展,也可自下而上发展,放电还可能具有重复性。

雷电的极性:是指自雷云下行到大地的电荷极性。

(二)雷电参数

1. 雷电流的幅值、波头、波长和陡度

对于脉冲波形的雷电流,需要幅值、波头(波前时间)和波长(半峰值时间)三个主要参数来表征。

雷电流的陡度:雷电流随时间上升的变化率。

2. 波形常用的等值波形

波形常用的等值波形有 3 种,如图 2-54 所示。

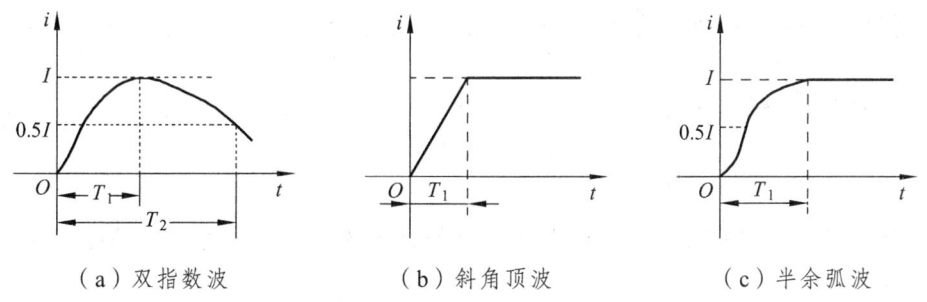

(a)双指数波　　　　(b)斜角顶波　　　　(c)半余弧波

图 2-54　雷电流的等值计算波形

3. 雷暴日与雷暴小时

年平均雷暴日:表征不同地区雷电活动频繁程度的参数。

年雷暴日是指该地区一年四季中有雷电放电的天数,一天中只要听到一次及以上雷声就是一个雷暴日。

雷暴小时:一小时内听到一次及以上雷声就算一个雷暴小时。

二、避雷针和避雷线的保护范围

(一)避雷针(线)的保护原理

当雷云放电接近地面时它使地面电场发生畸变,在避雷针(线)的顶端,形成局部电场强度集中的空间,以引导雷电向避雷针(线)放电,再通过接地引下线和接地装置将雷电流引入大地，从而使被保护物体免遭雷击，如图 2-55（a）所示。当先导放电向地面发展到某一高度 H 以后，才会在一定范围内受到避雷针（线）的影响，如图 2-55（b）所示，从而向避雷针（线）放电。H 称为定向高度，它与避雷针的高度 h 有关。

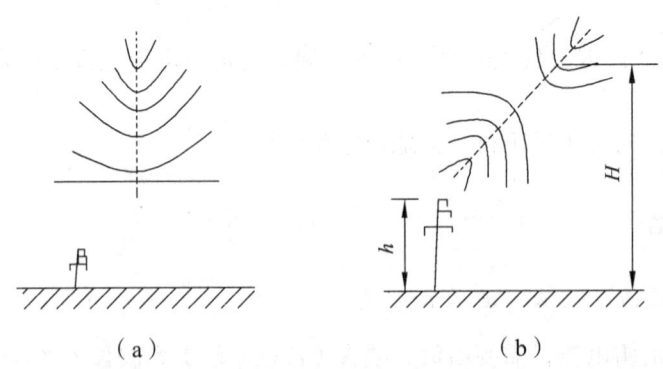

图 2-55 接地物体对雷电先导发展的影响

（1）应用：

① 避雷针：一般用于保护发电厂和变电所，可根据不同的情况或装设在配电构架上，或独立架设。

② 避雷线：主要用于保护输电线路，也可用于发电厂和变电所。

（2）保护范围：指被保护物在此空间范围内不致遭受雷击。

（二）避雷针的保护范围

1. 单支避雷针的保护范围

单支避雷针的保护范围如图 2-55 所示。在被保护物高度 h_x 水平面上的保护半径应按下列方法确定。

（1）当 $h_x \geq h/2$ 时：

$$r_x = (h - h_x)p = h_a p$$

式中　r_x——避雷针在 h_x 水平面上的保护半径，m；

　　　h_x——被保护物的高度，m；

　　　h_a——避雷针的有效高度，m；

　　　p——高度影响系数。$h \leq 30$ m，$p = 1$；30 m$< h \leq 120$ m，$p = \dfrac{5.5}{\sqrt{h}}$；当 $h > 120$ m，$p = 0.5$。

（2）当 $h_x < \dfrac{h}{2}$ 时：

$$r_x = (1.5h - 2h_x)p$$

2. 两支等高避雷针的保护范围

（1）两针外侧的保护范围应按单支避雷针的计算方法确定。

（2）两针间的保护范围：如图 2-56 所示，O 点的高度按下式计算：

$$h_0 = h - \frac{D}{7p}$$

式中 h_0——两针间保护范围上部边缘最低点高度，m；
D——两避雷针间的距离，m。

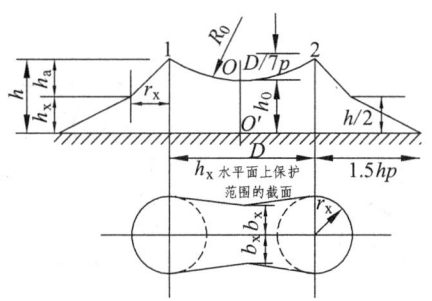

图 2-56 两支等高避雷针的保护范围

两针间 h_x 水平面上保护范围的一侧最小宽度 b_x 应查图 2-57 的曲线来确定。

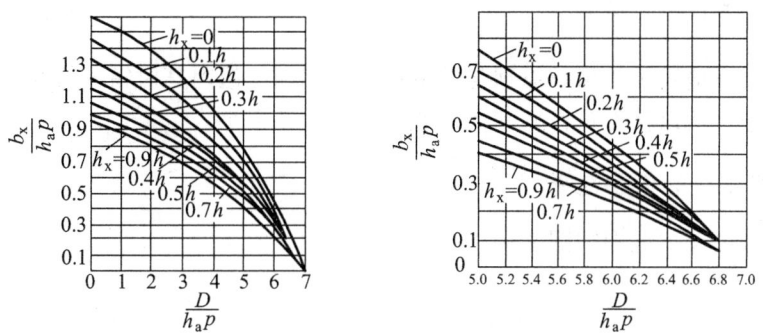

图 2-57 等高避雷针间保护范围参数关系

3．两支不等高避雷针的保护范围

（1）两支不等高避雷针外侧的保护范围按单支避雷针的计算方法确定。

（2）两支不等高避雷针间护范围按图 2-58 确定其弓高，按下式计算：

$$f = \frac{D'}{7p}$$

式中 f——圆弧的弓高，m；
D'——避雷针与假想避雷针间的距离，m。

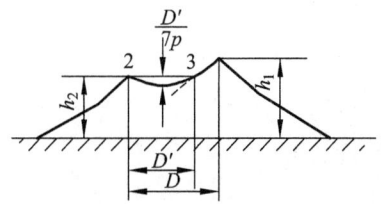

图 2-58 两支不等高避雷针的保护范围

4. 多支等高避雷针保护范围

（1）三支等高避雷针所形成的三角形的外侧保护范围分别按两支等高避雷针的方法确定，如图 2-59 所示。

（2）四支及以上等高避雷针所形成的四角形或多角形，分别按三支等高避雷针的方法计算。如图 2-60 所示。

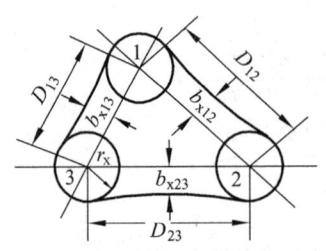

图 2-59 三支避雷针的保护范围

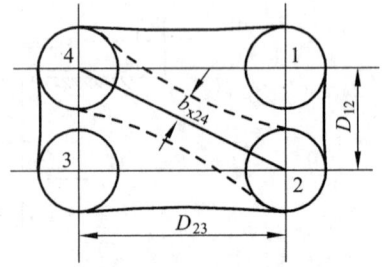

图 2-60 四支避雷针的保护范围

（三）避雷线的保护范围

避雷线（架空地线）的保护原理与避雷针基本相同，但因其对雷云与大地间电场畸变的影响比避雷针小，所以其引雷作用和保护宽度比避雷针要小。

1. 单根避雷线的保护范围

单根避雷线的保护范围如图 2-61 所示。

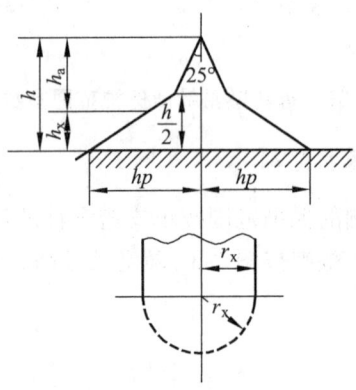

图 2-61 单根避雷线的保护范围

保护范围一侧的宽度 r_x 计算如下：

当 $h_x \geq h/2$ 时：

$$r_x = 0.47(h - h_x)p$$

式中　r_x——每侧保护范围的宽度，m。

当 $h_x < h/2$ 时：

$$r_x = (h - 1.53h_x)p_0$$

2. 两根等高避雷线的保护范围

两根等高避雷线的保护范围如图 2-62 所示，确定方法如下：
（1）两避雷线外侧的保护范围按单根避雷线的计算方法来确定。
（2）两避雷线间各横截面保护范围由通过两避雷线 1、2 点及保护范围边缘最低点弧确定。

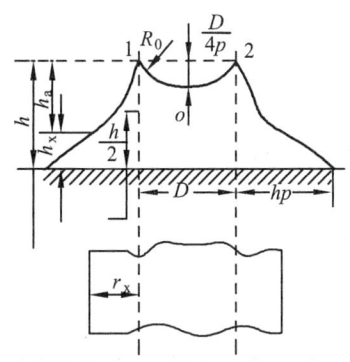

图 2-62 两根等高避雷线的保护范围

O 点的高度按下式计算：

$$h_0 = h - D/4p$$

式中 h_0—— 两避雷线间保护范围上部边缘最低点高度，m；
D—— 两避雷线间的距离，m；
H—— 避雷线的高度，m。

保护角是避雷线和外侧导线的连线与避雷线和地面的垂线之间的夹角，如图 2-63 所示。

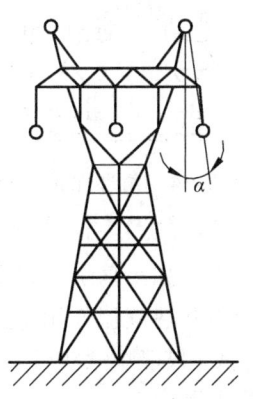

图 2-63 输电线路的保护角

高压输电线路，保护角一般取 20°～30°；220～330 kV 双避雷线线路，一般采用 20°左右，500 kV 一般不大于 15°。

三、避雷器

(一) 概 述

避雷器是保护变电站设备免遭雷电冲击波袭击的重要设备。当沿线路传入变电站的雷电冲击波超过避雷器保护水平时，避雷器首先放电，并将雷电流经过良导体安全的引入大地，利用接地装置使雷电压幅值限制在被保护设备雷电冲击水平以下，使电气设备受到保护。

(二) 避雷器的种类

目前使用的避雷器主要有四种类型：
① 保护间隙。
② 排气式避雷器（管式避雷器）。
③ 阀式避雷器。
④ 氧化锌避雷器。

保护间隙和排气式避雷器主要用于配电系统、线路和发、变电所进线端保护，以限制入侵的雷电过电压。

阀式避雷器和氧化锌避雷器用于发电厂和变电所的保护；在 220 kV 及以下系统主要用于限制雷电过电压，在超高压系统中还用来限制内部过电压或作为内部过电压的后备保护。

1. 保护间隙和排气式避雷器

常用的角形保护间隙如图 2-64 所示。它由主间隙 1 和辅助间隙 2 串联而成。

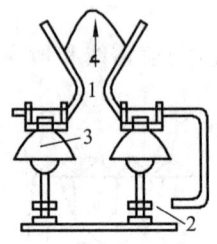

图 2-64 角形保护间隙

1—主间隙；2—辅助间隙；3—绝缘子；4—工频续流电弧运动方向

辅助间隙：为了防止主间隙被外物（如小鸟）短路误动而设的。主间隙的两个电极成角形，可以使工频续流电弧在自身电动力和热气流作用下易于上升而自动熄灭。

保护间隙的主要缺点：灭弧能力低，只能熄灭中性点不接地系统中不大的单相接地电流，因此，在我国只用于 10 kV 以下的配电网中。

排气式避雷器的原理结构如图 2-65 所示。它有两个间隙串联：一个在大气中，称为外间隙，其作用是隔离工作电压以避免产气管被泄漏电流烧坏；另一个间隙装在管内，称为内间隙，其电极一端为棒形，另一端为环形。管由纤维、塑料或橡胶等产气材料制成。

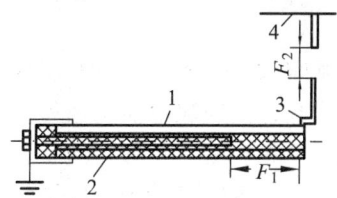

图 2-65 排气式避雷器

1—产气管；2—棒形电极；3—环形电极；4—导线；
F_1—内间隙；F_2—外间隙

工作原理：

当雷电冲击波袭来时，间隙 F_1 与 F_2 均被击穿，使雷电流入地。冲击电流消失后间隙流过工频续流。在工频续流电弧的高温作用下，产气管内分解出大量气体，形成数十甚至上百个大气压力。高压气体从环形电极中心孔口急速喷出，对电弧产生强烈的纵吹作用，使工频续流在第一次过零时熄灭。

当避雷器等电气设备在过电压的作用下发生放电产生电流，过电压消失后，即在正常工作电压下其工频电弧电流仍不熄灭的称为工频续流。

排气式避雷器的主要缺点是：

① 伏秒特性太陡，而且分散性较大，难于和被保护电气设备实现合理的绝缘配合。

② 放电间隙动作后工作导线直接接地，形成幅值很高的冲击截波，危及变压器绝缘；此外，运行维护也较麻烦。

2. 阀式避雷器

阀式避雷器由火花间隙和阀片两个基本部件串联组成。

特点：具有较平的伏秒特性和较强的灭弧能力，同时可以避免截波发生。

种类：分普通型和磁吹型两大类。

普通型有 FS 和 FZ 型，磁吹型有 FCZ 和 FCD 型。

1）普通型阀式避雷器

（1）火花间隙。

普通型阀式避雷器的火花间隙由许多如图 2-66（a）所示的单个间隙串联而成。

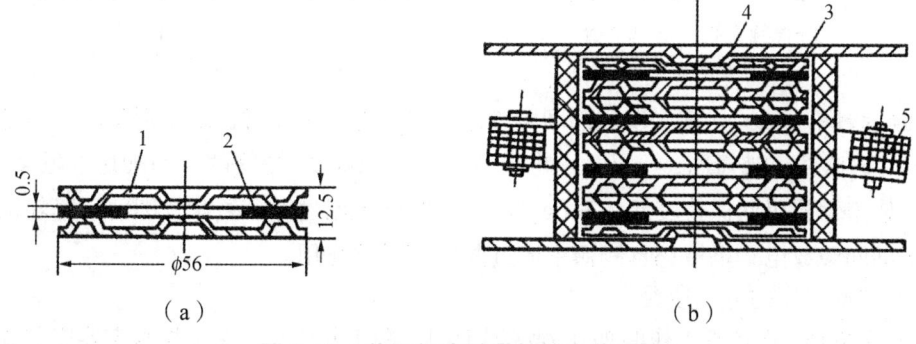

图 2-66 普通阀式避雷针的火花间隙

图 2-66（b）为若干火花间隙组成的标准组合件，把几个标准组合件串联在一起，就构

成了避雷器的总间隙。

工作原理：内间隙（又称灭弧间隙）置于产气材料制成的灭弧管内，外间隙将管子与电网隔开。雷电过电压使内外间隙放电，内间隙电弧高温使产气材料产生气体，管内气压迅速增加，高压气体从喷口喷出灭弧。

应用：主要用于变电所、发电厂的进线保护和线路绝缘弱点的保护。

（2）阀片。

阀片为一非线性电阻。如果避雷器只有火花间隙，在冲击电压作用下动作时，将会出现对绝缘不利的截波，而且工频续流就是单相接地电流，幅值较大，难于自行灭弧。采用非线性电阻有助于解决这一矛盾。即在雷电流作用下由于电流很大，阀片工作在低阻值区域，可使残压降低。在工频续流流过时，由于电压相对较低，阀片工作在高阻值区域，因而限制了续流。

2）磁吹型阀式避雷器（磁吹避雷器）

组成：磁吹火花间隙由许多单个间隙串联而成，单个间隙如图 2-67 所示。

火花间隙是一对羊角形电极，作用是使电弧拉长，使电弧最终进入灭弧栅中。

灭弧栅的构成和作用：灭弧栅由陶瓷或云母玻璃制成，电弧在其中受到强烈的去游离作用而熄灭，使间隙绝缘强度迅速恢复。

磁吹避雷器的原理如图 2-68 所示。

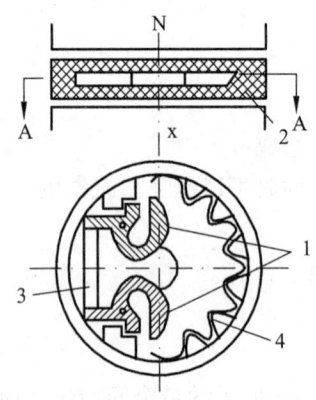

图 2-67　磁吹火花间隙
1—间隙电极；2—灭弧盒；
3—并联电阻；4—灭弧栅

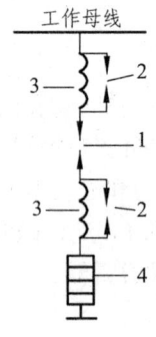

图 2-68　磁吹避雷针的结构原理
1—主间隙；2—辅助间隙；
3—磁吹线圈；4—阀片电阻

将磁吹线圈 3 并（并接）以辅助间隙 2，当冲击电流流过时，线圈两端的电压会使辅助间隙击穿，磁吹线圈被短路，于是放电电流流过辅助间隙 2、主间隙 1 和阀片电阻 4，然后流入大地，使避雷器仍然保持较低的残压。而当工频续流流过时，磁吹线圈的压降较低，不足以维持辅助间隙放电，电流仍自线圈中流过并发挥磁吹作用。

3）阀式避雷器的电气参数

① 额定电压：指正常工作时加在避雷器上的工频工作电压，它应与避雷器安装地点系统的额定电压等级相同。

② 灭弧电压：指保证避雷器能够在工频续流第一次过零值时灭弧的条件下，允许加在避

雷器上的最高工频电压。

③ 工频放电电压：指在工频电压作用下，避雷器发生放电的电压值。

说明：普通避雷器不允许在内过电压下动作，因此，通常规定其工频放电电压的下限应不低于该系统可能出现的内过电压值。35 kV 及以下的系统和 110 kV 及以上的高压系统，此值一般分别取 3.5 倍和 3.0 倍的相电压。

④ 冲击放电电压：指在冲击电压作用下避雷器放电的电压值（幅值），通常给出的是上限（不大于）值。

⑤ 残压：由于避雷器所用的阀片电阻的非线性系数 $\alpha \neq 0$，避雷器的残压直接影响着出现在保护设备上的过电压水平。避雷器放电后就相当于以残压突然作用在被保护设备上，因此，避雷器的残压越低保护性能越好。

3. 氧化锌避雷器

特点：阀片以氧化锌为主，并掺以微量的氧化铋、氧化钴、氧化锰等添加剂制成，具有极其优异的非线性特性，在正常工作电压下，其阻值很大（电阻率高达 $10^{10} \sim 10^{11} \Omega \cdot cm$），通过的漏电流很小（μA 级），而在过电压的作用下，阻值会急剧变小。

无间隙 ZnO 避雷器的优点：

① 保护性能优越。

② 无续流、动作负载轻、耐重复动作能力强。

③ 通流容量大。

④ 适于大批量生产，造价低廉。

氧化锌避雷器的电气参数及含义：

① 额定电压：指避雷器两端之间允许施加的最大工频电压有效值。

② 持续运行电压：是允许长期连续施加在避雷器两端的工频电压有效值。

③ 起始动作电压（或参考电压）：大致位于氧化锌电阻片伏安特性曲线由小电流区域上升部分进入大电流区域平坦部分的转折处。从这一电压开始，认为避雷器已进入限制过电压的工作范围，所以也称为转折电压。

通常把通过 1 mA 直流电流或工频电流阻性分量幅值时的避雷器两端电压幅值 U_{1mA} 定义为起始动作电压（或参考电压）。

④ 残压：指放电电流通过 ZnO 避雷器时，其端子间出现的电压峰值。

⑤ 压比：指氧化锌避雷器通过波形 8/20 μs 的额定冲击放电电流时的残压与起始动作电压之比。

压比越小表明通过冲击大电流时残压越低，氧化锌避雷器的保护性能越好。

⑥ 荷电率：指容许最大持续运行电压幅值与起始动作电压的比值。

合理的荷电率，必须考虑阀片特性的稳定性、泄漏电流的大小、温度对伏安特性的影响、阀片预期寿命等因素。一般选用 45% ~ 75% 或更大。

第六节 互感器

一、互感器概述

互感器是一次系统和二次系统间的联络元件。通过它可以在充分安全的条件下,完成对一次回路高电压、大电流的测量,以达到监控一次设备的运行是否正常的目的。

(一)互感器种类和作用

互感器包括电流互感器和电压互感器。它们将一次回路的高电压、大电流,按既定比例变为适合于仪表和继电器测量的低电压和小电流,正确反映一次电路的运行状态。

互感器接线如图 2-69 所示。

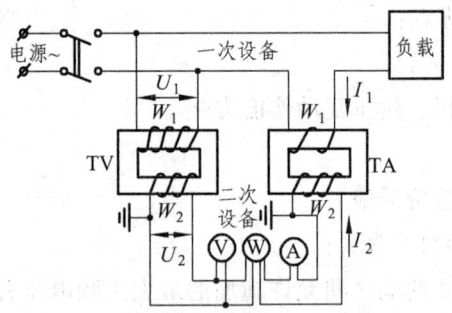

图 2-69 互感器在电力系统中的连接

(二)互感器的作用

(1)互感器将一次回路的高电压、大电流变为二次回路的低电压和小电流,便于测量。

(2)二次设备利用互感器与一次设备实行了电气隔离,且二次绕组均接地,从而保证了设备和人身安全。

(3)二次设备与一次设备电气隔离,使二次回路接线不受一次回路制约更加灵活方便。在维护调试、试验时也可不中断一次系统运行仅改变二次接线即可。

(4)应用了互感器,二次电压低、电流小;使控制电缆和屏内布线简单,安装方便,且易进行远方控制和监测。

二、电流互感器

电流互感器在工程上常用 TA 或 CT 表示。

（一）电流互感器的工作原理

1. 电流互感器的工作特点

电流互感器和变压器相似，变压器在线路上，主要用来改变线路的电压，而电流互感器接在线路上，主要用来改变线路的电流，电流互感器除了可以将线路上大小不一的电流变成一定大小的电流，以便于测量之外，还可以起到与线路绝缘的作用，以保证操作人员和仪表的安全。

电流互感器的负荷与电流互感器所接的线路上的负荷没有任何直接的关系。只要电流互感器的二次接线不变，不管线路上的负荷如何变化，电流互感器的负荷都不变。

2. 变流原理

电流变比：电流互感器原边额定电流与副边标称电流之比，也称电流变比，以符号 K_i 表示，即

$$K_i = \frac{I_{1N}}{I_{2N}}$$

3. 极　性

极性是指电流互感器原副边电流之间的相位关系。

由于原副边绕组电流之间的相位关系，电流互感器的极性分为减极性和加极性，如图 2-70 所示。

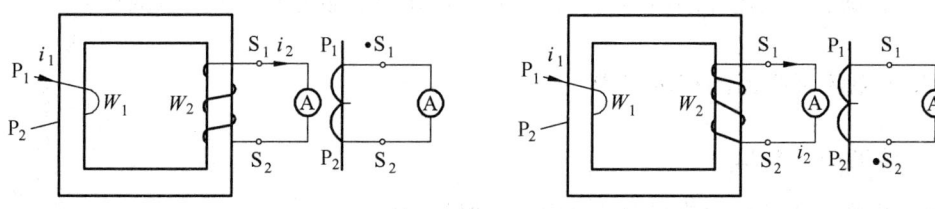

（a）减极性结构原理及表示图　　　（b）加极性结构原理及表示图

图 2-70　电流互感器极性

电流互感器的极性测量电路如图 2-71 接线。

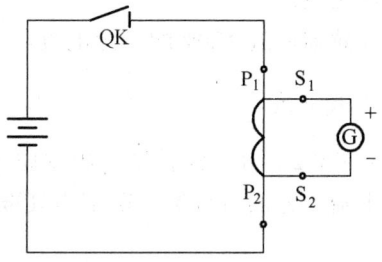

图 2-71　电流互感器极性测试电路

4. 电流误差（比值差）

电流互感器副边测得的二次电流值 I_2 乘以额定电流比 K_i（也是测得的一次电流）与一次侧实际电流 I_1 之差对一次电流实际值的百分比称为电流误差，用 ΔI 表示，即

$$\Delta I = \frac{K_i I_2 - I_1}{I_1} \times 100\%$$

5. 角误差（相角误差）

电流互感器二次电流相量 $\dot{I}_2$ 的反相量 $-\dot{I}_2$ 与一次侧电流相量 $\dot{I}_1$ 间的夹角称为角误差。

6. 影响电流互感器误差的因素

（1）电流互感器的磁路构造和铁心材质

磁路构造、铁心材质决定着磁路的磁阻，减小磁阻就可降低励磁电流 i_e，误差就可减小。

（2）一次电流 i_1。

（3）二次负载及功率因数。

7. 减小电流互感器误差的一般方法

（1）减小磁路磁阻以减小励磁电流。

选用导磁性能好的材质制作铁心，缩短电流互感器的磁路。

（2）在串级式电流互感器铁心上增加平衡绕组，连耦绕组，抵消漏磁，减小误差。

（3）采用"匝数补偿法"。

（4）正确选择电流互感器的变比，使其工作在接近额定条件下，以减小误差。

（二）电流互感器的技术参数

1. 额定一次电压

额定电压是表征原边绕组对地之间的绝缘等级的。

注意：它绝不是原边绕组两端的电压，正常运行时，原边绕组两端的电压是很小的。

2. 额定电流

额定电流是指原边绕组的额定电流。

在环境温度下，容许电流互感器通过 120%的额定电流。

3. 准确度级及二次额定负载电流

当二次负载保持 $\cos\varphi = 0.8$，（0.25~1）S_N 范围，根据原边电流在（100%~120%）I_N 之间变化时，电流互感器的最大电流误差的百分数，确定为其准确度等级。

4. 动稳定电流

动稳定电流是指在二次线圈短路的条件下，一次侧发生短路，互感器所能承受而无机械损伤的最大一次电流峰值。

动稳定倍数:这个电流与一次额定电流的比值称为动稳定倍数。技术手册通常是用动稳定倍数来表示动稳定电流的。

5. 热稳定电流

热稳定电流是指二次线圈短路的条件下,互感器在 1 s 内承受一次侧短路电流的热作用而无损伤的一次电流有效值。

热稳定倍数:热稳定电流与一次额定电流之比。

(三)电流互感器的类型及结构

1. 按原绕组的匝数分

1)单匝式电流互感器

单匝式电流互感器如图 2-72(a)所示。

特点:结构简单,体积小,短路时稳定性高,原边绕组不会发生匝间短路和匝间过电压。主要缺点是当被测电流很小时,原边磁势不足时,误差增大,要保证准确度则其负载能力低。

2)多匝式电流互感器

多匝式电流互感器如图 2-72(b)所示。

特点:主要优点是当原边电流很小时,也可制成准确度很高的电流互感器。多匝式结构复杂,匝间存在绝缘间隙。不论单匝式还是多匝式电流互感器,其原绕组可为多个铁心共用,如图 2-72(c)所示。

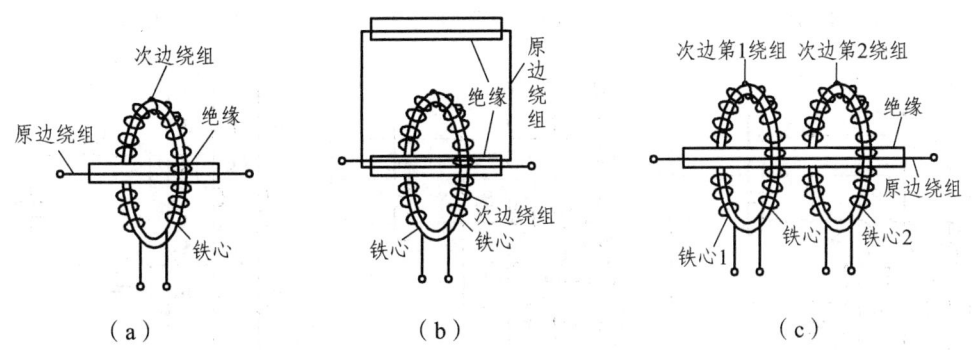

图 2-72 电流互感器的结构形式

2. 按绝缘结构分

(1)干式电流互感器。

其绝缘介质是由绝缘纸、玻璃丝带、聚酯薄膜带等固体材料构成,并经浸渍绝缘漆烘干处理。

特点:结构简单,制造方便。但绝缘强度低,且受气候影响大,防火性能差,只适用于 0.5 kV 及以下低压电流互感器。

(2)树脂浇注式电流互感器。

利用合成树脂、填料、固化剂组成的混合胶浇注在互感器里固化后形成绝缘介质。常见的有环氧树脂浇注式。适用于 0.5~35 kV 级电流互感器。

（3）油浸式电流互感器。

油浸式电流互感器主要绝缘介质是变压器油。

（4）SF_6 气体绝缘电流互感器。

3. 按安装方式分

按安装方式分，可分为穿墙式、支持式和套管式。

4. 按安装地点分

按安装地点分，可分为户内式和户外式。

5. 电流互感器的接线方式

电流互感器的接线方式有多种，如图 2-73 所示，分别适用于不同场合，分述如下：

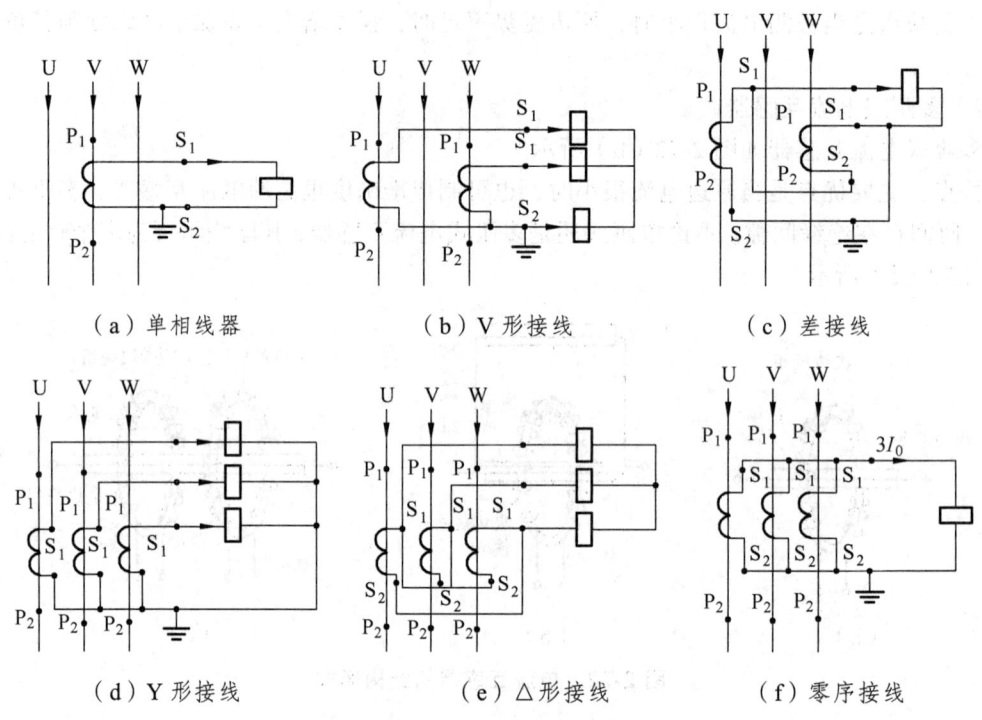

图 2-73 电流互感器的接线方式

1）单相接线

如图 2-73（a）所示，它适用于对称三相电路的测量，多用于低压动力线路的测量。接线特点是接线简单、造价低。

2）两相不完全星形接线

当三相线路中只需测量两相电流时（如三相两元件功率表或电度表）可采用不完全星形接线。

应用：用于中性点不接地系统中时，流过公共导线上的电流，即 U、W 相电流的相量和就是未接入电流互感器的 V 相电流的反相量。

3）星形接线

这种接线可测各种情况的各个相电流。该接线特点是测量功能全，但经济性差。

4）两相电流差接线

该接线反映的是两相电流之差，常用于中性点不接地系继电保护特殊使用。

5）三角形接线

这种接线主要用于继电保护装置的差动保护中，每相输出的电流相对于二次绕组电流在相位上移动了 30°，在数值上是原来的 $\sqrt{3}$ 倍。

6）零序接线

该种接线，由于三相正序电流之和、三相负序电流之和均为零，故该接线只能输出三倍的零序分量电流，也称为零序电流滤出器。

零序接线主要用于继电保护中零序电流的保护。

6. 电流互感器的使用注意事项

（1）电流互感器使用时副边绕组严禁开路，当副边开路时，原边电流全部用作励磁，将在副边产生危险的高压。

（2）电流互感器的额定电压不得小于安装处的电网额定电压，否则会造成绝缘击穿；电流互感器接线时，特别是三相接线时，一定要注意极性的正确。

三、电压互感器

电压互感器在工程上常用 TV 或 PT 表示。

（一）电压互感器的工作原理

1. 电压互感器的工作特点

正常运行的电压互感器相当于电压源，当副边短接，会产生很大电流，烧毁互感器。因而电压互感器严禁二次侧短路。为防止短路发生，电压互感器二次侧均装设熔断器进行保护。

2. 变压原理

电压互感器正常运行时，二次负载阻抗很大，相当于小容量变压器空载运行。按变压器原理，则有

$$\frac{U_{1N}}{U_{2N}} = \frac{E_{1N}}{E_{2N}} = \frac{W_1}{W_2} = K$$

电压互感器原边额定电压与副边额定电压之比称为电压互感器的电压比，也称电压变比，简称变比，以符号 K_u 表示，即

$$K_u = \frac{U_{1N}}{U_{2N}}$$

(二) 电压互感器的误差

1. 电压误差

电压互感器一次侧的电压（二次侧的电压乘以变比的积）和一次实际电压之差与一次侧实际电压之比称为电压互感器的电压误差，用 ΔU 表示。即

$$\Delta U = \frac{K_u U_2 - U_1}{U_1} \times 100\%$$

2. 角误差

二次侧电压的反相量，$-\dot{U}_2$ 与一次侧电压相量 $\dot{U}_1$ 间的夹角称为电压互感器的角误差，用 δ 表示。

3. 产生误差的原因

电压互感器的等值电路图与变压器类似，如图 2-74 所示。

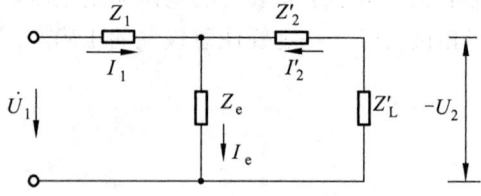

图 2-74 电压互感器的等值电路图

影响电压互感器误差的主要因素有：

（1）漏阻抗 Z_1、Z_2'，它们的存在，使得励磁电流和副边电流均在其中产生压降损耗，产生误差。

（2）励磁电流 I_0，因电压互感器一、二次需要公共磁通链接，产生磁通必需励磁电流，这一电流在漏阻抗上产生压降，必然会造成误差。

（3）当电压互感器接入的电网电压过高时，误差会增大。

当一次侧电压过高时，铁心因磁密度增大而进入饱和，使励磁电流增大，造成误差增大。

（4）当电压互感器二次侧负载阻抗减小时，二次侧电流增大，使 $I_2'(Z_1 + Z_2')$ 压降变大，而使电压互感器误差增大。

（5）二次负载的功率因数 $\cos\varphi$ 变化也会引起误差的变化。

4. 减小误差的措施

（1）减小励磁电流 I_e。

采用高磁导率的硅钢片，减小磁路空气隙，尽量缩短磁路长度，降低磁路磁阻，以减小

励磁电流 I_e。

（2）减小漏抗。

选择合理的绕组结构形式，增大一、二次绕组的磁耦合系数，降低漏阻抗。

（3）采用"匝数补偿"。

（4）正确选择和使用电压互感器。

尽量使电压互感器工作在额定状态，这样会降低误差。

（三）电压互感器的技术参数

1. 额定电压

额定电压标示有两种方法：一种是直接标示一次侧、二次侧的额定电压；另一种是标示出电压互感器的变压比，则分子为一次侧额定电压，分母为二次侧额定电压，额定电压的单位为 kV。

2. 准确度级及副边额定容量

准确度级是按一次侧电压在 $(0.8\sim1.2)U_{1N}$，二次负载功率因数保持 $\cos\varphi=0.8$，负载额为 $(0.25\sim1.0)S_N$ 情况下，误差最大限值划分的。

测量用电压互感器的准确级有 0.1、0.2、0.5、1.3 五个等级，误差限值如表 2-7 所示。

表 2-7 测量用电压互感器误差限值

准确度等级	误差极限			工作条件	
	电压误差（%）	相位差		允许一次电压变化范围	允许二次负荷变化范围
		(′)	rad		
0.1	±0.1	±5	±0.15	$(0.8\sim1.2)U_{1N}$	$(0.25\sim1.0)S_N$ $(\cos\varphi_2=0.8)$ 滞后
0.2	±0.2	±10	±0.3		
0.5	±0.5	±20	±0.6		
1	±1	±40	±1.2		
3	±3	不规定	不规定		

保护用电压互感器的准确度级有 3P 和 6P 两种，误差限值如表 2-8 所示。

表 2-8 保护用电压的互感器的误差限值

准确度等级	误差极限			工作条件	
	电压误差（%）	相位差		允许一次电压变化范围	允许二次负荷变化范围
		(′)	rad		
3P	±3.0	±120	±3.5	$(0.05\sim1.5)U_{1N}$ 或 $(0.05\sim1.9)U_{1N}$	$(0.25\sim1.0)S_N$ $(\cos\varphi_2=0.8)$ 滞后
6P	±6.0	±240	±7.0		

(四)电压互感器的类型及结构

1. 电压互感器的种类

(1)按原绕组的相数分为单相式和三相式。

(2)按绝缘方式分为干式、浇注式、油浸式和充气式。

干式电压互感器结构简单,无着火和爆炸的危险,但绝缘强度低,只适用于电压较低(500 V 以下)的空气干燥的户内配电装置。

浇注式电压互感器结构紧凑、维护方便,适用于 35 kV 及以下户内配电装置。

油浸式电压互感器绝缘性能好,可用在 10 kV 以上的户外配电装置。

充气式即 SF_6 气体绝缘式。

(3)按绕组分为三绕组和双绕组。

(4)按安装地点分为户内式和户外式。一般 35 kV 及以下多制成户内配电装置。

2. 电压互感器的结构

电压互感器的结构从外形看由头部、瓷套管及底座三大部分组成。

(1)头部连接互感器与高压回路。

(2)瓷套管是互感器的外绝缘。

(3)底座起支持固定主体的作用。

底座上有铭牌、二次引线端子、接地端子、安装孔、放油阀(或放气阀)、 SF_6 互感器有压力表和气体密度继电器等。

3. 电容式电压互感器

特点:电容式电压互感器具有体积小、质量轻、制造简单、造价低,绝缘性能强并可兼作高频载波通信用耦合电容等优点,但其负载能力小。

电容式电压互感器主要由电容分压器和电磁单元两大部分构成,原理接线如图 2-75 所示。

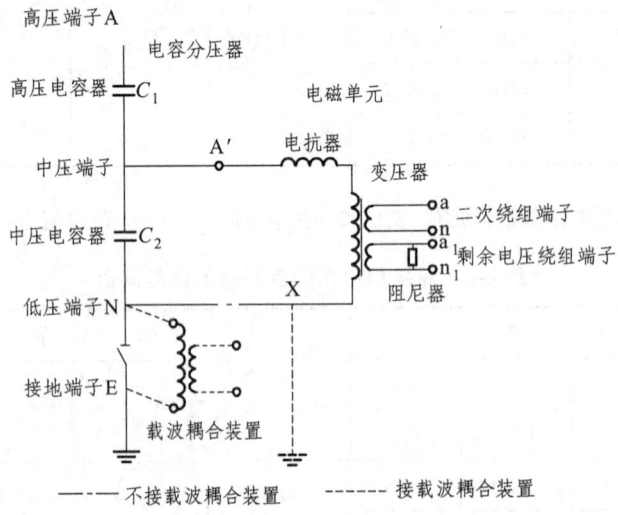

图 2-75 电容式电压互感器原理接线

① 由串联电容器组成分压电容器：分为两个部分，主电容 C_1，接于高压电网上侧；电容组用等效电容表示，称为分压电容 C_2，也称中压电容，接于靠近接地侧。

电容分压器的主要功能就是将相电压分压，从分压电容 C_2 上送出一个合适的电压。

② 电磁单元：主要由中间变压器、补偿电抗器及限压装置、阻尼器组成。

③ 补偿电抗器的作用：它是利用感性电抗补偿分压电容上容性电抗，电容器的输出电压不随二次负载变化而变化进而影响电压互感器（TVC）的准确度级。

④ 阻尼器：它的作用在于防止电容互感器内部电感和电容发生谐振过电压。

阻尼器有电阻型，谐振型（电感 L 与电容 C 并联后再与电阻串联）。

（五）电压互感器的接线方式

电压互感器常见的接线方式如图 2-76 所示。

（1）单相接线，该接线适用于测量电压对称的三相电路，如图 2-76（a）、（b）所示。

（2）三相 V 形接线，该接线可以测量三相中任意两相间电压。适用于 35 kV 及以下中性点不接地系统测量用，如图 2-76（c）所示。

（3）完全星形接线，用于 10 kV 及以下电压电网，如图 2.76（d）所示。

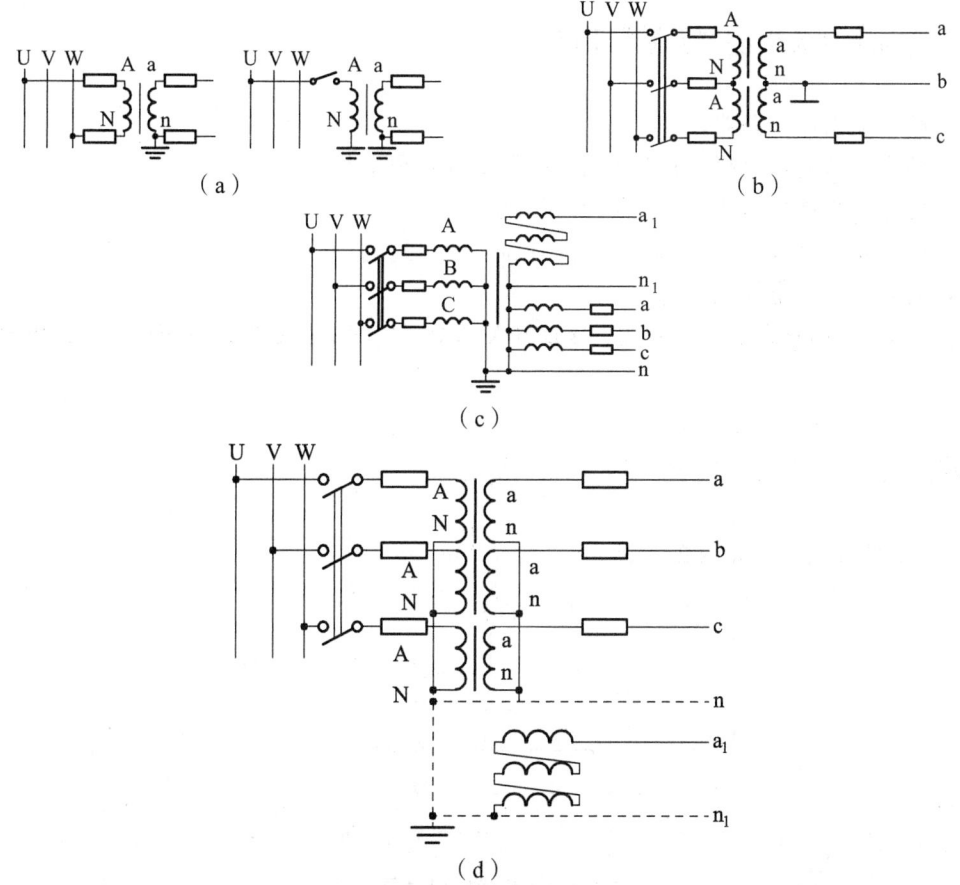

图 2-76 电压互感器常见接线方式

第七节 高压成套配电装置

一、成套配电装置

成套配电装置是按不同用途和使用场合，将所需一、二次设备按一定的线路方案组装而成的一种成套配电设备，用于供配电系统中的馈电、受电及配电的控制、监测和保护，主要安装有高压开关电器、保护设备、监测仪表和母线、绝缘子等。

二、分类

高压成套配电装置分为固定式和移开式（手车式）。

三、高压开关柜的"五防"功能

① 防止误操作断路器。
② 防止带负荷拉合隔离开关（防止带负荷推拉小车）。
③ 防止带电挂接地线（防止带电合接地开关）。
④ 防止带接地线（接地开关处于接地位置时）送电。
⑤ 防止误入带电间隔。

五防：采用断路器、隔离开关、接地开关与柜门之间的强制性机械闭锁方式或电磁锁方式实现。

四、开关柜型号及含义

开关柜型号及含义如图 2-77 所示。

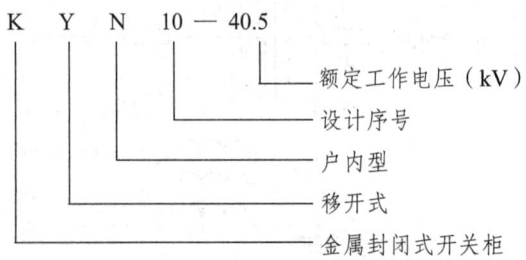

图 2-77 形状柜型号及含义

五、结构特点简介

开关柜结构按其组成分为仪表箱、柜体两部分。除仪表箱用薄钢板弯制焊接成形外，其余各部分用角钢焊接成形，外敷薄钢板以加强柜架刚度，同时改善外质量。按功能特征可分为代表箱、手车室、电缆室和母线室四部分，各部分以接地的金属隔板分隔，其外壳防护等级为 IP2X。

断路器手车配装 SF_6-35 断路器，此外还设计有隔离手车、电压互感器手车、避雷器手车、所用变压器手车。

手车设有轻便的推拉机构、灵活可靠的定位机构和准确的导向装置。定位机构与二次插头之间设有可靠的机构联锁装置（保证手车外工作位置时，二次插头不能拉出）。

断路器和一次隔离触头、接地开关、手车与活门以后柜后上、下门之间均设有可靠的机构联锁装置。可通过手车面板即柜门上的观察窗查看断路器的工作状态，一次隔离触头及有关联锁机构的工作是否正常；通过柜后上、下门上的观察窗可观察母线、接地开关的工作状态。手车室与电缆室顶部设泄压活门，以便释放柜内不正常的压力和蒸汽。

主母线可按用户要求装设于柜后上部，亦可设于下部，可从柜顶架空进出线，亦可从柜下电缆进出线。

六、总体要求

高压开关柜应是金属封闭式手车结构。开关柜外壳防护等级是 IP2X，开关柜宽应符合配电室位置要求，总宽不大于 13 000 mm，高度不限。

高压开关柜在最大短路故障时应能承受由此引起的电气、热及机械应力。为确保操作程序以及维修时的人身案例，中压开关柜具有但不限于以下联锁功能：

（1）只有接地开关及断路器分闸位置时，手车才能从"试验/隔离"位置移至"工作"位置；而接地开关在合闸位置时，手车不能从"试验/隔离"位置移至"工作"位置.

（2）只有手车处于"试验/隔离"位置或移开位置是时，接地开关才能操作。

（3）断路器只有在手车处于"试验/隔离"位置时才能进行合闸操作。

（4）手车处于"试验/隔离"位置或"工作"位置，但没有控制电压时，断路器仅能手动分闸，不能合闸。

（5）手车在"工作"位置，二次插头应被锁定，不能被拨除。

【复习思考题】

1．变压器主要有什么用途？变压器的接线方式有哪些？

2．城市轨道交通供电系统为什么用干式变压器？干式变压器较一般油浸式变压器有何优点？

3．三相桥式整流电路是如何工作的？画出其波形图。

4．变压器的操作应遵循什么原则？

5．变压器日常维护有哪些内容？
6．电弧具有什么特征？
7．电弧对电力系统和电气设备有哪些危害？
8．电弧的游离和去游离方式各有哪些？
9．交流电弧有什么特征？
10．熄灭交流电弧的条件是什么？
11．什么是近阴极效应？哪些灭弧方法利用了近阴极效应？
12．断路器开断短路电流时，弧隙恢复电压受哪些因素影响？
13．开关电器中常采用的基本灭弧方法有哪些？各自的原理何在？
14．什么是电气触头？
15．电气触头有哪些形式？
16．什么是触头的接触电阻？
17．影响接触电阻的因素有哪些？
18．为什么触头要保证有足够的动稳定和热稳定？
19．高压断路器的作用是什么？对其有哪些基本要求？
20．高压断路器有哪几类？其技术参数有哪些？
21．真空断路器的结构有什么特点？
22．对断路器操动机构的要求有哪些？
23．操动机构有哪些类型？
24．隔离开关的用途是什么？隔离开关是如何分类的？
25．负荷开关的作用是什么？
26．负荷开关与隔离开关在结构原理上的主要区别是什么？
27．熔断器的基本结构是什么？
29．熔断器的保护特性是什么？
30．电流互感器和电压互感器的作用有哪些？
31．什么是电流互感器的电流比和电压互感器的电压比？
32．一次电流为 1 200 A，二次电流为 5 A，计算电流互感器的变比。
33．运行中电流互感器二次侧为什么不允许开路？如何防止运行中的电流互感器二次侧开路？
34．电流互感器是如何分类的？
35．什么是电流互感器的准确度级？我国电流互感器准确度级有哪些？
36．运行中的电压互感器二次侧为什么不允许短路？
37．电压互感器是如何分类的？
38．什么是电压互感器的准确度级？
39．互感器的二次侧为什么必须接地？
40．高压电气设备的一般选择条件及校验条件有哪些？
41．隔离开关与断路器的主要区别是什么？
42．配电装置应满足哪些基本要求？
43．屋内配电装置和屋外配电装置各有何优缺点？

第三章 轨道交通供电继电保护和微机保护

※知识目标※

1. 掌握继电器的作用及符号。
2. 了解电磁型继电器的原理结构,正确识读内部接线图。
3. 了解变压器气体和差动保护的基本原理。
4. 掌握常见的几种继电保护的工作原理。
5. 了解直流牵引供电系统的保护方式。
6. 了解城市轨道交通牵引供电系统继电保护的配置。
7. 了解微机保护的基本原理、功能和硬件组成。

※技能目标※

1. 能够正确使用各种继电器。
2. 能够识读继电器的接线图。

第一节 继电保护的意义

一、城市轨道交通供电系统设置继电保护的意义

城市轨道交通供电系统是电力系统的一部分,它包括变电、输电、配电和用电环节。它能否安全、稳定、可靠地运行,不但直接关系到城市轨道交通企业用电的畅通,而且还会影响到电力系统能否正常运行。因此,要全面理解和执行电业部门的有关标准和规程及相应的国家标准和规范,确保城市轨道交通供电系统的正常运行,其意义就非常重要。

城市轨道交通供电系统中包括一次系统和二次系统,总的来说一次系统比较简单、更为直观,设置上较为容易;而二次系统相对较为复杂,并且二次系统包括了大量的继电保护装置、自动装置和二次控制、显示回路。继电保护装置就是在供电系统中用来对一次系统进行监视、测量、控制和保护的设备,是由微机系统、继电器、电源系统等组成的一套专门的自动装置。为了确保城市轨道交通供电系统的正常运行,必须正确地设置继电保护装置。

二、城市轨道交通供电系统继电保护

1. 城市轨道交通供电系统的工况

（1）供电系统的正常运行状况指系统中各种设备或线路均在其要求的状态下进行工作；各种信号、指示和仪表均工作在允许范围内。其含义是各种参数工作在规定或设计的范围内；各开关设备均工作在所处模式所规定的极限状态下。

（2）供电系统的故障状况指某些设备或线路出现了危及其本身或系统的安全运行，并有可能使事态进一步扩大。

（3）供电系统的异常运行状况指系统的正常运行遭到了破坏，但尚未构成故障。其含义是虽然系统仍然能工作，但已经处于临界状态，不允许持续较长时间，电力人员应必须及时处理。

2. 供电系统继电保护装置的任务

（1）在城市轨道交通供电系统中正常运行时，它应能完整、安全地监视各种设备的运行状况，为值班人员提供可靠的运行信息。

（2）当供电系统发生故障时，它应能自动、迅速、有选择性地切除故障部分，并能保证非故障部分继续运行。

（3）当供电系统中出现异常运行工作状况时，它应能及时、准确地发出信号或警报，通知值班人员尽快做出及时处理。

不难看出，在城市轨道交通供电系统中装设继电保护装置的主要作用是通过缩小事故范围或预报事故的发生，来达到提高系统运行的可靠性，并最大限度地保证供电的安全和不间断。因此，在城市轨道交通供电系统中的继电保护装置就成了供电系统能否安全可靠运行的不可缺少的重要组成部分。

3. 继电保护装置的基本要求

对继电保护装置的基本要求有四点：选择性、灵敏性、速动性和可靠性。实际上这四个要求主要是针对动作于跳闸的继电保护装置而言的。

（1）选择性：当供电系统发生故障时，继电保护装置应能有选择性地将故障部分切除，也就是说仅将故障设备从系统中切除。也就是它应该首先断开距离故障点最近的断路器，以保证系统中其他非故障部分能继续正常运行。

（2）灵敏性：指继电保护装置对故障和异常工作状况的反应能力。保护装置灵敏与否，一般用灵敏度来衡量。保护装置的灵敏度应根据不利的运行方式和故障类型进行计算。灵敏度 K_m 为被保护区发生短路时，流过保护安装处的最小短路电流 $I_{d.min}$ 与保护装置一次动作电流 I_{dz} 的比值，即

$$K_m = I_{d.min} / I_{dz}$$

灵敏度越高，则反应轻微故障的能力越强。各类保护装置灵敏度的大小，根据保护装置的不同而不尽相同。对于多相保护，I_{dz} 取两相短路电流最小值 $I_{dz(2)}$；对于 10 kV 不接地系统的单相短路保护，取单相接地电容电流最小值 $I_{c.min}$。

（3）速动性：指保护装置应能尽快地切除短路故障。缩短切除故障的时间，就可以减轻短路电流对电气设备的损坏程度，加快系统电压的恢复，从而为电气设备的自启动创造了有利条件，同时还提高了发电机并列运行的稳定性。

故障的切除时间是指保护装置的动作时间与断路器的跳闸时间之和。由于断路器一经选定，其跳闸时间就已确定，目前，我国生产的断路器跳闸时间均在 0.02 s 以下。所以实现速动性的关键是选用的保护装置应能快速动作。

（4）可靠性：保护装置应能正确地动作，并随时处于准备状态。为确保保护装置动作的可靠性，则要求保护装置的设计原理、整定计算、安装调试要正确无误；同时要求组成保护装置的各元件的质量要可靠、运行维护要得当、系统应尽可能地简化有效，以提高保护的可靠性。在系统出现故障时，相关保护设备应及时准确地动作，其他保护设备不动作；在系统正常或出现瞬时性故障时，相关保护设备或其他保护设备应不动作。应该动作时，必须及时准确地动作，即不拒动，也称为信赖性；不应该动作时，相关保护设备或其他保护设备应不动作，也就是不误动，又称安全性。正确动作率为

$$正确动作率 = \frac{保护装置正确动作次数}{保护装置总动作次数} \times 100\%$$

4. 继电保护的基本原理及分类

电力系统中的故障种类很多，但最为常见、危害最大的应属各种类型的短路事故。一旦出现短路故障，电流将急剧增大、电压将急剧下降、电压与电流之间的相位角将发生变化；同时还伴随系统的振荡，引起系统运行的不稳定。能够区分正常运行与故障、不正常运行之间差别的可测参变量，原则上都可以构成继电保护的基本原理。继电保护常用的区别特征是：电流、电压、电流变化率、短路功率方向、阻抗、谐波等。

继电保护的分类如下：

（1）按原理分：反映电流变化的电流保护，有定时限过电流保护、反时限过电流保护、电流速断保护、过负荷保护和零序电流保护、电流变化率和增量保护等；反映电压变化的电压保护，有过电压保护和欠电压保护；既反映电流的变化又反映电压与电流之间相位角变化的方向过电流保护；反映电压与电流之间比值，也就是反映短路点到保护安装处阻抗的距离保护；反映输入电流与输出电流之差的差动保护，其中又分为横联差动和纵联差动保护；用于反映系统中频率变化的周波保护；专门用于反映变压器内部故障的气体保护（瓦斯保护），其中又分为轻瓦斯和重瓦斯保护；专门用于反映变压器温度变化的温度保护等。

（2）按装置的结构分：可分为电磁式、感应式、整流式、晶体管式、集成电路式、微机式等。目前主要是集成电路式和微机式，其他只是部分采用。

（3）按照作用分类，继电保护主要包括以下几种：

① 主保护和后备保护：供电系统中的电气设备和线路应装设短路故障保护。短路故障保护应有主保护、后备保护，必要时可增设辅助保护。

主保护：当在系统中的同一地点或不同地点装有两套保护时，其中有一套动作比较快，而另一套动作比较慢；动作比较慢的就称为后备保护。为满足系统稳定和设备的要求，能以最快速度有选择地切除被保护设备和线路故障的保护即为主保护。

后备保护又分为两种：一种是近后备，当主保护或断路器拒动时，由本级电气设备或线

路的另一套保护实现后备的保护,称为近后备保护;另一种是当主保护、近后备或者断路器拒动时,由相邻设备或线路的保护来实现的后备保护,称为远后备保护。

② 辅助保护:为补充主保护和后备保护的性能或当主保护和后备保护退出运行而增设的简单保护。

③ 异常运行保护:反映被保护电力设备或线路异常运行状态的保护。

三、继电器的作用和符号

继电器是构成继电保护的基本元件,但其输入值高于或者低于某一整定值时,它就会动作,并通过执行元件发出信号或动作于跳闸设备。

继电器种类有电磁型、感应型、磁电型、整流型及晶体管型等。按反应物理量分为电压继电器、电流继电器、阻抗继电器等;按反应物理量的变化特征分为过量继电器和低量继电器,如欠电压继电器和过电压继电器。为了表达方便和统一,继电器的符号有严格的要求,代表了确定的含义,如表 3-1 所示。

表 3-1　常用继电器符号及意义

名称	继电器	继电器的触点及出线	电流继电器	电压继电器	时间继电器	中间继电器	信号继电器	气体继电器
符号			KA	KV	KT	KM	KS	KG

第二节　电磁型继电器

以电磁铁为主体的继电器统称为电磁型继电器。这种继电器构造简单,便于维护,动作可靠,输出功率大。因此,它不仅是构成电磁型继电保护装置的主要元件,而且在其他类型(如晶体管型)的继电保护装置中,也常用它作为装置的出口继电器,现就电磁型继电器的原理及常用的几种电磁型继电器分别进行介绍。目前,在微机保护中,继电器的应用主要集中在出口电路,用于扩展节点容量、隔离电路等。

一、电磁型继电器原理

电磁型继电器是通过电磁铁的电磁力使其可动的机械部分运动,并带动继电器的触点转换,实现输出信号的改变,通过这些触点可以接通或者断开外电路。

由于各种电磁型继电器的用途不同,所要求的性能也不同,因此,电磁铁系统的构造也不同。电磁型继电器通常制作成如图 3-1 所示的三种形式,即螺线管式、拍合式和转动舌片式。

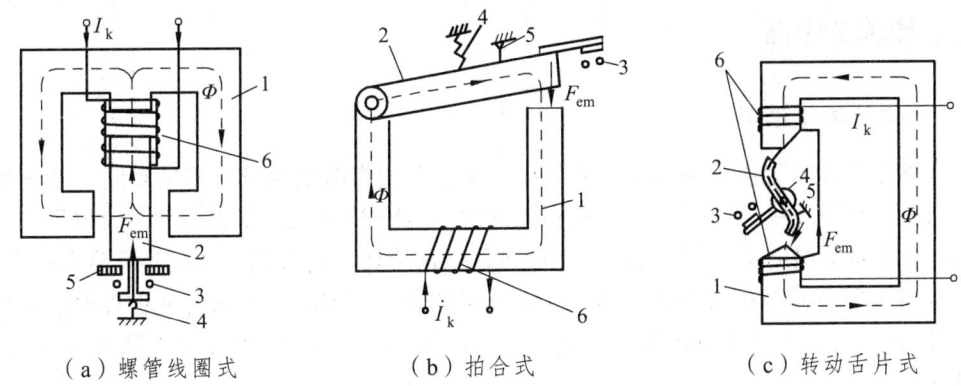

(a)螺管线圈式　　　(b)拍合式　　　(c)转动舌片式

图 3-1　电磁型继电器原理结构图

1—电磁铁心；2—可动衔铁；3—常开触点或者常闭触点；4—反作用弹簧；5—止挡；6—线圈

不论何种形式的电磁继电器，基本都由电磁铁心、可动衔铁、线圈、触点、反作用弹簧、止挡等部分组成。

当继电器的线圈接入电流 I_k 时，电磁铁心中就会产生磁通 $\varPhi$ 和电磁力 F_{em}，如果电磁力大于弹簧的反力，则可动衔铁被吸动，并带动继电器的接点切换。

由电工学原理得知，交直流电磁铁的吸力 F_{em} 与磁通密度 B 或磁通 $\varPhi$ 的二次平方成正比，其基本表达式为

$$F_{em} = \frac{B^2 S}{2\mu_0} = \frac{\varPhi^2}{2\mu_0 S}$$

式中，S 是铁心的截面面积；μ_0 是真空的导磁率。

由于磁路存在气隙而不饱和，且线圈的匝数一定，故磁通 $\varPhi$ 与线圈电流成正比。因此，电磁力 F_{em} 或者电磁力矩 M_{em} 与电流的平方成正比，即

$$M_{em} = KI_k^2$$

式中，K 是比例系数。

上式说明：

① 当继电器制成后，在其参数一定的情况下，比例系数 K 为一常数，因此，电磁转矩的大小主要决定于线圈中电流的大小。

② 当磁路未饱和时，作用在衔铁上的电磁转矩与线圈电流的二次方成正比。线圈电流可以是交流，也可以是直流。应注意的是：当线圈接入交流电流时，I_k 是有效值，M_{em} 是平均值。

③ 不论 I_k 是正值还是负值，M_{em} 总是正值，即电磁型继电器是没有极性的。

当电磁转矩达到足以克服弹簧的反力矩时，可动衔铁被吸引，带动继电器的触点切换（闭合或断开），这种现象称为继电器动作。

继电器动作后，如果减小电磁转矩，直至小于弹簧的反力矩时，可动衔铁在反力弹簧的作用下返回起始位置，这种现象称为继电器返回。

常用的电磁型继电器主要有电流继电器、电压继电器、时间继电器、中间继电器和信号继电器等。

二、电流继电器

1. 结构及工作原理

电流继电器是反应电流增大而动作的继电器,常用作电流保护的测量元件。电流继电器的类型很多,但基本结构类似。现以使用较多的 DL-10 型电流继电器为例简要说明如下。

DL-10 型电流继电器如图 3-2 所示,继电器衔铁为转动舌片式。铁心上有两个电流线圈,以便于根据需要进行串联或并联。当线圈电流增加到一定值时,电磁转矩克服螺旋弹簧(游丝)的反力矩,使 Z 形衔铁沿顺时针转动,可动触点断开,同时使静触点闭合(接通),继电器动作。

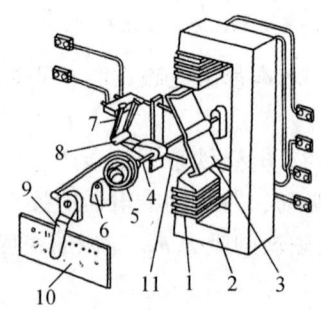

图 3-2 DL-10 型电流继电器结构图

1—线圈;2—铁心;3—Z 形衔铁;4—轴;5—反作用弹簧;6—轴承;7—静接点;
8—动接点;9—动作电流调节把手;10—标度盘;11—限制螺杆

2. 动作电流、返回电流、返回系数

能使继电器动作的最小电流,称为继电器的动作电流,用 $I_{op \cdot k}$ 表示。

通过旋转调节把手,可以调节螺旋弹簧的反力,即可调节动作电流。能使继电器返回的最大电流称为返回电流,用 $I_{re \cdot k}$ 表示。因为继电器动作后,衔铁与铁心间的气隙减小,磁通和电磁转矩增加,故只有比动作电流更小时,弹簧才能克服电磁转矩使衔铁返回,所以返回电流总是小于动作电流。

返回电流与动作电流之比称为返回系数,用 K_{re} 表示,显然

$$K_{re} = \frac{I_{re,k}}{I_{op,k}} < 1$$

通常 K_{re} 为 0.85~0.9。如果此值过大,继电器动静触点之间的压力减小,动作不可靠,但返回系数太小,继电器就不能灵敏返回。

电流继电器的衔铁采用旋转的 Z 形舌片,其特点是转动惯量少,因而不仅动作功率小;而且由于衔铁极薄,易于饱和,动作后的磁通不会增加太多,故返回电流较大,返回系数较高。

实际使用中,由于转动舌片摩擦阻力矩的增加,致使继电器的动作电流增大,返回电流减小,故继电器的返回系数可能减小,因此,需定期测试调整。

3. 调整返回系数的方法

调整返回系数的方法有三种：

（1）改变舌片的起始角和终止角。

调整继电器左上方的舌片起始位置限制螺杆，以改变舌片起始位置角，由于此时能改变动作电流而对返回电流几乎无影响，故返回系数得到了调整。

（2）不改变舌片的起始角和终止角，而改变舌片两端的弯曲程度以改变舌片与磁极的距离，也能达到调整返回系数的目的。

（3）适当调整触点压力也能改变返回系数，但应注意触点压力不宜过小。

为了调整继电器的动作值，可针对不同情况采取不同的方法。当继电器的调整把手在最大刻度值附近时，主要调整舌片的起始位置。为此可调整左上方的舌片起始位置限制螺杆。当动作值偏小时使舌片的起始位置远离磁极，反之，则靠近磁极。当继电器的调整把手在最小刻度值附近时，主要调整弹簧以改变动作值。

4. 整 定

继电器的整定是通过改变调整把手的位置，来改变螺旋弹簧的反力，从而设定继电器的反力矩。当继电器两线圈串联时，继电器的整定电流与面盘刻度值相当；当继电器两线圈并联时，继电器的整定电流是面盘刻度值的两倍，即将面盘刻度值乘以 2。应该指出，调整把手所指示的整定电流值是一个很不精确的值，实际整定电流要通过测量得到。

5. 有关技术参数

电流继电器的触点分为常开（动合）和常闭（动断）两种。

所谓常开触点，就是指继电器的衔铁未被吸合时，处于断开状态的触点；所谓常闭触点，就是指继电器的衔铁未被吸合时，处于闭合状态的触点。

继电器的内部接线通常表示在一个方框内。作为一个实例，图 3-3（a）绘出了 DL-32 型电流继电器的内部接线图。

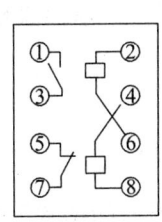
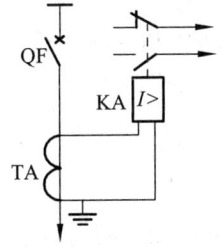

（a）内部接线图（正视）　　（b）与电流互感器连接图

图 3-3　DL-32 型电流继电器接线图

图中的两个矩形小方框表示继电器的两个线圈。②、⑥和④、⑧分别为两个线圈的接线端子。①、③和⑤、⑦分别为常开和常闭触点的接线端子。由于电流继电器线圈的容量较小，故通常都是通过电流互感器反映线路电流。图 3-3（b）为电流继电器 KA 与电流互感器 TA 的接线图。

DL 系列继电器的主要技术数据如表 3-2 所示。

表 3-2 DL 系列继电器的主要技术数据

型号	整定范围/A	长期允许电流/A		型号	整定范围/A	长期允许电流/A	
		串联	并联			串联	并联
DL-20C	0.012 5～0.05	0.08	0.16	DL-31 DL-32 DL-33 DL-34	0.012 5～0.05	0.08	0.16
	0.05～0.2	0.3	0.6		0.05～0.2	0.3	0.6
	0.15～0.6	1	2		0.15～0.6	1	2
	0.5～2	4	8		0.5～2	4	8
	1.5～6	6	12		1.5～6	10	20
	2.5～10	10	20		2.5～10	10	20
	5～20	15	30		5～20	15	30
	12.5～50	20	40		12.5～50	20	40
	25～100	20	40		25～100	20	40
	50～200	20	40		50～200	20	40

三、电压继电器

1. 结构及工作原理

电压继电器与电流继电器的结构及动作原理基本相同，所不同的是电压继电器测量的是线路电压，因而继电器的线圈是电压线圈，线圈阻抗大，导线细而匝数多。

电压继电器分为过电压继电器和欠电压继电器两种。

过电压继电器的动作和返回的概念与电流继电器类似，其返回系数 K_{re} 等于返回电压 $U_{re,k}$ 与动作电压 $U_{op,k}$ 之比，即

$$K_{re} = \frac{U_{re,k}}{U_{op,k}} < 1$$

欠电压继电器的动作和返回与过电压继电器的动作和返回的概念正好相反，即当电压降低，电磁力减小使衔铁返回时，称为继电器动作；而当电压升高，衔铁吸动时，称为继电器返回。显然返回电压高于动作电压，故返回系数为

$$K_{re} = \frac{U_{re,k}}{U_{op,k}} > 1$$

K_{re} 一般不大于 1.2。K_{re} 越小，继电器越灵敏。

在继电保护中，欠电压继电器的应用较为普遍，而且多用其常闭触点，即电压降低时，

常闭触点闭合，并启动保护装置或自动装置。

2. 触点工作可靠性的检验

在电压（电流）继电器的电气特性中，检查和消除触点的振动是一项重要内容。因为继电器由于触点振动会使其烧坏或变形，从而使保护装置拒绝动作。

四、中间继电器

中间继电器在继电保护装置中起桥梁作用，即当需要同时闭合或断开几条独立回路，或者要求比较大的触点容量去闭合或断开回路时，经常采用中间继电器。中间继电器的特点：扩触点容量大，触点数目多。

中间继电器的电磁铁多做成拍合式结构，现以图3-4 所示 DZ-10 型中间继电器的原理结构图为例进行简要说明。

图中当线圈上接入一定的直流电压时，衔铁被吸向铁心。这时装在衔铁上的动触点与固定触点接通。当线圈失电后，继电器衔铁在弹簧的作用下返回起始位置。

线圈的作用是当继电器动作后，其瞬时动合触点将线圈接通。这样，即便是启动线圈回路断开后，继电器仍能在线圈的作用下，保持在动作状态。

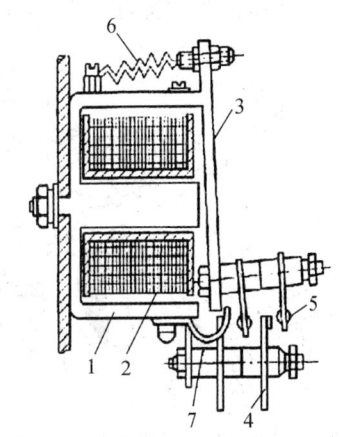

图 3-4 DZ-10 型中间继电器的原理结构图

1—铁心；2—线圈；3—衔铁；4—固定触点

图3-5绘出了DZB-217型中间继电器内部接线图。图中 U 为启动线圈，I 为保持线圈。该型继电器附有动作信号指示与复归机构，并带有一对机械保持触点以接通远方信号。使用这种继电器可以省掉信号继电器。这对提高保护装置的可靠性、简化接线、降低成本具有一定的意义。

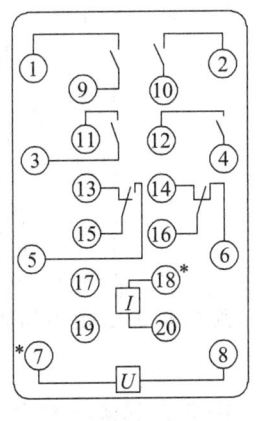
（a）DZB-217

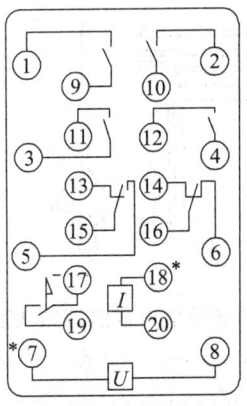
（b）DZB-217X

图 3-5 DZB-217 型中间继电器的内部接线图

五、信号继电器

信号继电器是用作标志保护或自动装置动作的继电器。继电器动作时，一方面本身有机械指示（掉牌）或灯光指示，同时它的保持触点接通有关灯光或音响报警回路。

常用的信号继电器有 DX-11 型、DX-31 型和 DX-21 型等。

现以图 3-6 所示 DX-11 型信号继电器的原理结构图为例简要说明如下：当图中的线圈未通电时，衔铁受弹簧的作用而离开铁心，衔铁托住信号掉牌。当线圈通电吸动衔铁时，信号掉牌因失去支持而下落（掉牌），同时固定在转轴上的可动触点与静触点接触并保持。只有当运行值班人员转动手动复归把手时，才能将掉牌重新恢复到水平位置。

图 3-7 所示为 DX -11 型信号继电器的内部接线图。

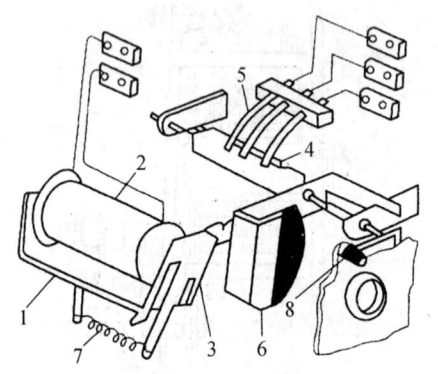

图 3-6　DX-11 系列信号继电器原理结构图

1—铁心；2—线圈；3—衔铁；4—可动触点；
5—静触点；6—信号掉牌；7—弹簧；8—复归把手

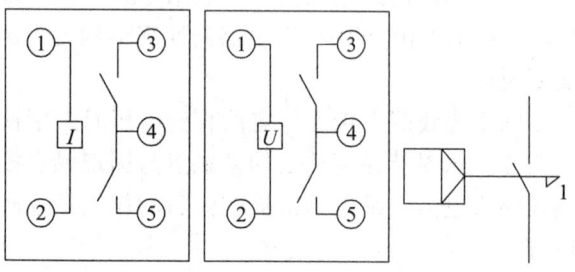

（a）电流型　　（b）电压型　　（c）图形符号

图 3-7　DX-11 系列信号继电器内部接线图

DX-31 型信号继电器的机械指示装置不是采用掉牌而是利用弹簧将指示装置弹出，复归时用手按下即可。DX-32 型信号继电器具有灯光信号，由电压线圈保持，电动复归，其原理结构如图 3-8 所示，内部接线图如图 3-9 所示。

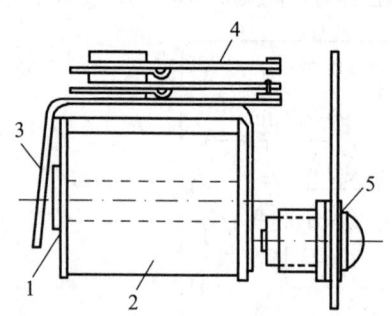

图 3-8　DX-32 系列信号继电器原理结构图

1—铁心；2—线圈；3—衔铁；4—可动接点；5—指示灯

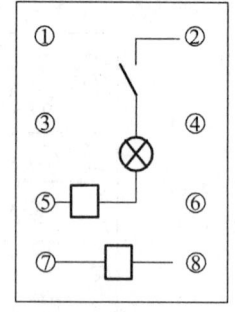

图 3-9　DX-32 系列信号继电器内部接线图

因为信号继电器有电流型和电压型两种形式，因此，其接线方式也有两种：电流型信号继电器应串联接入电路，电压型应并联接入电路，如图 3-10 所示。

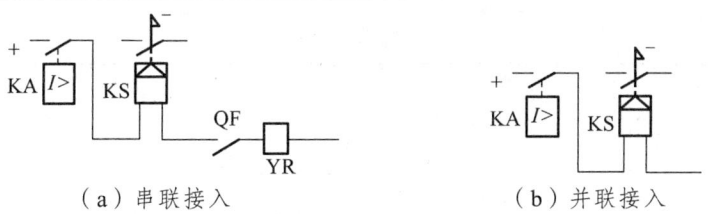

(a) 串联接入   (b) 并联接入

图 3-10 信号继电器的接线方式

六、常用继电器线圈、触点的图形

为了区别继电器线圈的形式和性能,通常在线圈符号内注有各种标记,如表 3-3 所示。

表 3-3 几种常用继电器线圈、触点的图形

线 圈 类		接 点 类	
名 称	图 形	名 称	图 形
线圈的一般形式		瞬时常开触点(动合接点)	
线圈的引出线位于图形的一侧		瞬时常闭触点(动断接点)	
当需指出继电器为双线圈时		先断后合的瞬时切换触点	
当需指出继电器为3线圈时		延时闭合的常开(动合)触点	
当需指出线圈为电流线圈时		延时断开的常闭(动断)触点	
当需指出线圈为电压线圈时		延时断开的常开(动合)触点	
缓吸线圈(延时闭合)		延时闭合的常闭(动断)触点	
缓放线圈(延时断开)		瞬时闭合的常开保持触点	
快速动作继电器线圈			
有机械保持接点的继电器线圈		压力触点重瓦斯触点	
极化继电器线圈		温度触点	

续表 3-3

线 圈 类		接 点 类	
名 称	图 形	名 称	图 形
功率方向继电器线圈	$P\rightarrow$	轻瓦斯触点	
自动重合闸继电器	$0\rightarrow$		
阻抗继电器线圈	Z		
差动继电器线圈	I_d		

第三节 变压器气体保护和差动保护

一、变压器气体保护

在变压器油箱内常见的故障有绕组匝间或层间绝缘破坏造成的短路，高压绕组对地绝缘破坏引起的单相接地。发生相间短路或单相接地故障时，故障点短路电流或接地电容电流造成电弧温度很高，使附近的变压器油及其他绝缘材料受热分解产生大量气体，并从油箱流向储油柜上部。发生绕组匝间或层间短路时，局部温度升高也会使油的体积膨胀，排除溶解在油内的空气，形成上升的气泡；箱壳出现严重渗漏时，油面会不断下降。

气体继电器具有反映油箱内油、气状态和运行情况的功能，用它构成的气体保护能反映油箱内的各种故障和不正常工作状态。因此，气体保护作为变压器的主保护之一，被广泛地应用于 800 kV·A 及以下的油浸式变压器上。

1. 气体继电器的构成和工作原理

气体继电器是一种反应气体压力大小的继电器，安装在油箱与储油柜之间连接管的中部。为了使油箱内的气体能顺利通过气体继电器而流向储油柜，在安装变压器时，要求其顶盖与水平面间有 1%~1.5%的坡度，使安装继电器的连接有 2%~4%的坡度，均朝储油柜方向向上倾斜，如图 3-11 所示。

目前国内采用的气体继电器有挡板式和开口杯挡板式两种结构。其中 QJ1-80 型气体继电器，用开口杯代替密封浮筒，克服了浮筒渗油的缺点；用干簧触点代替水银触点，提高了抗震性能，是较好的气体继电器。图 3-12 所示为 QJ1-80 型气体继电器的结构图。

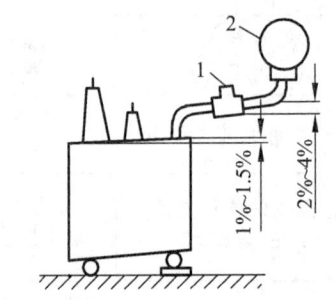

图 3-11 气体继电器的安装示意图

1—气体继电器；2—储油柜

第三章 轨道交通供电继电保护和微机保护

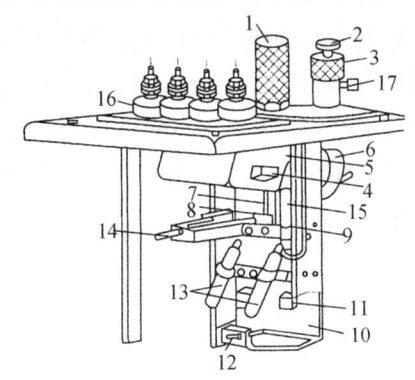

图 3-12 QJ-80 型瓦斯继电器结构图

1—罩；2—顶针；3—气塞；4、11—磁铁；5—开口杯；6—重锤；7—探针；8—开口销；9—弹簧；
10—挡板；12—螺杆；13、15—干簧接点；14—调节杆；16—套管；17—排气口

气体继电器的保护原理：

气体继电器正常运行时，继电器的开口杯内部充满了油，开口杯因其自重抵消浮力后的力矩而处在上浮位置，固定在开口杯旁的磁铁位于干簧触点的上方，干簧触点可靠断开，轻瓦斯保护不动作；挡板在弹簧的作用下处在正常位置，磁铁远离干簧触点，干簧触点也是断开的，重瓦斯保护也不动作。由于采取了两个干簧触点串联和用弹簧拉住挡板的措施，使重瓦斯保护具有良好的抗震性能。

当变压器内部发生轻微故障时，所产生的少量气体逐渐聚集在继电器的上部，使继电器内的油面缓慢下降，当油面降到低于开口杯时，开口杯自重加上杯内油重抵消浮力后的力矩将大于重锤自重抵消浮力后的力矩，使开口杯的位置随着油面下降，磁铁逐渐靠近干簧触点，当触点到一定程度时触点闭合，发出轻瓦斯动作的信号。

当变压器内部发生严重故障时，所产生的大量气体形成从变压器冲向储油柜的强烈气流，带油的气体直接冲击挡板，克服了弹簧的拉力，使挡板偏转，磁铁迅速靠近干簧触点，触点闭合（重瓦斯保护动作），启动保护出口继电器，使变压器各侧断路器跳闸。

2. 气体保护的接线

气体保护的原理接线图如图 3-13 所示。气体继电器 KG 的上触点由开口杯控制，闭合后发出延时动作信号。KG 的下触点由挡板控制，动作后经信号继电器 KS 启动出口继电器 KCO，使变压器各侧断路器跳闸。

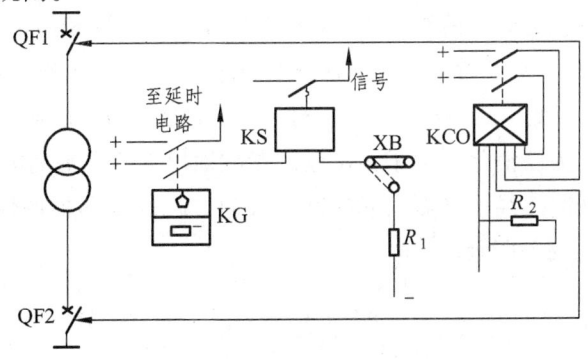

图 3-13 气体保护原理接线图

为防止变压器油箱内部严重故障时油速不稳定造成的重瓦斯触点时通时断而不能可靠跳闸的现象，KCO采用带自保持电流线圈的中间继电器。为防止气体保护在变压器换油或气体继电器实验时误动作，出口回路设有切换片XB；将XB倒向电阻R_1侧，可使重瓦斯保护改为只发信号。气体继电器动作后，在继电器上部的排气口收集气体，检查气体的化学成分和可燃性，从而判断出故障的原因。

二、变压器差动保护

1. 变压器纵联差动保护

（1）变压器纵联差动保护是利用比较变压器两侧电流的幅值和相位的原理构成的。

把变压器两侧的电流互感器按差接法接线，在正常运行或外部故障时，流入继电器的电流为两侧电流之差，其值接近为零，继电器不动作；在内部故障时，流入继电器的电流为两侧电流之和，其值为短路电流，继电器动作。

由此可见，变压器两侧电流互感器的接线正确与否，将直接影响到纵联差动保护动作的可靠性。将三相变压器联结组标号的概念及其测试方法引入两侧电流互感器的接线，可以在投运前有效地保证变压器纵联差动保护电流回路的接线正确。

图文中，A、B、C表示相别；d、y表示电流互感器二次侧接线形式；D、Y表示电流互感器一次侧接线形式；n_{L1}表示变压器一次侧的电流互感器的变比；n_{L2}表示变压器二次侧的电流互感器的变比；n_B表示变压器自身的变比。

（2）三相联结组与线圈同名端。

由于变压器的一、二次绕组被同一磁道所交链，故一、二次绕组的感应电动势有一定的极性关系，即当一次绕组的某一端瞬时电位为正时，二次绕组也必有一电位为正的对应端，这两个对应的同极性端点称为同名端。

（3）变压器纵联差动保护电流回路的接线特点。

在电力系统中，双绕组变压器通常采用Yd11的接线方式，如图3-14（a）所示，因此，两侧电流的相位不一致，d侧（就是二次侧电流互感器的D侧）电流比Y侧电流超前30°。按照纵联差动保护的构成原理，在正常运行或变压器外部故障的情况下，必须保证流入差动继电器的电流接近于零。为此，两侧CT（电流互感器）应采取相应的接线方式，变压器Y侧的CT采用Yd11接线，即滞后变压器一次侧150°；而变压器d侧的CT采用Yy12接线，即CT二次侧的电流超前变压器一次侧30°。对于Yd11接线的变压器，当两侧的CT采用上述接线方式后，即可认为已消除了由于相位差的影响而出现的不平衡电流。同时，也可以认为能够避免由于电流回路接线不当而引起的保护误动。Yd11变压器两侧CT的接线方式及向量关系如图3-14（b）、（c）所示。

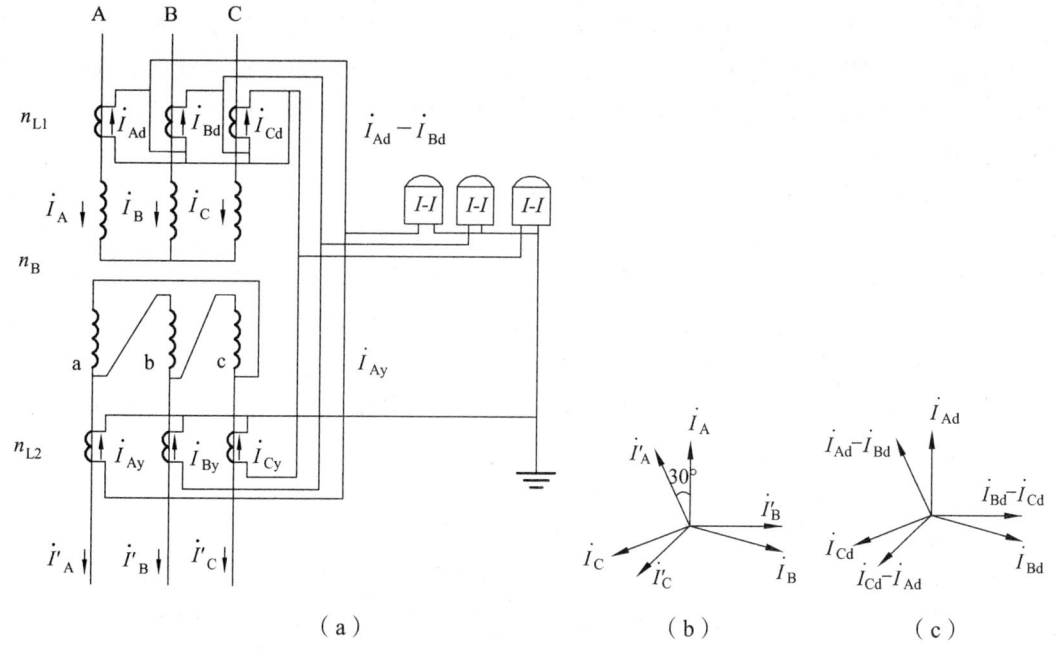

图 3-14　Yd11 变压器两侧 CT 的接线方式及相量关系

2. 主变压器差动保护

主变压器是电力系统中十分重要的设备,它的故障将给供电可靠性和系统的正常运行带来严重影响,特别是大型主变压器更是很贵重的设备。变压器内部的某些故障如匝间短路、铁心绝缘损坏等,虽然最初故障电流较小,但对于油浸式变压器,产生的电弧将引起变压器内部的绝缘油分解,产生可燃性气体,严重时引起喷油或爆炸。为避免主变压器事故的扩大,要求变压器内部发生故障时应迅速切断电源,使其退出运行。主变压器的过电流保护具有一定时限,动作不够迅速;变压器速断保护虽动作迅速,但动作电流整定较大,对于轻微的内部故障不能反映。而且在变压器内部,靠近二次侧出线处还存在"死区"(速断保护保护不到的地方)。因此规定,对于大容量的主变压器应装设电流差动保护。

(1) 电流差动保护的原理。

图 3-15 和图 3-16 分别表示变压器外部故障和变压器内部故障时的电流分布,其中,$\dot{I}_1$、$\dot{I}_{L1}$ 表示变压器一次侧安装的电流互感器的一、二次电流;$\dot{I}_2$、$\dot{I}_{L2}$ 表示变压器二次侧安装的

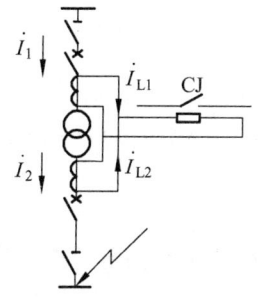

图 3-15　变压器外部故障

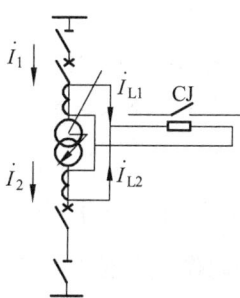

图 3-16　变压器内部故障

电流互感器一、二次电流。当变压器外部故障时,流入继电器的电流是变压器一、二次侧的两个电流之差。如果适当选择一、二次侧的电流互感器,使变压器流过穿越性电流时,在变压器的一、二次侧安装的电流互感器的二次侧出现几乎相等的电流,则流入继电器的电流接近于零,继电器不会动作。

在主变压器发生内部故障时,可能有两种情况:一种是变压器只有一侧加有电源,流入继电器的电流仅为 $\dot{I}_{L1}$,如果故障电流足够大,$\dot{I}_{L1}$ 足以使差动继电器动作;另一种是如果主变压器两侧都有电源,则就有两个电流 $\dot{I}_1$、$\dot{I}_2$ 流入变压器,这两个电流方向相反,但通过互感器后则为同方向流入差动继电器,即流入继电器的是两个电流相加,足以使继电器动作。

(2)电流差动保护的接线方式。

实际上大容量高电压的变压器通常按 Yd 接线,即高压侧接成星形、低压侧接成三角形。

(3)不平衡电流产生的原因和消除方法。

① 由变压器两侧电流相位不同而产生的不平衡电流。

② 由计算变比与实际变比不同而产生的不平衡电流。

CT 的变比是标准化的,如 600/5,800/5,1 000/5,1 200/5。$\dot{I}_j \neq 0$,因此,产生不平衡电流 $\dot{I}_{bp}$。消除方法是利用差动继电器的平衡线圈进行磁补偿,如图 3-17 所示。

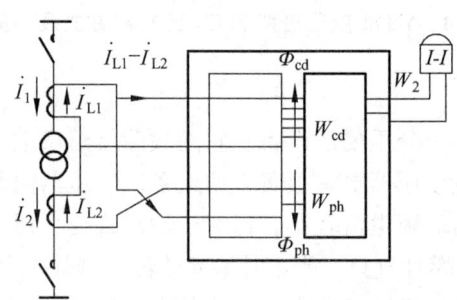

图 3-17 变比不同而产生的不平衡电流

3. 电流差动保护的灵敏度计算

电流差动保护的灵敏度计算公式为

$$K_{LM} = \frac{K_{JX} I_{D.ZX}}{I_{DZ.BH}} \geqslant 2$$

式中　K_{LM}——灵敏度;

　　　$I_{DZ.BH}$——差动保护的动作电流,A;

　　　K_{JX}——电流互感器接线系数;

　　　$I_{D.ZX}$——已折算到电流互感器二次侧的变压器二次侧最小短路电流,A。

4. 差动保护的运行注意事项

一是差动保护动作,主变压器跳闸后,应查明原因或进行内部检查,确保无异常时,方可送电。

二是停电工作中,若涉及差动回路,则其投运时应接信号,同时要对它进行多角度试验和测量不平衡电压值。在确保无异常时，方可投入使用。

第四节 几种常用的继电保护

一、限时过电流保护

系统中发生短路时，其特征之一就是线路中的电流剧增。过电流保护就是利用这一特征在电流增长到超过事先按最大负载电流整定的数值而引起动作的一种保护装置。

限时过电流保护的种类按时限特性可分为反时限过电流保护和定时限过电流保护。

① 反时限过电流保护。继电保护的动作时间与短路电流的大小有关，短路电流越大，动作时间越短；短路电流越小，动作时间越长，这种保护就叫做反时限过电流保护。

② 定时限过电流保护。继电保护的动作时间与短路电流的大小无关，时间是恒定的，时间是靠时间继电器的整定来获得的。时间继电器在一定范围内是连续可调的，这种保护方式就称为定时限过电流保护。

（1）电流的整定：过电流保护装置中的电流继电器动作电流的整定原则，是按照躲过被保护线路中可能出现的最大负荷电流来考虑的。也就是只有在被保护线路故障时才启动，而在最大负荷电流出现时不应动作。为此必须满足以下两个条件：

① 在正常情况下，出现最大负荷电流时（电动机的启动和自启动电流及用户负荷的突增和线路中出现的尖峰电流等）不应动作。即

$$I_{dz} > k_s I_{fh,max}$$

式中　I_{dz}——过电流保护继电器的一次动作电流；

　　　$I_{fh,max}$——最大负荷电流；

　　　k_s——电动机自启动系数。

② 保护装置在外部故障切除后应能可靠地返回。因为短路电流消失后，保护装置有可能出现最大负荷电流，为保证选择性，已动作的电流继电器在这时应当返回。因此，保护装置的一次返回电流 I_f 应大于最大负荷电流 $I_{fh,max}$。

（2）动作时限的整定原则：为使过电流保护具有一定的选择性，各相邻元件的过电流保护应具有不同的动作时间。在线路 X_{L-1}、X_{L-2}、X_{L-3} 的靠近电源端分别装有过电流保护装置 1、2、3，如图 3-18 所示。当 D_1 点发生短路时，短路电流由电源提供并流过保护装置 1、2、3，当短路电流大于它们的整定值时，各套保护装置均启动。但按选择性的要求，应只由保护装置 3（离故障点最近）动作于跳闸。在故障切除后，保护装置 1、2 返回。因此，就必须使保护装置 2 的动作时间较保护装置 1 长一些；而保护装置 3 又要比保护装置 2 长一些，并依此类推，即

$$t_1 > t_2 > t_3$$

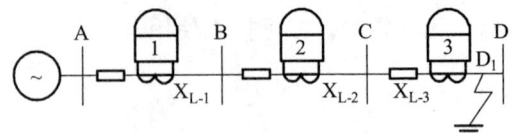

图 3-18 过电流保护配合
1—电流速断保护；2—略带时限的电流速断保护；3—定时限过电流保护

阶梯性时限特性：各级保护装置的动作时限是由末端向电源端逐级增大的。也就是说越靠近电源端，保护的动作时限越长，如阶梯一样，故称为阶梯性时限特性。

各级之间的时限均差一个固定的数值，称为时限级差。

对于定时限过电流保护的时限级差一般为 0.5 s；对于反时限的时限级差一般为 0.7 s。越靠近电源端，线路的阻抗越小，短路电流将越大，而保护的动作时间越长。

（3）过电流保护的保护范围：过电流保护可以保护设备的全部，也可以保护线路的全长，还可以作为下一级相邻线路穿越性故障的后备保护。

二、电流速断保护

电流速断保护是一种无时限或略带时限动作的电流保护。它能在最短的时间内迅速切除短路故障，减小故障持续时间，防止事故扩大。电流速断保护又分为瞬时电流速断保护和略带时限的电流速断保护两种。

电流速断保护简单可靠，完全依靠短路电流的大小来确定保护是否需要启动。它是按一定地点的短路电流来获得选择性动作，动作的选择性能够保证动作的灵敏性能够满足要求，整定调试准确、方便。

瞬时电流速断保护与过电流保护的区别在于它（瞬时电流速断保护）的动作电流值不是躲过最大负荷电流，而是必须大于保护范围外部短路时的最大短路电流，即按躲过被保护线路末端可能产生的三相最大短路电流来整定，从而使速断保护范围被限制在被保护线路的内部，从整定值上保证了选择性，因此，可以瞬时跳闸。

当在被保护线路外部发生短路时，它不会动作，所以不必考虑返回系数。由于只有当短路电流大于保护装置的动作电流时，保护装置才能动作，所以瞬时电流速断保护不能保护设备的全部，也不能保护线路的全长，而只能保护线路的一部分。

当线路故障时，瞬时电流速断保护动作，运行人员根据其保护范围较小这一特点，可以判断故障发生在线路首端，并且靠近保护安装处；如为双电源供电线路，则由两侧的瞬时电流速断保护同时动作或同时都不动作，来判断故障是否发生在线路的中间部分。

三、略带时限的电流速断保护

瞬时电流速断保护最大的优点是动作迅速，但只能保护线路的首端。而定时限过电流保护虽能保护线路的全长，但动作时限太长。因此，常用略带时限的电流速断保护来消除瞬时电流速断保护的"死区"，要求略带时限的电流速断保护能保护全线路。这样，当下一段线路始端发生短路时,保护也会启动。为了保证选择性的要求,须使其动作时限比下一段线路的瞬时电流速断保护大一个时限级差,其动作电流也要比下一段线路瞬时电流速断保护的动作电流大一些。略带时限的电流速断保护可作为被保护线路的主保护。

四、三段式过电流保护装置

一般情况下,为了对线路进行可靠而有效的保护,也常把瞬时电流速断保护(或略带时限的电流速断保护)和定时限过电流保护相配合构成两段式电流保护。

对于第一段电流保护,究竟采用瞬时电流速断保护,还是采用略带时限的电流速断保护,可由具体情况确定。如用在线路和变压器组接线,以采用瞬时电流速断保护为佳。也就是说,其保护范围可保护到线路全长并延伸到变压器高压侧。这时的电流保护可以作为主保护。第二段一般均采用定时限过电流保护作为后备保护,其保护范围含线路和变压器组的全部。

通常在被保护线路较短时,第一段电流保护均采用略带时限的电流速断保护作为主保护;第二段采用定时限过电流保护作为后备保护。采用三段式电流保护时,任何一段保护都作用于三相断路器。

五、零序电流保护

电力系统中,发电机或变压器的中性点运行方式有中性点不接地、中性点经消弧线圈接地和中性点直接接地三种方式。10 kV 系统采用的是中性点不接地的运行方式。系统运行正常时,三相是对称的,三相对地间均匀分布有电容。在相电压作用下,每相都有一个超前90°的电容电流流入地中。这三个电容电流数值相等,相位相差120°,其和为零,中性点电位为零。理论上对于三相对称系统,网络中任何一处的三倍零序电流满足:

$$3\dot{i}_0 = \dot{I}_A + \dot{I}_B + \dot{I}_C$$

当系统出现非全相运行或断路器三相触头不同时合闸时,零序电流就不为零,而在系统正常运行、过负荷、振荡和相间短路时,不会出现零序电流,保护不动作。

零序电流保护的元件有零序电流互感器(也可以用零序电流滤波器)和零序电流继电器。它们可安装在任何地方,一般对于架空线路采用零序电流滤波器;对于电缆则采用零序电流互感器。零序电流保护也分为无时限电流速断、带时限电流速断和零序过电流保护。

六、电流增量保护

1. 电流增量保护原理

保护装置不断地连续检测馈线电流及其电流变化率 di/dt,并将 di/dt 与设定值 E 和 F 比较,若 $di/dt>E$,则开始测量电流增量(ΔI)和时间(t):当 $\Delta I > \Delta I_{max}$ 设定值时,则经一段时间 $t_{\Delta I_{max}}$ 延时后,ΔI 保护出口并使开关跳闸;当 $t>T$ 设定值,且 $\Delta I > \Delta I_{min}$ 设定值时,则 di/dt 保护出口并使开关跳闸。如果在检测到 ΔI_{max} 设定值或 t 前,$di/dt<F$ 并保持 $t_{\Delta I_{max}}$ 时间,则测

量值 ΔI 和 t 归零，进行重新测量。

直流牵引供电系统模型可描述为一个多直流电流供电系统，当短路发生时，其等效回路为两个直流电源和电阻、电感的串联回路，如图 3-19 所示。

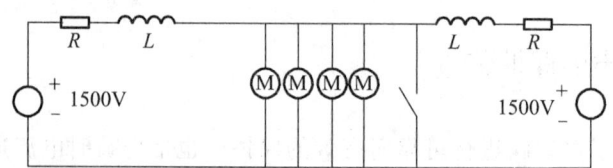

图 3-19 双边供电直流馈线保护分析的等效电路

R—线路等效电阻；L—线路等效电感；M—动车组异步交流电动机

根据电路原理，有

$$\frac{di}{dt} = \left(-\frac{1500}{R}\right)\left(-\frac{R}{L}\right)e^{-\frac{R}{L}t} = \frac{1500}{L}e^{-\frac{R}{L}t}$$

式中　L——回路的等效电感；

　　　R——系统的等效电阻。

2. 电流增量保护的整定

（1）E 和 F 的设定：斜率 E（单位为 kA/s 或 A/ms）为保护装置的起始门限，当 $di/dt > E$ 时，保护装置启动。短路情况下的初始斜率可由 $t=0$ 计算得出，为保证保护装置的可靠启动，$t=0$ 时的 di/dt 应大于 E。另外考虑到短路故障发生时已存在一牵引电流，也就是在 $t=0$ 时，$I > I_0$，I_0 是牵引电流，这样初始斜率将会小于在极端条件下（$t=0$ 时，$i=0$）计算出的值。因此，在通常情况下可将 E 设定为初始斜率，计算值为 $t=0$ 时的一半，来满足通常牵引负荷电流状况下保护检测的要求。

斜率 F（单位为 kA/s 或 A/ms）为保护装置的复位门限，当 $di/dt < F$ 时，保护装置复位，这一斜率值标志着短路故障的结束。F 值可适当降低以提高 DDL 保护精度，也就是说可更准确地辨识出发生在线路末端的短路故障。

（2）ΔI_{max} 和 $t_{\Delta I_{max}}$ 的设定：ΔI_{max} 这一参数值应在机车运行情况下对系统进行全面测试得出，通常建议此参数可在最大牵引电流和短路电流之间或短路情况下 E 和 F 值所对应的电流之间选取，但不应小于机车启动电流。

（3）T 和 ΔI_{min} 的设定：通常 T 值为 15 倍的短路时间常数或短路情况下 di/dt 值从 E 到 F 所经历时间的 80%。ΔI_{min} 的最大值应小于或等于线路末端短路电流或大于机车辅助电流。

七、过负荷保护

过负荷保护是为防止变压器因过负荷而造成异常运行装设的。对于三相系统而言，由于大多数情况下都是三相对称的，故过负荷保护只要接入一相电流，通过电流继电器就可以实现，并经过一定的延时作用于信号，告知值班人员。

通常配电线路、变压器等均设置过负荷保护。对于变压器而言，保护装置的动作电流应躲过变压器的额定电流。

需要注意的是过电流保护和过负荷保护是有显著区别的：一是整定动作值不同，二是动作时间不同。过负荷保护的定值比过电流保护的定值要低得多，但要大于正常负荷（通常选取一个系数），防止设备过负荷运行，而且为了躲过设备启动电流还要加入一定的延时，防止因瞬暂态造成过负荷保护误动。当某种原因使过电流保护拒动时，过负荷保护还可作为过电流保护的后备保护。当然二者之间的相同点都是以电流的变化作为动作与否的依据。

第五节 直流牵引供电系统的保护方式

直流牵引供电系统保护装置的主要功能是为了防止列车接触线上的短路和过负荷现象，保护算法和定值整定应躲过列车线路上的正常操作，如列车加速等所引起的电压、电流的波动值，这一点与交流保护装置有很大的区别。总的来说，直流保护装置应具有以下保护功能：最大电流 I_{max} 保护、电流上升值 ΔI 保护、电流变化率 di/dt 保护、定时限过电流保护、欠电压保护、电缆温度保护等。此外，直流保护装置也应具有交流微机保护测控的很多功能，如电压电流的测量显示、事件的存储、功率能量的测量及与后台机的通信功能等。

一、直流速断保护

直流速断保护即最大电流 I_{max} 保护，如图 3-20 所示，只要设置电流动作值 I_{max} 和动作延时时间 $t_{I_{max}}$ 即可，在一般情况下，$t_{I_{max}}$ 可设置为零，它的单位为 ms，可以以 0.1 ms 的分辨率进行调整，以达到快速跳闸的目的。

速断保护的动作条件是电流超过 I_{max} 且持续的时间超过 $t_{I_{max}}$。它是直流断路器本身自带的一种大电流脱扣保护。

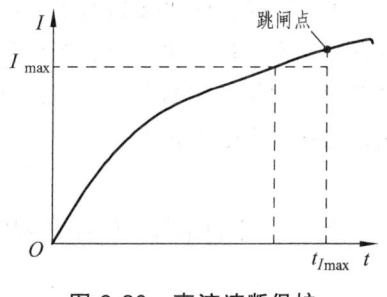

图 3-20 直流速断保护

二、电流上升值 ΔI 保护

当保护装置安装点附近发生短路故障时，装置检测到的电流上升率将会很大，因此，可利用电流的上升变化量 ΔI 作为判据，在短路电流未达到它的最大峰值以前判断出故障并跳闸，从而更加有效地保护整个供电系统和列车的安全运行。

电流步进变化值 ΔI 保护的有四个定值：ΔI、$t_{\Delta I}$、di/dt 和 $t_{di/dt}$，当电流上升率大于 di/dt 设定值时，保护算法开始计算 ΔI 的起始点，在到达 ΔI_{max} 期间，若电流上升率一直大于 di/dt 的设定值，那么经延时后，保护将发跳闸信号。

三、电流变化率 di/dt 保护

当短路故障发生在远离保护装置安装处时,装置检测到的短路电流将会很小,ΔI 保护将不再适用,针对这一现象,可采用 di/dt 保护算法。

电流变化率 di/dt 保护的原理较为直观,如图 3-21 所示,当电流变化率 di/dt 持续大于定值,经跳闸延时 $t_{di/dt}$ 后,保护将发跳闸命令。对于图 3-21 中的曲线①,在 A 点处 di/dt 大于定值,保护启动,经延时在 B 点处将发跳闸命令;曲线②是列车加速时的电流变化图,由于 di/dt 未超过定值,故保护不动作。

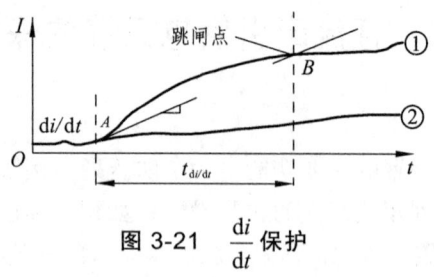

图 3-21　$\dfrac{di}{dt}$ 保护

四、定时限过电流保护(直流过电流保护)

当直流线路发生长时间的非正常的电流增大时,可以设置定时限过电流保护,它有两个定值:过电流定值 I 和过电流延时时间定值 t_I。

定时限过电流保护的原理与大电流脱扣保护类似,不同之处是动作值整定时 I 要小于 I_{max},而过电流延时 t_I 的单位是 s,远远大于 $t_{I_{max}}$。图 3-21 中曲线①为非正常的电流增大,在 A 点将会跳闸;曲线②为列车加速过程的电流变化曲线,通过定值 I 和 t_I 的整定,就可以躲过保护动作。逻辑关系是:当电流大于过电流定值 I,且持续的时间大于 t_I 时,则定时限过电流保护动作,切断电源。它的特点是可以保护整个线路,缺点是动作时间较长,可能会延误,造成故障范围扩大。

五、欠电压保护(直流欠电压保护)

当接触线的电压低于某一定值或者高于某一定值,经延时后电压仍未达到正常值时,保护装置要发出跳闸命令,这就是欠电压保护,其保护原理如图 3-22 所示。

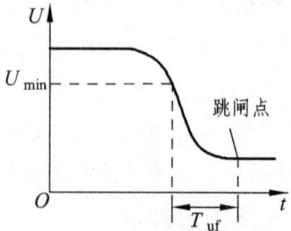

图 3-22　欠电压保护

当某段线路已从另一端受电时,如果整流器电压与馈线电压之间的电压差有引起大电流的危险,则断路器不能合闸。

测量接触网电压 U_f 和整流器电压 U_r,若 $U_r - U_f$ 小于设定值 ΔU_{r-f},断路器可以合闸;若 $U_r - U_f$ 大于设定值 ΔU_{r-f},合闸程序终止,并显示"闭锁"信号。检测远距离电源点的电压,如测量 U_f 小于设定值 U_{fLow},且时间大于设定值 T_{uf},则使开关跳闸,即线路电压已无法满足车辆的要求,必须停止运行。

直流欠电压保护一般作为电流变化率 di/dt 保护的后备保护。

六、热过载保护

当直流线路处于过载状态时,即使没有任何短路故障发生,接触线或进线电缆的温度也会上升,因此,可以通过检测电缆温度,设定温度上限发跳闸命令来完成此项保护功能。

需要说明的是,由于电缆温度不是直接从传感器测得的,而是从电流值、电缆物理参数及周围环境温度中计算得到的,因此,需要建立适当的电缆温度数学模型,并设定正确的系数,如电缆电阻率、电缆温度常数及周围温度参数等才能得到正确的结果。

此功能对断路器、供电线路(电缆、接触网)等提供热过载保护。因为长期大电流会使供电导体发热,从而可能导致接触网变软。热过载保护的主要原理是连续测量馈线电流,计算热载 E_t,E_t 为被保护装置的额定电流 I_N 和热时间常数 T 的函数。

保护设备设定的初始值 $E_{t0} = 0.98 E_B$,E_B 为设定的报警值。当断路器合闸后馈线电流过大,当达到 E_B 时发出警报。如果 E_t 继续上升,$E_t \geqslant 1.01 E_B$ 时,保护设备发出指令使开关跳闸,同时可发出"闭锁"信号,只有当 $E_t < E_B$ 时,断路器才能重新合闸。

热过载保护作为电流变化率 di/dt 保护的辅助保护。

第六节 城市轨道交通牵引供电系统继电保护的配置

一、继电保护及自动装置的设置原则

继电保护装置应满足可靠性、选择性、灵敏性和速动性要求;自动装置应满足供电安全、可靠和灵活运行要求。保护装置采用微机型综合保护测控一体化单元。

二、保护配置继电保护的配置方式

保护配置继电保护的配置方式与供电系统运行方式、电压等级、系统接地方式及供电系统故障率有直接关系。

保护配置继电保护的一般配置方式如下:
① 35 kV 环网电缆设置光缆纵联差动保护、过电流保护、零序电流保护;35 kV 母联开

关设置过电流保护、零序电流保护。

② 35 kV 母线设过电压、欠电压保护。

③ 牵引变压器设电流速断保护、过电流保护、零序电流保护、温度保护、过载保护。

④ 整流机组设置整流器二极管保护。

⑤ 主变压器设置了轻气体保护、重气体保护、零序保护、纵差保护；动力变压器设置电流速断保护、过电流保护、过载保护、温度保护。其中，差动保护和重气体保护为主变压器主保护，电压闭锁的过电流保护为其后备保护，零序过电流和零序电压保护为辅助保护。

⑥ 直流馈线设置大电流脱扣保护、双边联跳保护、di/dt 和 ΔI 保护、定时限过电流保护、欠电压保护、热过载保护。另外设置直流设备框架泄漏保护供全所直流设备共用。

三、自动装置的配置

① 交流供电分区间联络线断路器设置自动投入装置。

② 35 kV 母联开关设置自动投入装置。

③ 所间设置双边联跳保护。

④ 直流馈线设置带有判断故障性质的自动重合闸装置。

⑤ 交流自用电的两路电源设置自动投入装置。

⑥ 直流自用电的两路电源设置自动投入装置。

四、35 kV 交流系统保护配置分析

轨道交通工程采用集中供电时，中压系统采用 35 kV 电压等级供电，环网接线，开环运行。由于两相邻变电所间距较短，最长距离为 3.37 km，35 kV 环网各点的线路阻抗相差不大，致使环网上不同地点的短路电流值相差也很小。

如选择电流速断保护作为 35 kV 环网的主保护，则不能满足选择性要求；如采用距离保护，因为线路短，距离保护相对误差率很大；过电流保护虽然可通过上下时限的配合满足保护的选择性要求，但势必延长了故障切除时间，不能满足保护的速动性，影响供电可靠性并对供电设备的绝缘及寿命造成不利影响，故过电流保护只能作为后备保护。

采用线路纵联差动保护，当保护区域内电缆发生故障时，线路纵联差动保护能使故障区域内电缆两头的断路器瞬时跳闸，满足保护的选择性和速动性，提高了系统供电可靠性。因此，将线路纵联差动保护作为 35 kV 环网电缆相间及接地故障的主保护，过电流保护和零序电流保护作为相间及接地故障的后备保护可满足 35 kV 环网在各种运行方式下继电保护"可靠性、选择性、速动性和灵敏性"的要求。

五、直流系统保护配置分析

1. 直流系统保护配置应考虑的主要因素

各种保护之间的相互配合关系，保证在直流系统发生短路故障时能可靠地切除故障；保

证列车正常运行时不会误跳闸而影响列车运行,能够避免列车启动时启动电流的影响和列车过接触网分段时冲击电流的影响;考虑某些特殊故障形式下的保护,如接触网与架空地线、电缆支架、屏蔽门的短路等。

2. 开关柜保护的常见配置

馈线柜设置了大电流脱扣保护、电流上升率 di/dt 和电流增量 ΔI 保护、接触网热过载保护、双边联跳保护。此外还设置了具有在线检测功能的自动重合闸功能。进线柜设置了大电流脱扣保护和逆流保护。负极柜设置了框架保护。

3. 直流 1 500 V 馈线保护配置

直流 1 500 V 馈线的保护配置应保证直流供电系统正常及越区供电情况下接触网在近端、中部及远端发生短路故障时均能快速跳闸。不同的地铁牵引供电系统,直流牵引系统的保护配置可能不同,但保护的作用是相同的。

早期的直流供电系统采用直流 750 V 接触轨受电,且缺少性能优越的保护装置,一般仅设电流速断和过电流保护,由于短路电流相对较小,短路电流很难与牵引负荷电流区分开来,保护效果不理想,为此增加了直流双边联跳保护。

采用直流 1 500 V 架空接触网受电,在牵引变电所近端发生故障时,短路电流很大,电流速断和过电流保护可以切除故障;当故障发生在牵引变电所的中、远端时,短路电流相对变小,电流速断和过电流保护可能不会动作,采用反应故障电流上升率 di/dt 和电流增量 ΔI 的保护可以切除故障。

因此,在直流牵引供电系统中,配备大电流脱扣保护、di/dt 和 ΔI 保护、直流双边联跳保护和欠电压保护,能保证安全、可靠的供电要求。

直流牵引供电系统通过快速断路器来切除故障,快速断路器本身装有大电流脱扣,它对近端短路故障较灵敏。大电流脱扣保护利用磁脱扣原理,所以短路点距变电所越近,电流上升率越大,断路器的脱扣跳闸时间越短,即具有反时限特性。

直流快速断路器所具有的这些特性,能使断路器在接触网发生近端短路时快速跳闸。故选择直流快速断路器本体的大电流脱扣保护作为接触网近端短路的主保护。当直流短路电流上升率达到 5×10^6 A/s 时,直流快速断路器跳闸动作,动作时间仅有 3~4 ms。

为了保证直流供电的安全、可靠,直流馈线还可配置定时限过电流保护和欠电压保护,作为大电流脱扣、di/dt 和 ΔI 保护的后备保护。直流馈线还设置双边联跳保护,当某一端直流馈线开关保护动作时,通过直流双边联跳保护,可使对侧馈线断路器跳闸。

4. 直流馈线保护的配合和整定方法

供电臂上不同地点短路时,短路电流在 A、B 牵引变电所馈线上的分配及各种馈线保护配合如图 3-23 所示。由于各种保护相互配合,保证了接触网在近端、中部及远端发生短路故障时断路器均能快速跳闸。

(1) 大电流脱扣保护的整定方法。

大电流脱扣保护作为牵引变电所的近端保护,其整定值按直流馈线峰值电流设定,该值应躲过车辆启动电流的最大值。

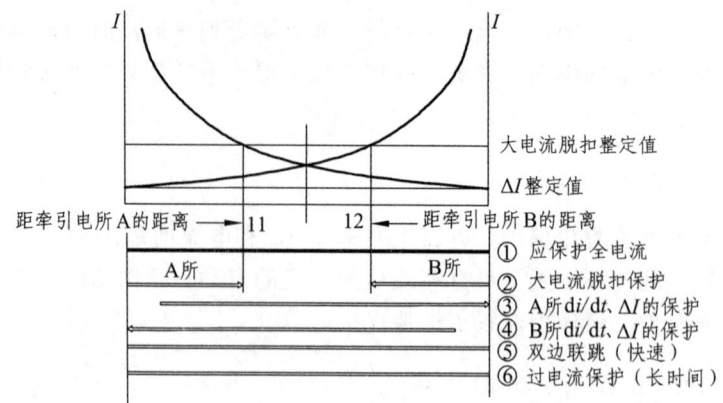

图 3-23 各种馈线保护配合图

（2）di/dt 和 ΔI 保护的整定方法。

di/dt 和 ΔI 保护是供电臂的中、远端短路的主保护。

该保护应设定 di/dt 保护的 E 值（启动值）、F 值（返回值）、ΔT 值（延迟时间）、ΔI 值以及 ΔI 保护的延迟时间 $t_{\Delta I}$ 值。di/dt 保护值应大于车辆电流的变化率并小于最小短路电流的变化率，由于车辆电流的最大变化率远远小于最小短路电流的变化率。因此，整定值选取范围较大。为了避免车辆启动时引起该保护的误动作，E 值选取 $t=0$ 时的 di/dt 值，而 F 值选取车辆启动电流的变化率。

（3）定时限过电流保护的整定方法。

定时限过电流保护是大电流脱扣保护、di/dt 和 ΔI 保护的后备保护。为了扩大保护范围，定时限过电流保护整定值应尽量小，但要躲开过载电流，一般按馈线最大负载计算；时间应大于上述两种保护的动作时间。

（4）欠电压保护的整定方法。

欠电压保护也是馈线的后备保护，其整定值应低于车辆受电回路欠电压保护的整定值，动作时间应考虑车辆启动时电压的下降时间、直流馈线主保护的跳闸时间。

六、接触网热过载保护

接触网热过载保护与接触网和馈线电缆长期允许温度、负载电流、环境温度、风速、接触网材料及使用条件密切相关。一般正线接触网采用刚性悬挂，其截面面积和耐热能力远远大于柔性悬挂导线，可不设热过载保护。在柔性悬挂接触网区段，当接触网长期通过大负载电流时，会使接触网导线发热变软甚至断线。一般柔性悬挂接触网仅限于车辆段及其出入线，负载电流较小，也可不设热过载保护。考虑到一般直流成套保护装置均带有热过载保护功能，但取消此功能不会减少设备的投资，故仍采用热负载保护。

七、逆流保护

正常时整流机组的电流是由交流侧流向直流侧，逆流是指电流由整流机组的直流侧流向交流侧。当整流机组具有逆变功能时，车辆的再生制动能量可以反送给系统，但由于普通的整流器逆变反送给系统的再生制动电能含有较大的谐波成分，电力系统不允许其返送，因此，目前国内城市轨道交通所使用的整流器都不具备逆变功能。目前，整流机组的逆流保护并不是真正意义上的逆流保护，它仅能保护整流器出线至进线开关间的短路，其保护范围被其他保护所覆盖，国内有些城市的地铁并未设置逆流保护。若进线开关采用电动隔离开关则不设逆流保护，若进线开关采用快速断路器则应设逆流保护。

八、双边联跳保护

对于采用双边供电的接触网，直流双边联跳保护是广泛使用的一种保护手段。当采用双边供电时，一个供电区内的接触网由两个变电所向动车组提供电源，当其中一个所的直流馈线断路器因为某些保护跳闸的同时，还会发出联跳指令，使同一个供电区供电的直流馈线断路器都跳闸。

双边联跳工作原理示意图如图 3-24 所示。

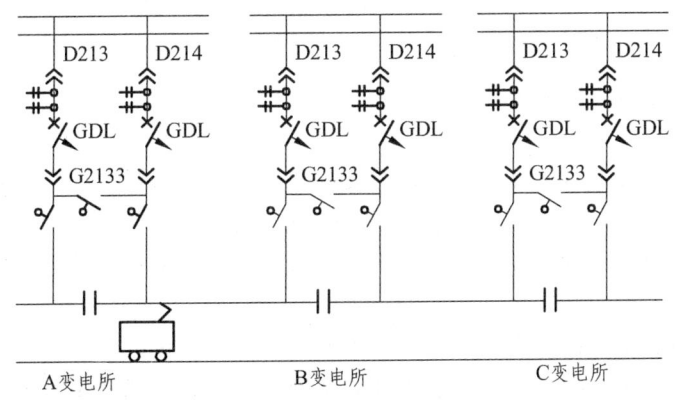

图 3-24 双边联跳工作原理示意图

双边联跳保护能切除故障电流特别小的远端短路故障，跳闸命令是由感知到较大近端短路故障电流的相邻站发出的。只要给一段接触网供电的两个牵引变电所中有一个正确跳闸，另一个也会立刻跳闸，因而可靠性很高。

双边联跳保护的原理如下：

图 3-24 显示了一条接触网的两段，左边一段由牵引变电所 A 和 B 供电，右边一段则由 B 和 C 供电。当短路点发生在靠近 A 变电所的位置时，A 变电所的大电流脱扣保护首先动作，而 B 变电所则由于短路电流小等因素，大电流脱扣和 di/dt 等保护均无法动作，位于 A 变电所的双边联跳保护则发出联跳命令，使 B 变电所的 D213 开关跳闸。这样就把整个故障区间切除了。如果此时 B 变电所已经退出运行，则 B 变电所越区隔离开关已经合上，双边联跳保护将根据 B 变电所 G2133 的位置判断，此时该区段由 C 变电所越区供电。那么 A 变电所通过电缆发出命令，让另一端的 C 变电所的 D213 开关跳闸。

目前，在我国双边联跳是采用电缆来实现的，这种方式简单、直观、可靠。随着光缆应用的普及及其低成本化和抗干扰能力强的优点，已逐渐开始采用光缆取代电缆实现联跳。

35 kV 电缆的差动保护采用光缆而双边联跳不采用光缆,是因为当牵引变电所采用大双边供电时,电缆联跳回路能够简单地随着大双边供电方式的切换而自动切换,光缆联跳回路也能够实现切换,但相对复杂一点。

九、直流过电流保护

直流过电流保护的动作时间较长,即有足够的时延,动作值小于大电流脱扣保护的整定值。当发生故障,而其故障电流并没有达到大电流脱扣保护的动作值时,此时大电流脱扣保护不动作。如果其他保护也没有可靠动作,那么,当整定时延到达时,直流断路器就会发生跳闸。

第七节 微机保护

一、微机继电保护的基本原理

微机继电保护系统是由计算机及配置的支持和外围部件所构成的一个实时控制系统。

计算机继电保护系统担负着分析电力系统中有关电量及其变化,判定电力系统中是否发生了短路故障的任务。也就是说,微机保护是指将计算机、微控制器等器件作为核心部件构成的继电保护。

微机继电保护装置与传统式继电保护装置的区别主要在比较环节上。前者是对数值进行运算和比较来判定短路故障,一般通过软件来实现;而后者是通过某种物理量(如力、力矩等)之间大小的比较来判定短路故障,主要靠硬件具体设备完成。因此,前者的可靠性更高,而后者对设备依赖性更高。

微机继电保护系统的工作原理体现在两个方面:一是当电力系统正常运行时,计算机建立与运行人员之间的联系,可作整定值修改、时钟校正、打印整定值或显示当前的运行量;二是当电力系统出现短路故障时,计算机立即中断当前的工作,转入执行事故分析处理程序(亦称中断服务程序)。由模拟量的转换通道完成对电流、电压模拟量故障信号的变换,再经采样和 A-D 转换器变成数字量信号送入计算机。计算机按预定的分析处理程序进行运算(执行保护算法),运算结果与整定值比较,判断是否发生了短路故障。为保证保护动作的正确性,还需要把断路器位置及其他辅助开关(如转换开关、连接片等)的状态由开关量输入通道送入计算机。最后由开关量输出通道送出断路器事故跳闸的命令。

二、微机继电保护的特点

微机继电保护系统与传统式继电保护装置相比较,具有如下特点:

（1）可实现多种功能。

微机继电保护系统除实现保护功能外，还可实现诸如测量、监视及人机对话等功能。它还可以和远动系统一起实现异地控制和监视，实现远方的操作和修改。它和打印机、显示设备等人机交互设备联机后，可以在系统发生故障时，提供许多可靠的信息。对于线路，还可以对故障点进行测定，有利于及时排除故障。同时也有利于提高生产效率，便于对工作人员的实际工作情况进行实时记录。

（2）可获得多种保护特性，且容易获得较复杂的保护特性。

对传统式继电保护装置，不同的保护特性需用不同的电气线路，即具有不可替代性。计算机继电保护装置是对某几种数学模型对应的软件（几种保护算法）进行编号来实现多种保护特性。简单保护特性与复杂保护特性的不同仅在于软件编号上，几乎不增加装置的复杂程度。

（3）微机保护装置的性能参数更稳定，运行中的整定调试工作量更少。

传统式继电保护装置由机械部件或电阻、电容、半导体元器件等构成。

机械部件在运行过程中的磨耗，电阻等元件的老化使参数发生变化等，都会对保护装置的性能参数（如动作特性、整定值、返回系数等）产生影响。严重时可引起保护装置的误动或拒动。

微机继电保护装置的动作特性及整定值等是由编制好的程序确定并保存下来的，只要能确保程序和数据不丢失，则保护装置的性能参数就不会变化。

另外，传统式继电保护装置，有较大的整定调试及检修工作量；而微机继电保护装置配有较完善的服务程序支持，其检调过程较简单。

（4）微机继电保护装置有较高的可靠性。

机电式继电保护装置一般不具备检查自身故障的能力；晶体管式继电保护装置配置巡检设备后，可检出设备故障并闭锁跳闸出口回路；计算机继电保护装置配置有功能较强的自检系统，能检出故障硬件，并给出报警信号，同时闭锁跳闸出口回路。

（5）具有自诊断功能。

（6）微机继电保护装置的缺点：微机继电保护装置受环境温度、湿度、电磁干扰等的影响较大，对使用者的操作和维护技术要求较高。

目前，微机保护已成为电力系统保护的主体。由于微机继电保护装置具备了多种功能和优良的性能指标，因此，微机继电保护装置将获得更广泛的应用。

三、微机保护装置的功能

微机保护装置具有继电保护的基本功能，还具有故障量的自动打印记录、装置的自检自纠及人机对话功能。

1. 继电保护功能

该功能的实现是将被保护设备的运行量电流和电压经输入信号处理系统转变为离散数字信号，经数字滤波、执行保护算法并经比较判断后，以决定是否提供跳闸命令和动作信号。

所有保护元件的动作特性、数字滤波、保护运算等均由软件实现。

2. 故障量的自动打印记录功能

微机保护装置除能提供跳闸命令和动作信号外，还能将故障参数及保护的动作情况（如短路故障发生的时间，何种保护元件动作，故障线路的编号，故障时的电流、电压值及短路电抗或故障点距离）由打印机记录下来，供故障分析处理用。

3. 装置的自检自纠功能

微机成套保护装置是一个比较复杂的系统，为了防止装置拒动和误动的发生，应能对装置硬件的完好性进行检测。装置的自检自纠功能一般由硬件与软件配合实现，能在装置运行中检测出装置内部器件，如 CPU、存储器、A-D、打印机接口等是否有故障。若检测到故障，首先闭锁保护出口，并经自检自纠电路给出报警信号，并由打印机打印自检结果。

4. 人机对话功能

通过装置配置的键盘和显示器可实现人机对话功能。通过键盘数字键和功能键的操作，可实现运行量的实时显示、整定值的输入、显示、修改及打印等。

四、微机保护装置的硬件结构

目前，微机保护装置均采用标准机箱、插拔式结构，以便于运行维护和提高装置的可靠性。这种结构是把整个硬件逻辑网络按照其功能和电路划分为若干部分，并把每个部分做在几块插件板上，插入机箱内相应的插座，再由各插座间的连线（电源线、控制线、数据及地址线）将各插件板构成整体并实现到端子排的连接。

微机保护装置作为一套实时监控系统，一般由下述插件构成：CPU 插件、人机对话辅助插件、数据采集系统插件、开关量（数字）输入输出系统插件、电源插件等。

微机保护框图如图 3-25 所示。

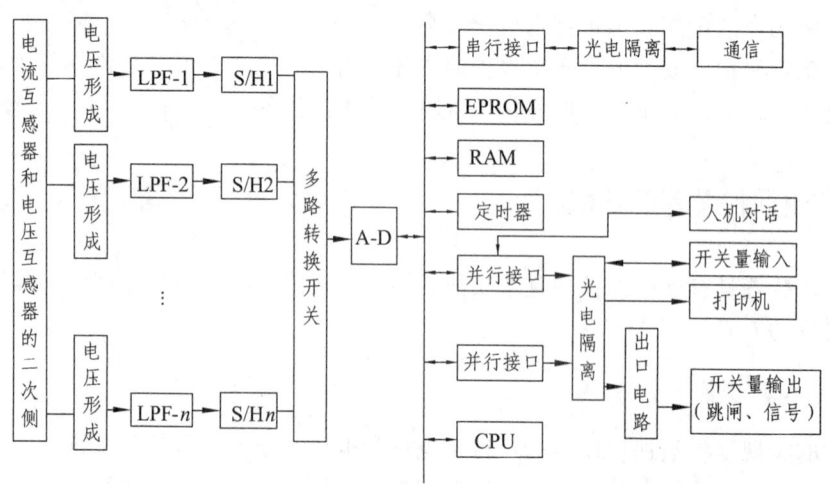

图 3-25　微机保护框图

1. CPU 插件

CPU 板插件是微机保护装置的核心部分，通过它控制各种功能软件由此控制整套硬件系统的工作。CPU 板由单片机、程序存储器 EPROM、定值及常数存储器 EEPROM、数据存储器 RAM、硬件自检自纠电路、开关量输入输出并行 I/O 接口及打印机、键盘、显示器接口等芯片构成。

（1）单片机。

在构成微机保护装置时，应根据处理速度和能力来选择机型，如程序存储器、数据存储器的存储空间，I/O 接口的数量，指令系统的功能。另外，还应考虑芯片的配套性、通用性、系统的可维护性及性价比等。

（2）程序存储器。

不同的单片机在程序存储器的设计上不尽相同。目前，使用较多的是片内没有程序存储器的单片机，使用时需要外加程序存储器。虽然增加了电路的复杂程度，但应用灵活方便，成本也比较低。程序存储器常采用 EPROM 芯片。

（3）定值存储器。

目前，定值存储器常采用 EEPROM 型电可擦可编程只读存储器。它可在单 – 5 V 电源下反复读写，无需特殊读写电路，写入成功后，即使断电也不会丢失数据。EEPROM 在设计时为了写入方便，都带有地址、数据锁存功能，当其得到一条有效写命令（由整定管理程序得到）之后，相应的地址与数据将会被锁存 5 ms 左右，保证在写周期所要求的约 300 μs 内不允许再有任何读写操作。另外，在微机保护装置正常运行时，也不允许有写操作，为此可设一写控制开关，运行中将开关置"禁止"位。

（4）数据存储器。

单片机内一般设有一定存储容量的数据存储 RAM。从提高运算速度上看，应优先选用片内 RAM 容量大的单片机。如片内容量不够，可考虑扩展片外数据存储器，但须注意单片机的寻址范围。片外数据存储器主要用于存放经 A-D 转换后的数字量和中间运算量。

2. 开关量输入、输出插件

在微机继电保护装置中，为了实现对开关（断路器、隔离开关等）的正确控制（正常的分合闸操作和保护跳闸），需要将各开关的位置状态送入 CPU。开关量输入接口的作用是暂存各开关的位置状态以便随时提供给 CPU，并通过该接口实现 CPU 与开关设备间的隔离。

（1）开关量输入接口一般采用可编程并行接口芯片，如 8255 芯片。该芯片具有多个输入口，由片选控制和读控制信号共同决定对芯片数据的读取，由地址线决定对某个端口的读操作（端口的选择由初始编程的端口地址决定）。各开关的位置状态信号是经过光电隔离后送入输入接口芯片的。由于采用了光电隔离，因此，开关动作时的振动干扰不易进入弱电系统。开关接点一般来自其分、合闸位置监视继电器的接点，其输出经缓冲器送至开关量输入接口芯片。

（2）数字量（开关量）输出接口属于开关量输出部件，如分、合闸操作继电器、信号继电器等用于开关的分、合闸操作及其信号继电器。由 CPU 送出的操作命令（数字量）也经过开关量输出接口芯片并由光电隔离电路作用于开关量输出部件。

3. 人机对话辅助插件

键盘和显示器用于实现人机对话功能。

键盘是由若干个按键（数字键及功能键）组成的开关矩阵。在微机保护装置中，常采用由软件识别按键闭合的非编码键盘。

非编码键盘只提供行和列的矩阵，其工作会靠软件安排。单片机对非编码键盘有三种控制方式：第一种是程序控制扫描方式，即只有当单片机空闲时，才调用键盘扫描子程序，响应键盘的输入请求；第二种是定时扫描方式，即每隔一定时间对键盘扫描一次，它是利用单片机内部定时器产生 10 ms 的定时中断，当 CPU 响应定时器溢出中断申请后，对键盘进行扫描；第三种是中断扫描方式，当有键闭合时，即发出中断申请，CPU 响应中断，执行中断服务程序，判别按键号并进行键处理。键盘上各命令键（功能键）均有其服务程序，当按下某键时，启动该服务程序，实现键控功能。

显示器一般使用六位 LED 八段显示器，可采用动态扫描显示。在微机保护装置中，键盘及显示器的扫描可合用一个驱动器及驱动器端口（如 8255A 端口），但键信息的输入和显示器的字型码的输出却经过不同的端口。

4. CPU 与外围器件的接口

在微机保护装置中，CPU 的外围器件包括 RAM（外部）、整定值存储器 EEPROM、键盘及显示器、开关量（数字量）输入输出部件、A-D 转换器等。

在微机保护装置中，由于外围器件较多，为实现 CPU 对外围器件的控制和信息交换，CPU 需要一定数量的端口。CPU 把由程序存储器得到的每一条操作指令进行译码，地址码的输出分别由地址译码器译码和地址锁存器锁存，其输出分别用于片选、端口选择和某个外围器件（其接口芯片）的寻址，每一个外围器件的接口芯片都有其确定的端口地址分配（由初始化编程决定）和寻址范围（如 ZK、1000H-17FFH）。CPU 的端口是双向的地址-数据输入/输出口。

需要注意的是：随着微电子技术的发展，计算机系统中可能包含多个计算机器件，如数字信号处理器（DSP）。

5. 数据采集系统插件

数据采集系统通常包括三种插件，即模拟输入变换插件、模拟低通滤波插件、采样及 A-D 转换插件。

（1）模拟输入变换插件。

模拟输入变换插件也称为交流量输入插件，其主要任务是将电流、电压互感器送来的 5 A、100 V 信号转换成适合 A-D 转换器的电压量，并担负着将弱电系统同强电系统隔离的任务。

它主要由辅助交流器、辅助变压器及变送器等组成。对不同的微机保护装置，由于被保护对象的数目及保护方式的不同，因此，模拟输入变换插件上有不同数目的输入通道，分别承担着对各路电流、电压量的输入变换任务。

（2）模拟低通滤波插件（LPF）。

在牵引供电系统微机保护装置中，一般采用无源低通滤波电路。实际使用中只要将低通滤波器按照所需通道数加以组合即可。

（3）采样及 A-D 转换插件。

该插件完成将模拟量转换成数字量的任务，它是在 CPU 及其软件和外围双稳触发电路的共同控制下，以一定的采样频率将各通道的模拟量逐一转换成数字量，并存入数据存储器中。采样及 A-D 转换插件由采样保持器 S/H、LPF 多路转换器、A-D 转换器、数据输出锁存器、通道地址锁存与译码器和外围控制电路等构成。

6. 电源插件

电源插件主要为各器件提供满足要求的高精度的电源，一般是直流电源，可以有多路输出。

【复习思考题】

1．继电保护装置的基本要求是什么？
2．继电保护是如何分类的？
3．如何理解三段式保护？一般由哪三段式构成？
4．定时限过电流保护和电流速断保护有何特点？瞬时电流速断保护和略带时限的电流速断保护有何区别？
5．过电流保护装置中的电流继电器动作电流的整定原则是什么？
6．计算机继电保护的特点是什么？
7．直流牵引供电系统的大电流 I_{max} 保护有何特点？
8．直流双边联跳保护是如何工作的？设置它的意义是什么？
9．零序电流保护是如何工作的？
10．城市轨道交通供电 35 kV 环网电缆配置了哪些保护？
11．城市轨道交通供电 35 kV 系统配置了哪些自动装置？
12．电流变化率 di/dt 和 ΔI 保护是如何工作的？各保护直流馈线的哪一部分？它们和直流开关是什么关系？
13．保护死区是如何形成的？通过什么方法可以消除保护死区？
14．如何正确理解主保护和后备保护？
15．如何正确理解近后备和远后备保护？
16．城市轨道交通供电直流馈线配置了哪些保护？
17．城市轨道交通供电系统主变压器配置了哪些保护？
18．城市轨道交通供电系统动力变压器配置了哪些保护？
19．城市轨道交通供电牵引变压器配置了哪些保护？

第四章　牵引变电所电气主接线

※教学目标※

1. 了解电气主接线的概念及其要求。
2. 掌握常用电气图形符号的表示方法。
3. 掌握常见的几种电气主接线的形式。
4. 掌握牵引变电所典型接线模式，能分析其运行方式。

※技能目标※

1. 熟悉并能辨识牵引变电所的主要电气设备，熟知其安装地点、工作特点、运行注意事项。
2. 掌握电气主接线的常见形式。
3. 能够编制倒闸作业程序。

第一节　电气主接线形式

根据实际需要，轨道交通供电系统可以设高压主变电所，由发电厂或区域变电所对其供电；经主变电所降压后，分别以不同的电压等级对牵引和降压变电所供电，这种供电方式称为集中式供电方式。

上海地铁 1 号线采用的就是这种供电方式，设置两个主变电所负责整个 1 号线的牵引动力负荷供电；在建中的地铁 2 号线、明珠线也采用集中式供电方式。在轨道交通供电系统中，也可以不设主变电所，由城市电网中区域变电所直接对轨道交通供电系统的牵引变电所或降压变电所供电，北京、天津地铁的有些线路就采用这种供电方式。

对于轨道交通直流牵引变电所主线的设计，除应满足本节对主接线的基本要求和原则外，还必须考虑以下几个方面：

① 因该类变电所一般设在地下（如上海地铁）或地面的城市闹市区街道两侧（轻轨系统），受环境条件和空间的制约及安全保障的需要，其特殊性不同于一般的变电所。

② 列车牵引、通信信号电源、站厅事故照明和必要的安全、环卫设施（通风、排水、防灾、消防和自动扶梯等）都属于一级负荷，它们对不间断供电的要求基本相同，因此，必须综合考虑，不可偏颇，此外，还有二、三级动力和照明负荷。这些负荷全部都由同一专用的

环形供电系统网络所属的直流牵引变电所、降压变电所（动力用电）和牵引降压混合变电所供电，各个变电所之间建有互联网络。

以上特点使牵引变电所电气主接线的结构和运行增加了复杂性；同时，为节约占地面积、节省昂贵的土建造价和满足防火、防灾需要，主接线变配电设备的选择也有其特殊性，应使用干式变压器和高效率的成套设备，这对主接线和配电装置的结构有直接影响。

变电所的电气主接线是指由变压器、断路器、电流互感器、电压互感器、母线、负荷开关、隔离开关等设备连接导线所组成的接受分配以及改变电能形式的电路。

变电所的电气主接线反映了变电所的基本结构和功能，能表明电能的输送和分配关系，表明电能的形式变化情况，决定了变电所一次设备的运行方式。

在设计中变电所电气主接线的选择，对变电所的设备配置、设备选择、继电保护、自动装置和控制方式都有重大的影响。同时，还对供电系统的可靠性、电能质量、安全性、灵活性和经济性起着决定的作用。

对电气主接线的基本要求：

（1）可靠性。

可靠性是指保证在各种运行方式下，对牵引负荷及其他动力负荷供电的连续性，即保证不间断供电。

牵引负荷是一级负荷，中断供电将造成重大的社会影响，对整个城市交通都会造成压力。因此，连续供电是对电气主接线的基本要求。不但如此，还要为用户提供符合要求的高质量的电能。除此之外，可靠性还体现在能够适应一定的环境变化，即要求在较恶劣的环境下，仍然能够正常工作。

（2）灵活性。

灵活性是指系统在故障或变电设备故障和检修时，能适应调度的要求，能够灵活、简便、迅速地改变运行方式，而且要使故障影响的范围最小。

这就要求主接线力求简捷、明了，操作简便，避免误操作。除此之外，灵活性还体现在具有一定的适应发展的可能性，即要有一定的预留。

（3）安全性。

电气主接线保证在进行操作时，工作人员和设备的安全以及能在安全的条件下进行维护和作业。当然也要保证进入变电所的非工作人员的安全。电气主接线的安全性是有等级的，首先保证工作人员的安全，这是最基本的要求。

（4）经济性。

电气主接线的经济性主要取决于以下几个方面：一是母线的结构类型与组数；二是变压器的容量、结构形式和数量；三是高压断路器的数量；四是配电结构类型；五是占地面积等。设计时要进行综合考虑，以达到电气主接线的投资和运行费用的经济、合理。在确定主接线时，一般都要在满足安全可靠、运行灵活的前提下，尽量降低投资和运行费用。

随着城市的发展，为了满足居民出行的需求，变电所的容量会增加，扩建改建的情况经常发生，因此，在进行主接线设计的时候，一定要有长远规划，为将来留下余地。对于城市轨道交通，由于它的特殊性，线路不宜扩建和更改，应和城市规划相一致，做到谋事在先。

变电所的变压器和馈线之间一般采用母线制连接。应用不同的母线连接方式，可实现在变压器较少的情况下，也能向多个用户供电，或者保证用户的馈线从不同的变压器获得。母线又称汇流排,在原理上它是一个电气接点,起着集中变压器电能的作用,也起着给用户分配电能的作用,所以若母线发生故障,将使所有的用户全部中断供电。因此,选择什么样的母线就显得特别重要。

第二节 常用的主接线形式

一、简单接线(双T接线)

(一)接线型式

简单接线(双T接线)如图4-1所示。牵引变电所有两路电源线WL1、WL2进线,分别经两个隔离开关QS1、QS5(或QS2、QS6),断路器QF1(或QF2)向主变压器T1(或T2)送电。

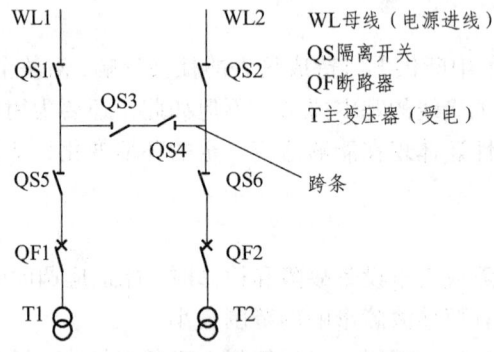

图4-1 简单接线双T接线图

断路器QF1和QF2起控制和保护作用;隔离开关QS1、QS2、QS5、QS6在各种运行状态时起隔离电压和倒闸变化运行方式的作用。

由于终端变电所中,两电源WL1、WL2间无系统功率穿越,为增加运行灵活性,增设了以隔离开关组成的跨条将两路电源连接。

(二)正常运行方式

直列供电是指跨条的隔离开关断开,由电源向线路直接连接的变压器供电。
例如:WL1向T1供电,或WL2向T2供电。
交叉供电是指电源线路通过跨条向另一电源线路连接的变压器供电。
例如:WL1向T2供电,WL2向T1供电。

(三)特 点

简单接线中,两路电源进线、两台变压器进线四条支路仅用两套断路器,元件少,主接线简单。由于电源线路仅为本所供电,故所内不设电源线路保护,二次接线装置也较简单,节省了投资。简单接线方式在牵引变电所得到广泛应用。

二、桥式接线

当牵引变电所为通过式变电所时,往往采用桥式接线。两回电源引入线分别经断路器接入两台主变压器,在两条电源引入线之间用带断路器的横向母线连接起来,这就是桥式接线。带断路器的横向母线称为连接桥。连接桥可以使系统功率穿越。

桥式接线分类:根据连接桥所处的位置不同,桥式接线分为内桥式和外桥式两种。

(一)内桥式接线

(1)内桥式接线,如图4-2(a)所示。

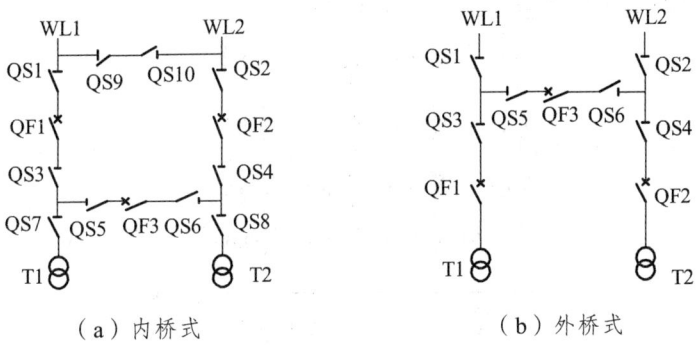

图 4-2 桥式接线

含断路器 QF3 的连接桥接在线路断路器内侧的桥式接线称为内桥式接线。

内桥式接线的构成:QS5、QS6 和 QF3。

正常运行时 QS5、QS6 和 QF3 均闭合,供系统功率穿越。在实用中为防止检修断路器时影响系统功率穿越,加设由两个隔离开关 QS9 和 QS10 组成的外跨条。

当检修断路器 QF3 时,先将 QS9 和 QS10 闭合,使 WLI 与 WL2 连通,再退出 QF3 进行检修。设置断路器两侧两个隔离开关的目的在于在检修时互为隔离电源所用。

(2)特点及适用范围。

从以上分析可以看出内桥式接线,电源线路投入退出较为方便,而变压器投入退出较为复杂,所以内桥式接线适用于电源线路故障几率大,牵引变压器不需要经常切换的牵引变电所。牵引变电所中,电源线路故障多于变压器故障,所以此类接线应用较广泛。

(二)外桥式接线

(1)外桥式接线如图4-2(b)所示。

含断路器 QF3 的连接桥接在线路断路器外侧的桥式接线称为外桥式接线。外桥式接线分别由隔离开关 QS3 与断路器 QF1(或 QS4 与 QF2)构成主变压器进线;用隔离开关 QS1(或

QS2）引入电源线路；QS5、QS6 和 QF3 构成连接桥。

（2）特点及适用范围。

从以上分析可以看出外桥式接线，电源线路退出投入复杂，变压器退出投入方便，所以外桥式适用于线路短而故障率低，变压器易发生故障的变电所。

三、单母线接线

当电源引入线较多，主变压器一般有两台，为了使主变压器获取电能具有任意性，几个电源之间便于能量汇集和分配，需要设置汇流母线，以提高供电的可靠性、灵活性和经济性。

（一）不分段的单母线接线（仅作了解）

电源回路和用电回路都通过断路器和隔离开关接到同一套汇流母线上的方式称为单母线接线，也称为不分段的单母线接线，如图 4-3 所示。

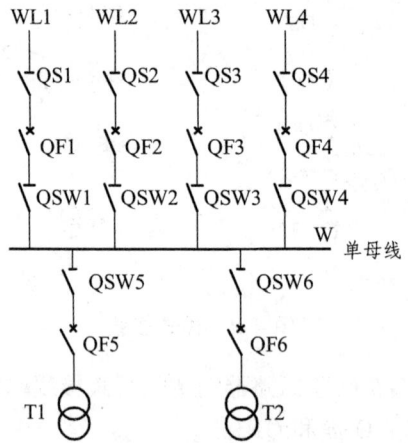

图 4-3 单母线接线

单母线接线的特点如下：

① 断路器的套数等于接入母线的回路数，没有备用。

② 结构简单、清晰，倒闸作业简单，经济性高，并具有一定的可靠性。

③ 每回路都有断路器起控制和保护作用。检修断路器时，可用两侧隔离开关将电源隔离，保证检修人员安全。

④ 各回路互相独立，互不影响。

⑤ 所有电源电能均汇集于母线，又从母线分配，汇集与分配均具有任意性。

这种接线方式的主要缺点如下：

① 回路隔离开关和断路器无备用，检修时，该回路停电时间较长。

② 母线或母线隔离开关故障检修时，造成全所停电，供电可靠性不高。

③ 由于以上原因，这种接线只能用于对可靠性要求不高的 3～35 kV 地区负荷供电，不能用于牵引变电所。

（二）分段的单母线接线

单母线分段接线：用分段断路器将母线分成两段或两个以上区段的单母线接线称为单母线分段接线，接线图如图 4-4 所示。

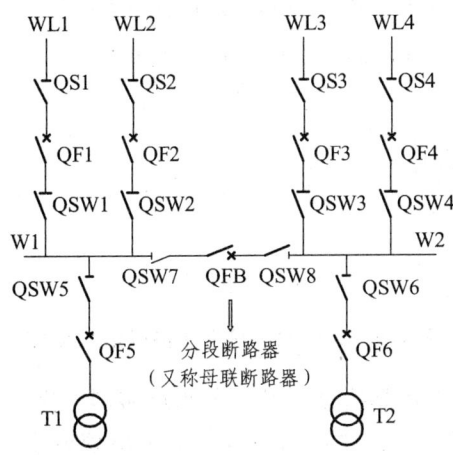

图 4-4　断路器分段的单母线接线

正常运行时，分段断路器（又称母联断路器）QFB 闭合，两段母线联通和单母线接线相同，具有单母线接线的所有优点；也有 QFB 断开，两侧分段运行，一侧失压，QFB 自投的运行方式。

当母线故障时，分段断路器 QFB 在继电保护装置的作用下，将故障段与正常段分开，保证非故障段母线继续运行，使停电范围缩小一半。当检修某母线隔离开关时，母线分段断路器 QFB 断开，使停电范围缩小一半。

分段式单母线接线，各段母线可轮换检修，供电可靠性有所提高，适用于功率不大的 3～35 kV 地区负荷和 110 kV 电源进线较少的变电所中。

分段的单母线接线特点：当将图 4-4 中分段断路器去掉，其余不变，这种接线称为隔离开关分段的单母线接线。这种接线在正常计划检修母线隔离开关时，通过倒闸作业可缩小一半停电范围。但在母线故障时，因隔离开关不能带负荷分断，故与不分段的单母线接线同样，会造成短时全所停电。通过倒闸作业之后，非故障母线才可恢复供电。故其供电可靠性不高，因而牵引变电所 110 kV 侧母线不采用隔离开关分段单母接线方式。

（三）单母线分段带旁路母线的接线

在分段的单母线接线旁边设置一套备用母线 WB，称为旁路母线，工作母线每段设一套旁路断路器 QFR 与旁路母线 WB 相连，每电源进线回路设一套旁路隔离开关与旁路母线相连，就构成了带旁路母线的单母线分段接线，如图 4-5 所示。

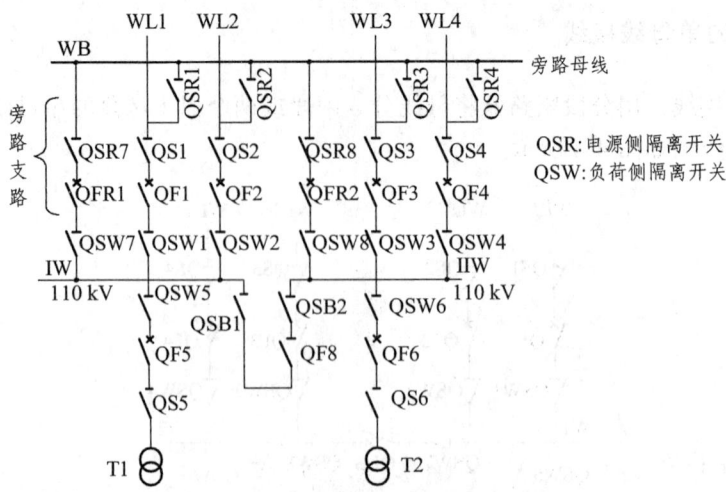

图 4-5 单母线分段带旁路母线的接线

特点：这种接线为线路断路器提供了公共备用断路器，使检修断路器时可不中断供电，它广泛地应用在牵引变电所中，线路断路器较多、负荷较重要、检修断路器不允许停电的场合。

由于增加了旁路断路器、旁路隔离开关，设备较多，投资较大，另外，倒闸作业较复杂，配电装置占地面积也大，经济性较差，但与提高牵引供电的可靠性和铁路的畅通相比，还是值得的。

（四）简化型带旁路母线的单母线分段接线

在实际中，母线隔离开关及线路断路器同时检修的可能性太小，所以完全可以将母线分段断路器与旁路断路器巧妙合并，这样大大降低了成本，提高了经济性。简化型带旁路母线的单母分段接线如图 4-6 所示。

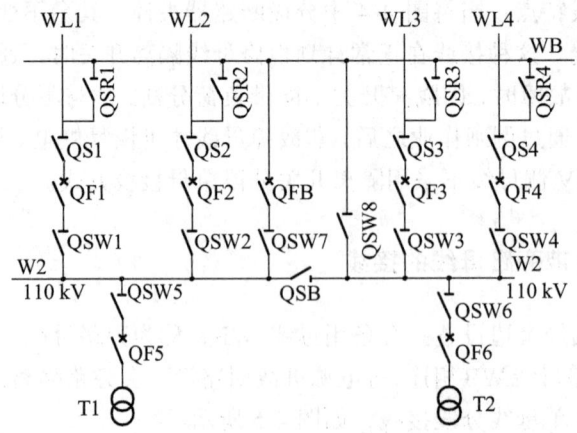

图 4-6 分段断路器兼作旁路断路器的单母线接线

正常运行时，各线路旁路隔离开关断开，QSB 断开，其余开关均闭合，此时接线属分段的单母线接线，隔离开关 QSW7、QSW8 与断路器 QFB 作为母线分段开关起作用。这种情况下，旁路母线是常带电的，这样我们可以随时发现旁路母线的隐患，防止潜伏故障的存在。

特点：这种接线经济性好，在中心式牵引变电所中应用；但倒闸作业复杂，在倒闸作业时一定要百倍小心，防止误操作酿成事故。

第三节　牵引变电所典型接线模式

牵引变电所整流机组设备容量选择应满足以下原则：

① 整流机组容量应满足正常运行方式下远期高峰小时牵引负荷的需要。

② 整流机组容量应满足相邻牵引所解列退出运行，越区向故障牵引所供电范围内接触网供电时远期高峰小时牵引负荷的需要。

③ 整流机组过负荷能力应满足 GB 10411—2005 和 IEC 146 对牵引负荷时整流机组负荷能力的规定。

④ 整流机组应满足工作环境的要求。

⑤ 其他直流设备选型主要包括正馈线、负回流线和接触导线的选择，正馈线、负回流线和接触导线截面面积应满足远期高峰小时任何运行方式牵引负荷的要求。

牵引变电所的功能是将城市电网区域变电所或地铁主变电所送来的 35 kV 电能经过降压和整流变成牵引所用的直流电能，其主接线包括高压交流(35 kV)受、配电系统和直流(0.75 ~ 1.5 kV)受、馈电系统两部分，整流机组（整流变压器—整流器组）则是作为交、直流系统变换的重要环节而设置的。

牵引变电所的容量和设置距离是根据牵引供电计算的结果，并作经济技术比较后确定的，一般设置在沿线若干车站及车辆段附近，变电所间隔一般为 2~4 km，牵引变电所按其所需总容量设置两套整流机组并列运行，沿线任一牵引变电所故障，由两侧相邻的牵引变电所承担其供电任务。

正常运行时，两套整流机组并联运行，接触网越区隔离开关打开，与相邻牵引变电所构成双边供电方式，共同向供电范围内的车辆供电。当该牵引变电所解列时，相邻的牵引变电所通过直流母线或接触网越区隔离开关恢复对该区段的供电，实现大双边供电。

一、独立牵引变电所典型接线模式

牵引变电所的典型主接线如图 4-7 所示。

两路 35 kV 进线电源来自城市电网区域变电所或地铁主变电所，正常运行时，两路进线电源分别向所连接的 35 kV 母线供电，母联断路器断开。当一路进线停电时，母联断路器合闸，由另一路进线向原供电区域内的负荷供电。

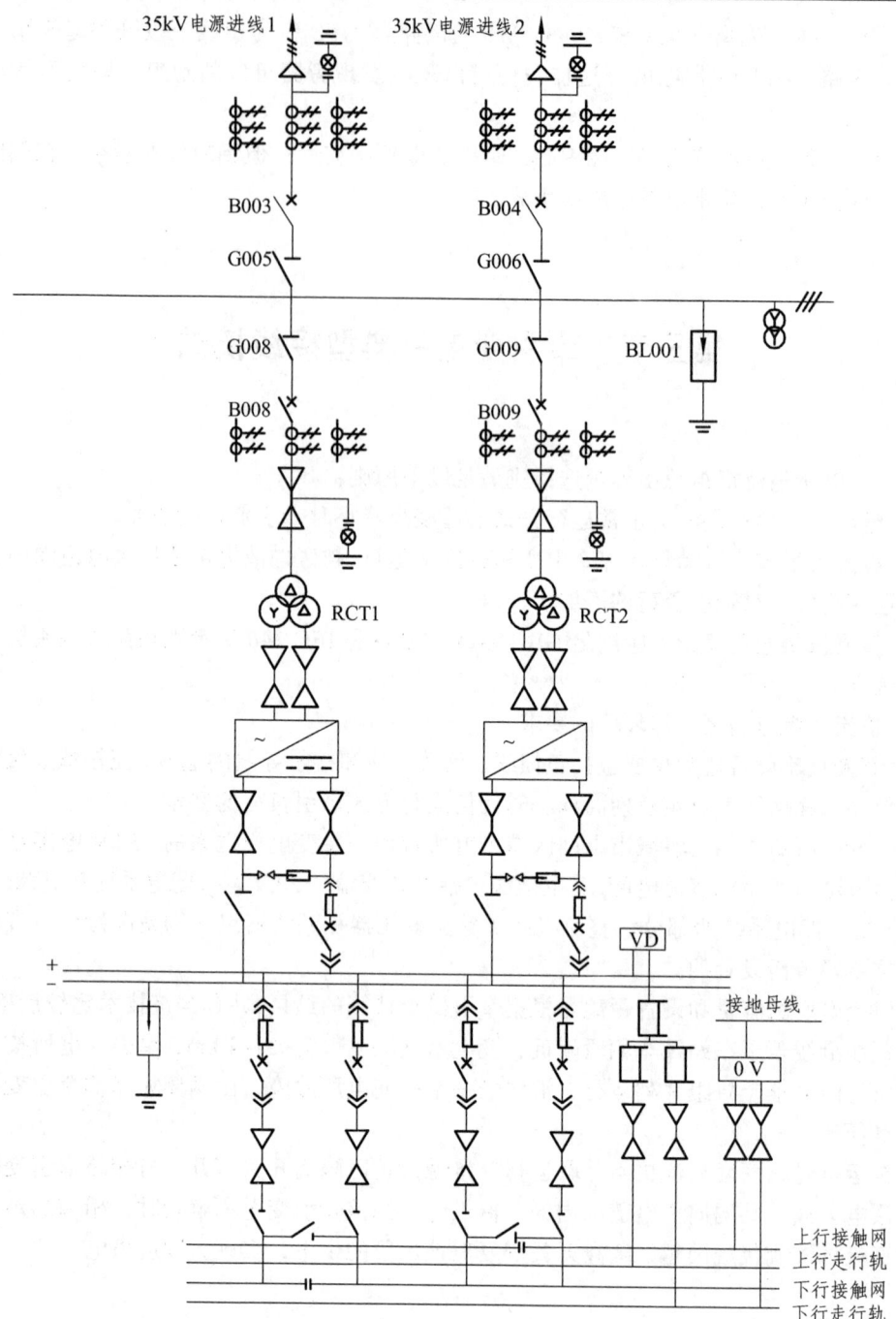

图 4-7 牵引变电所的典型主接线

两套整流机组均由相同的牵引降压变压器和整流器组成，它们的直流侧并联工作，为使并联时的直流电压相等且负荷分配均衡，35 kV 侧采用不分段单母线，牵引变压器一般采用三绕组变压器，两个二次绕组和整流器组成多相整流，整流器输出的直流电的正极（+）经直流高速空气断路器接到直流侧的正母线上，直流电的负极（-）经断路器接到负母线上，通过直流馈线将电能送到接触网，负母线通过断路器、回流线与走行轨相连，这样通过电动列车的受电器与接触网的接触滑行,就构成一个完整的直流牵引电动机受电回路。

直流母线采用单母线接线形式。正线牵引变电所采用四路馈线向牵引网双边供电。上行左右臂和下行左右臂之间都设电动隔离开关,以实现牵引变电所解列时,相邻牵引变电所的越区供电。直流1 500 V馈线开关采用直流快速断路器。直流1 500 V馈出线和接触线的供电电路如图4-8所示。

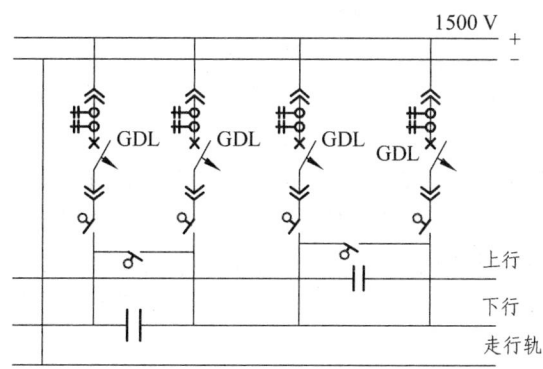

图 4-8 直流 1 500 V 馈出线和接触线的供电电路

当牵引所出现故障,无法正常供电时,实现大双边供电的方式有两种:一种是通过1 500 V母线;另一种是合上接触网越区隔离开关。

若通过1 500 V母线实现越区供电,恢复供电过程是在故障切除后,断开直流进线电动隔离开关(机组与母线通过隔离开关连接),再合上直流馈线开关。图4-8采用断路器,其实现方式是在故障切除后,接触网可立即恢复供电,恢复供电时间较短。

通过合接触网越区隔离开关实现越区供电,母线与机组接线方式对恢复供电过程没有影响,即都是按照下列顺序操作:故障切除后,跳开相邻所相应的直流馈线开关,合越区隔离开关,再合上相邻所相应的直流馈线开关。但是,当直流母线发生短路时,可以直接跳开直流进线断路器,切除故障时间短,而且可以和逆流保护配合使用。可见,当机组与母线通过隔离开关连接时,切除母线故障的时间比采用断路器所用的时间长。

二、牵引降压混合变电所典型接线模式

在满足技术要求的前提下,牵引降压混合变电所和降压变电所的主接线力求简单、清晰、便于管理。

牵引降压混合变电所的主接线由三部分组成:一是35 kV母线及电源进出线;二是直流牵引供电;三是动力变压器。

降压变电所的主接线由两部分组成:一是35 kV电源进出线;二是动力变压器。

根据环网接线方案和供电系统运行方式确定牵引降压混合变电所和降压变电所的 35 kV 母线和电源进出线的接线形式。

牵引降压混合变电所、降压变电所35 kV侧采用单母线分段接线方式,两段母线间通过母联断路器互联。每段母线设置一路进线,并根据环网接线的要求在部分变电所的每段35 kV母线设一路或多路出线,向相邻车站变电所供电。

每段 35 kV 母线各设一组电压互感器，用于母线电压测量和母线断路器检压自投。每段 35 kV 母线各设一组避雷器供过电压保护用。整流器正、负母线间及正母线对地间各设置一台避雷器起过电压保护用。

集中式供电方式的牵引降压混合变电所的典型主接线图见书后插页。

交流侧电源进线设有两回路互为备用的独立电源电缆线，其中一路进线由专用供电系统主变电所 A 的低压母线 N 段馈出；另一路电源进线则由该车站另一端设置的降压变电所高压母线引入，此高压母线的电源进线，是由主变电所 A（或 B）降压变压器的低压 N 段母线馈出（母线分段断路器处于断开运行），每路电源进线容量应满足车站两个变电所（牵引降压混合变电所和降压变电所）全部一、二级负荷的要求。

此外，高压母线的馈出线是相邻变电所电源进线所需要的。正常运行时，两路进线同时为两段母线连接的负荷供电，进线断路器均合闸，母线分段断路器（或电动刀开关）断开。当任一电源进线发生故障而断路时，则由自动装置动作使母线分段断路器合闸，全变电所负荷由另一电源进线供电。高压汇流母线采用断路器或电动刀开关分段，有利于母线维修和任一电源进线故障时电路转换的灵活性。

交流高压配电回路设有两台并联工作的整流机组，两台动力变压器分别连接于分段汇流母线的两段上，每台动力变压器容量应满足一、二级动力与照明负荷的需要。当整个供电系统环网只有一路电源时，允许将二、三级负荷部分或全部切除。高压断路器柜采用手车式真空断路器、金属全封闭开关柜。单纯的直流牵引变电所高压单母线可不必分段。

牵引降压混合变电所运行时，对于 35 kV 侧，正常运行时，两路进线电源分别向所连接的 35 kV 母线供电，母联断路器断开。当一路进线停电时，母联断路器合闸，由另一路进线向原供电区域内的负荷供电。对于直流牵引供电，正常运行时，两套整流机组并联运行，接触网越区隔离开关打开，与相邻牵引变电所构成双边供电方式，共同向供电范围内的车辆供电。当该牵引变电所解列时，相邻的牵引变电所通过直流母线或接触网越区隔离开关恢复对该区段的供电，实现"大双边"供电。

对于动力变压器，当正常运行时，牵引降压混合变电所或降压变电所及其跟随所的两台动力变压器分列运行，负责向其供电范围内的全部负荷供电。当一台动力变压器退出运行时，切除三级负荷，由另一台动力变压器负责向其供电范围内的全部一、二级负荷供电。

三、直流牵引供电系统运行方式

在牵引供电系统正常运行方式下，正线接触网由相邻牵引变电所双边供电，车辆段牵引变电所向车辆段接触网供电，停车场牵引变电所向停车场接触网供电。

一般情况下正线任一牵引变电所解列，由正线左右相邻牵引变电所"大双边"供电。

由于规划的原因，以及建设次序的问题，可能会造成一些牵引变电所单边供电。

对于任意牵引变电所解列，都可以得到邻近的牵引变电所的支持，实现不间断供电。

当牵引变电所一台整流机组故障时，另一台整流机组在初、近期负荷允许的情况下可以继续运行，但供电质量会有所下降。

第四节 低压变配电系统结构及其运行

一、低压变配电系统概述

1. 供电方案

城市快速轨道交通的每座车站均设置降压变电所，负责向动力、照明、信号、空调等设备供电；在设有牵引变电所的车站，一般情况下为减少占用空间，合建为牵引降压混合变电所。

车站、停车场、车辆段、控制中心等处的降压（跟随）变电所由就近 110 kV 主变电站提供两路 35 kV 电源。

2. 降压变电所

（1）根据负荷容量及土建布置方式在各车站、停车场、车辆段、控制中心分别设一座或多座双电源 35/0.4 kV 变电所向动力照明负荷供电。

（2）每座 35/0.4 kV 变电所内设两台 35/0.4 kV 变压器，正常时分列运行，任何一台变压器故障退出后，另一台变压器均能承担本所供电范围内所有一、二级负荷的供电任务。

（3）各变电所均按无人值守方式设计。

（4）根据车站、停车场、车辆段、控制中心的土建规模初步估算出降压变电所的数量及变压器容量。

3. 低压变配电系统

（1）负荷分类。

动力照明负荷按其用途和重要性分为三级：

① 一级负荷：通信系统、信号系统、自动售检票系统；电力监控系统、城市轨道交通综合监控系统、消防/楼宇自控系统；车站站台、站厅公共区照明；变电所自用电、事故及疏散指示照明、消防系统；兼作紧急疏散的自动扶梯、事故风机及风阀、排烟风机及风阀；防护门、屏蔽门、安全门、防淹门、废水泵、洞口雨水泵、区间主排水泵、露天出入口及敞开风口处的排水泵；区间电动阀、隧道风机、射流风机等负荷。其中应急照明、变电所操作电源、防灾报警系统、综合监控系统设备、通信系统设备、信号系统设备等为一级负荷中特别重要的负荷。

② 二级负荷：地上站台站厅、设备管理用房内照明、空调设备；普通自动扶梯、电梯、普通风机、污水泵、区间维修电源等负荷。

③ 三级负荷：广告照明、清扫机械、维修电源、生活用电等负荷。

（2）供电方式。

动力照明负荷的供电应遵循简单、可靠、便于运行维护的设计原则。根据不同建设施工负荷的分布特点，设置若干配电室，按不同分区划分供电回路，在满足计量及各功能要求的情况下，将动力及照明负荷分开配电，以满足动力照明负荷的供电需求，减少供电线路的铺设数量，降低工程造价。

一级负荷采用两路电源、两回路线路供电，在负荷处就近设自动电源切换装置进行电源切换。

二级负荷从降压变电所或环控电控室以单回线路供电方式至末端设备配电箱（柜），当供电变压器退出运行时，经母联装置投切后转由另一台变压器供电。

三级负荷采用一路电源供电，当供电变压器事故退出运行时，自动切除全部三级负荷。

根据设备容量，启动频繁的负荷一般采用直接启动方式，大型设备采用减压启动、变频或软启动的方式。动力设备根据需要采用就地、车站和中央控制方式，由设在车站综合控制室的楼宇自控系统实现对被控用电设备的远方控制与监视。

4. 配电原则

（1）通信系统（含外部通信、公安通信系统）、信号系统、自动售检票系统（AFC）、车控系统、导向标识系统、自动扶梯（电梯）、卷帘门、安全门或屏蔽门系统、区间动力及车站其他一级负荷（除通风空调系统）等用电设备从变电所 0.4 kV 低压柜直接馈出供电。其余分别在站厅层、站台层照明配电室内配电及控制。

（2）通风空调系统及设备：环控电控室低压开关柜一、二级负荷母线由变电所两段母线各引一路电源供电，两路电源自动切换，通风空调电控室低压开关柜三级负荷母线由变电所三级负荷母线提供一路电源。

送排风机（兼事故风机）、空调机组、送风机、回排风机、排风及排烟风机、表冷器、风阀等设备由一、二级负荷母线供电。

车站冷水机组等大负荷设备由变电所低压母线直接供电。

在地下站站台层或站厅层两端各设有一空调通风电控室（空调通风设备集中处），所有空调通风用电设备均由空调通风电控室供电。

地面站和高架站不设空调通风电控室。

（3）消防厂楼宇自控系统及设备：通风空调电控室内的消防厂楼宇自控控制柜由通风空调电控室低压开关柜一、二级负荷母线提供电源。

车站控制室内消防 F 楼宇自控系统电源箱由变电所内两段一、二级负荷母线提供两路电源，采用电涌保护。

（4）给水排水系统：消防泵、区间排水泵、废水泵、敞口雨水泵等一级负荷设备，由变电所两段一、二级负荷母线上分别引一路独立电源末端自动切换供电。其他由变电所一、二级负荷母线上引一路独立电源，在配电室内设动力配电箱，由专用回路供电。

5. 照明配电原则

照明分为工作照明、节电照明、应急照明、广告照明等。

（1）各层照明配电室负责本层的照明配电，车站两端照明配电室照明范围以车站中心为界，分别负责半个车站及车站两端半个区间的照明配电。照明电源均由变电所相应回路提供，采用两路电源交叉供电方式。插座均由单独回路供电，并设剩余电流保护开关。

车站公共区照明采用就地（照明配电室）及远程（车站控制室）控制。设备及管理用房照明采用配电室及就地控制。区间照明采用配电室控制。

（2）照明配电采用放射式和树干式供电相结合的方式，采用 TN-S 接地形式。

（3）站台板下的电缆通道内及变电所电缆夹层均设安全照明，安全照明电源采用交流 24 V。

（4）广告照明采用专用回路供电，并采用单独计量。

（5）应急照明：地下站在配电室设 EPS，在两路交流电源都失压时，由 EPS 蓄电池组提供直流电源经逆变后向应急照明提供 380/220 V 交流电源。EPS 蓄电池组在正常情况下处于浮充状态，电源容量保证事故时连续供电时间不低于 60 min。

6. 区间动力照明配电原则

（1）区间动力照明设计范围为本车站与相邻两车站间各半个区间。

（2）区间隧道内均设有维修动力插座箱及工作照明和应急照明。

（3）维修动力插座箱电源均由变电所直接供电，由变电所控制。区间维修用电每隔 100 m 设一动力插座箱，容量为 15 kW，每路仅考虑一组使用，插座箱设总剩余电流保护开关，插座箱应密封防雨淋，防护等级为 IP65。

（4）区间分工作照明和应急照明，两种照明相间布置。

二、降压变电所

城市轨道交通降压变电所是为车站与线路区间的动力、照明负荷和通信信号电源供电而设置的，可与直流牵引变电所合并，形成牵引降压变电所。降压变电所的典型接线有以下四种方式：一是设置独立的 35/0.4 kV 降压变电所；二是设置与牵引变电所一体化的 35/0.4 kV 降压变电所；三是设置独立的 10/0.4 kV 变电所；四是设置源于城市电网的 10/0.4 kV 降压变电所。

降压变电所多数是单独设置的，其主接线的特点和基本要求如下：

（1）降压变电所对供电电源的要求，应按一级负荷考虑，有环形电网或两路电源供电，进线电压侧采用单母线分段接线。

一般设有两台低压配电变压器，每台变压器应满足一、二级负荷所需的容量。

正常情况下，两变压器分别供电。动力、照明的一级负荷包括排烟事故风机、通信信号、防灾报警系统、售检票系统、防淹门等。这类负荷如中断供电，将导致地下车站及其通信信号设备不能工作，引起列车运行秩序混乱，并在发生事故时不能报警和消防。二级负荷包括车站、线路区间和作业场所的工作照明，地下车站风机、排水排污泵、自动扶梯、人防工程等，这类负荷一旦断电，将对正常运营造成困难。除上述一、二级负荷以外，还有维修、清扫机械、空调等动力和其他照明，为三级负荷。

（2）低压配电系统采用 380/220 V 电压、中性点直接接地的三相四线制。

配电母线为单母线断路器分段，动力变压器低压侧通过断路器与每段母线连接，动力与照明的一、二级负荷应由两路低压电源供电，且前者应为专用电缆。此外，设有联络电缆与相邻变电所的低压电源连接，作为事故备用电源，也可将设备用发电机组、蓄电池组作为事故备用电源，如图4-9所示。其中事故电源母线的设计，应保证在本降压变电所全部停电时，由相邻变电所的电源或自备发电机等自动投入，为车站和区间的事故照明供电。

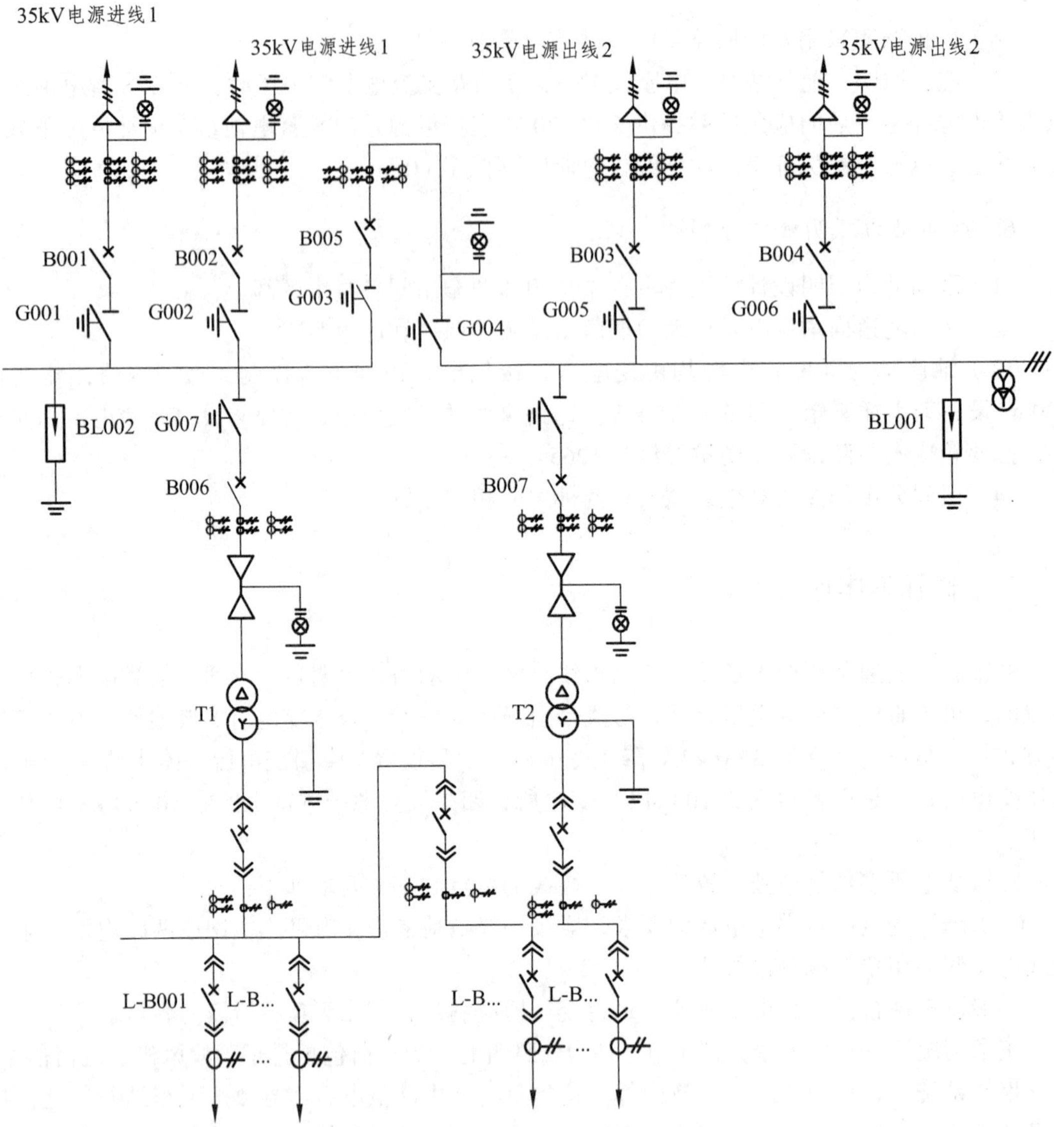

图 4-9 低压配电系统示意图

【复习思考题】

1. 什么是变电所的电气主接线？
2. 变电所的电气主接线应满足哪些基本要求？

3．常用的主接线形式有哪些？
4．电气一次设备的作用及范围是什么？
5．电气二次设备的作用是什么？有几类？
6．在桥形接线中，内桥接线和外桥接线各适用什么场合？
7．什么是倒闸操作？

第五章　远动系统

※教学目标※

1. 了解远动系统的基本任务、基本结构、性能指标。
2. 了解远动系统的功能。
3. 了解远动系统的硬件结构。
4. 了解远动系统的软件。

※技能目标※

能够运用远动系统进行监控与操作。

第一节　概　　述

一、远动系统的基本任务

随着电力系统及轨道交通电气化技术的日益广泛应用，对电力系统及轨道交通电气化系统供电质量提出了越来越高的要求。电站、各种类型的变电所均向无人值班方向发展。由于电能对国民经济的影响随着现代化程度的提高更趋重要，因而，为了统筹全局，提高供电质量，防范事故出现及发生事故后迅速进行应急处理，使其对国民经济带来的损失尽可能少，以远动技术为基础的电力调度系统及变电所综合自动化系统得到了广泛的应用。

远动系统有各种种类和形式，它们均具有远距离的人（或机器）和机器交换信息的功能。

为了保证供电系统运行的可靠性和经济性，电力调度所必须及时掌握被控站、所的实际运行情况，如断路器状态、事故及故障信号以及电压、电流、功率等运行参数。同时，可对各站、所进行必要的遥控以完成实时控制的任务。

为了完成变电所与调度所之间远距离信息的实时自动传输，必须应用远动技术和采用远动装置。

远动技术：调度所与各被控端之间实现遥控、遥测、遥信和遥调技术的总和。

（1）遥控（YK）：是指从调度所发出命令以实现远方操作和切换。通常只有两种状态指令，如开关的"分""合"，电机的"启动""停止"，闸门的"开启""关闭"等指令。

（2）遥调（YT）：是指调度所直接对被控站某些设备的工作状态和参数的调整，如调节变电所的母线电压值。

(3) 遥测 (YC): 是指将被控站的运行参数如功率、电压、电流、电度、温度等参数,传输给调度端。

(4) 遥信 (YX): 是指将被控站设备的状态,如断路器的位置信号、报警信号等,传输给调度端。

远动的主要任务是集中监视和集中控制。正常情况下实现合理的运行管理,以提高经济效益。事故情况下,可及时了解事故性质和范围,加快事故处理,使事故损失尽可能减少。同时,可使变电所实现少人化和无人化,提高供电质量,改善运行人员劳动条件,提高劳动效率,减少运行费用,即达到安全、经济、高效生产的目的。

二、远动系统的基本结构

远动系统包括三个部分:命令的产生、传送与接收。

远动系统的发送端设备即命令的产生部分,接收端设备即命令的接收部分,而命令的传送部分则称为远动系统的信道。

由于距离较远,加上通道的存在,因此,远动系统易受外界的干扰,因此,要采取一系列的措施来保证系统的正常运行。远动系统的原理框图如图 5-1 所示。

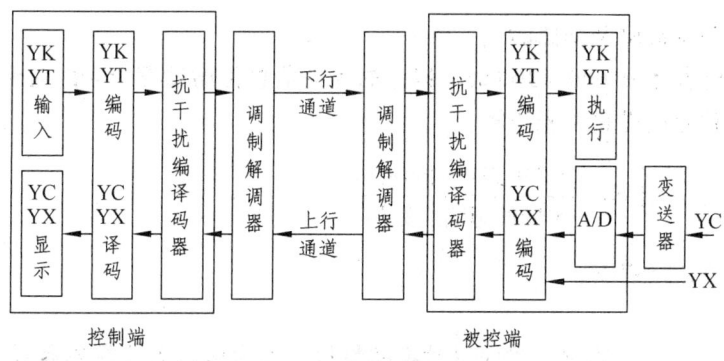

图 5-1 远动系统原理框图

调度端(发送端)为控制端,各变电站(所)称为接收端或被控端。

设在调度所的控制端要将遥控、遥调命令送到执行端去执行,此命令经编码成为串行的数据。而在远动系统中传送的信号,在传输过程中会受到各种干扰的影响,可能使信号发生差错,为提高传输的可靠性,对遥控、遥调的数字信号要进行抗干扰编码,以减少由于干扰而引起的差错。由于脉冲信号在传输中会引起很大的衰减或变形,因而需经调制器把数字信号变成正弦信号传输。接收端把正弦信号还原成数字信号,再由抗干扰译码器进行检错或纠错,如检查出信号由于干扰而发生错码则拒绝执行,正确时则按遥控、遥调命令分别执行。

对于遥测及遥信信号,其方向与遥控、遥调相反,但过程类似,调度端对接收到的遥测、遥信信号进行检错,对的则送至显示与记录,如有错则放弃不用。

远动技术的传送方式分为两大类,即循环方式(称 CDT 方式)和查询方式(称 Polling 方式)。循环传送方式是以被控端的远动装置为主,周期性地采集数据,并且周期性地以循环方式向调度端发送数据,当有遥控或遥调命令时,则由控制端向被控端发送信息。

查询传送方式是以调度端为主,由调度端发出查询命令,被控端按发出来的命令工作,被查询站向调度端发出数据或状态信号,或接收调度端发来的命令进行遥控或遥调操作。

三、远动系统的性能指标

对任何远动系统,均以远动系统性能指标来衡量其优劣或作为设计、选型的要求。性能指标主要有以下几点:

(1)可靠性。

可靠性是指设备在技术要求所规定的工作条件下,能够保证所规定的技术要求的能力。

远动系统往往要求无人监视,并且应用在供电系统等重要的生产部门,因此,对于远动装置有很高的可靠性要求。

可靠性分为装置本身的可靠性及信息传输的可靠性两个方面,单体设备的可靠性一般用平均故障间隔时间(MTBF),即两次偶然故障间隔时间来表示,系统可靠性通常用"可用率"来表示。即

$$系统可用率 = \frac{运行时间}{运行时间 + 停用时间} \times 100\%$$

式中,停用时间包括故障及维修时间。

MTBF一般要求在 10 000 ~ 30 000 h 以上的远动信息传输过程中会因为干扰而出现差错,传输可靠性是用信息的差错率来表示:

$$差错率 = \frac{信号出现差错的数量}{传输信息的总数量}$$

差错率通常要求在 10^{-8} 以下。

(2)容量。

通常把遥控、遥调、遥测、遥信等对象的数量,称为该远动装置的容量。如某一远动装置,具体配置如下:

Dl(遥信)1 024 点;

Al(遥测)256 个量;

DO(遥控)512 点;

AO(遥调)128 个量。

(3)功能:除了四遥作用外,还有数据记录、信息转发、自动调节等功能。

(4)实时性:实时,即及时的意思,要求显示、记录、控制等功能均要在规定时间内完成。实时性常用"传输时延"来衡量,它是指从发送端事件发生到接收端正确地收到该事件信息这一段时间的间隔。

例如:电力系统典型最大容许时延,在正常情况下遥测遥信为 2 ~ 10 s;在状态变化(如开关跳闸)时为 0.5 ~ 5 s;在传送遥控、遥调等命令时为 0.1 ~ 2 s。

(5)抗干扰能力。

在有干扰的情况下，远动系统仍能保证技术指标的能力称为远动系统的抗干扰能力。

增加抗干扰能力的方法大致有两种：其一是在信道输入端适当变换信号形成，使其不易受干扰的影响；其二是在接收端变换环节的硬件结构上加以改善，使其具有消除干扰的滤波能力。

（6）精度：输入或输出量的精度亦是远动系统的重要指标。

一般模拟量输入精度为 0.2%～0.5%，模拟量输出精度为 0.5%，即可满足监测与控制要求。

此外对于重要的遥信信号，如断路器分闸，事故信号等还有事件分辨率（SOE）的要求，一般要求 1～5 ms。

（7）安全性。

① 设备安全：一般要求硬件有冗余结构，且能自诊断，因此，往往采用双机系统且互为热备用；要求主机的 CPU 负载率不大于 60%。对软件尽可能固化，且有自恢复功能。

② 控制安全：对断路器、隔离开关、主变的调压等遥控操作，除了需输入操作员密码外，还需考虑各种闭锁条件。

③ 通信安全。

a. 要求系统对通信中的干扰有屏蔽功能，有相当的检错或纠错能力。

b. 上位机与下位机通信即使中断，下位机的自动控制功能依然可保持执行，从而使生产不至于中断。

（8）可维护性及可扩容性。

① 硬件模块化结构，便于检查与更换。

② 软件也为模块化，且配备自诊断和故障检测程序。

③ 由于变电所存在增加输入、输出线路的可能性，因此，要求远动系统具有可扩容性，即便于增加四遥容量。

④ 随着电力系统的发展，调度系统的完备，变电所与各级调度所均要进行通信联系，因此，必须具备相应的通信接口。

⑤ 随着对变电站有综合自动化的要求，希望继电保护信息能进入远动系统，因此，也需留有与继电保护管理机的通信接口。

第二节　远动系统的功能

远动系统的功能可从以下两个方面进行说明。

一、数据采集及处理功能

（一）模拟量输入

模拟量是生产过程中连续变化的参量，如温度、压力、流量、电流、电压和功率等。

为了实现计算机控制系统对生产过程的监控，要把这些模拟量经变送器转换成模拟电信号，再通过外围设备中的模拟量输入部件，逐个地把它们变为二进制电信号，然后送进控制机。

模拟量输入部件主要由采样切换器、数据放大器、模数转换器（A/D）和控制器等组成，其原理框图如图 5-2 所示。

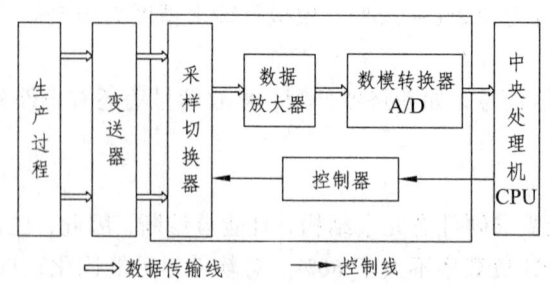

图 5-2 模拟量输入通道原理图

采样切换器的任务是轮流切换和引入由变送器送来的模拟电信号。模拟电信号一般为 0～5 V 或 4～20 mA 的直流信号，再送入模数转换器把它变成二进制电信号。控制器操纵采样切换器和模数转换器，使它们有节奏地正常工作。

1. 模数转换器（A/D）

模数转换器的类型有多种，最为常用的是逐级比较型，其作用是将随时间连续变化的量转换成计算机所能识别的二进制信号。

2. 采样切换器

控制机所要检测的生产过程的运行参数一般是很多的，如果每一路输入信号都设一套 A/D 转换器，那么设备非常庞大。因此，现在所使用的模拟输入通道，大都是几个到几十个输入模拟信号共用一套 A/D 转换器，而通过采样切换器使在一个时间间隔内，只有一路模拟信号被接入 A/D 转换电路去进行转换。

3. 数据放大器

数据采集中使用的放大器与一般测量系统中的放大器相似。它要求高增益、高稳定度、宽频带、低零漂和低噪声。一般将这种处理数据用的放大器称为数据放大器。模拟通道中的数据放大器的作用是起通道各部分的隔离作用，获得阻抗匹配；在低电平通道中，需要它来提高信号电平以适应 A/D 的输入要求。

4. 数字滤波

有些生产过程中随机干扰的噪声频率是很低的，用阻容元件的滤波器即使时间常数为秒级也不能把它们全部消除。加大滤波时间常数将增加滞后时间，同时也增加滤波器的体积和重量。一种有效的方法是用程序来实现，以减少噪声在信号中的比重，用程序来减小干扰影响的方法称为数字滤波。

（二）开关量输入

开关量输入是过程输入的另一部分。

所谓开关量，是指生产现场中那种只具有开或关两种状态的量，可以用"0"或"1"两种电平表示它们所处的状态。开关信号的转换可以用图 5-3 所示的方法实现。

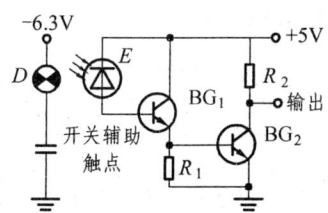

图 5-3 开关量信号转换示意图

开关信号转换的工作原理：图 5-3 中触点（输入）是表示被检测的现场开关的辅助触点。当触点闭合时灯泡 D 点燃，光线照射光敏二极管 E，使其电阻减小，BG_1 导通。BG_1 作发射极输出，BG_2 基极为高电位。因而 BG_2 导通，其集电极输出低电平（0 V 左右）。反之，当触点断开时，灯泡熄灭，光敏二极管相当于开路，BG_1 截止，BG_2 亦截止，输出高电平（5 V 左右）。因此，BG_2 的输出信号就代表了该开关的状态。

生产过程实现计算机监控，需要监视的开关量很多，可达数百点以上。为了避免混乱，每个点应有固定的编号（或称开关量输入地址）。由于一个开关量不是"1"就是"0"，所以如果计算机字长是 16 位，那么每个字就可以储存 16 个不同的开关量，称为一组。输入主机的开关量是分组进行的，即每次输入的开关量数就等于计算机的字长。

（三）输入数据的前置处理

计算机要搜集的运行参数类别很多，如温度、压力、流量、水位、速度、加速度、二氧化碳浓度、电流、电压、功率、频率等。而每一种参数的测量范围又是很宽的，通常均使用各种变送器将这些参数转换成相应的电参数。即使如此，计算机也不可能对这些电参数进行预处理，一般需将其通过 A/D 转换器变换成数字量后送入计算机，在以上数据采集与前置处理的基础上，计算机或计算机系统实现微机远动功能。

二、运行的安全监视功能

（一）运行参数的监视（巡回检测）

定期对生产过程的大量参数进行监视，是控制计算机的一个主要功能。

对数据采集系统得到的运行参数，逐个地与给定的控制限定值进行比较，发现参数越限立即报警并显示与打印记录，这就是运行参数监视的主要内容。

给定控制可以分为上限控制，下限控制，差值控制和变化率控制等。大多数的运行参数只要控制在上、下限内即可，但也有部分参数需差值控制，有些参数的给定控制限定值是不变的,有些参数的给定控制限定值是随着工况的变化而作相应的变化。

当出现异常工况时,应对异常情况有关的运行参数加速采样与比较,以便加强监视并及时掌握异常工况的发展情形,并在整个异常工况过程中将异常参数及其有关的其他参数以规定的周期不断地存入存储器中,以便事后输出,进行分析研究。这就是通常所说的事件追忆记录。

运行参数监视的流程简图如图5-4所示。

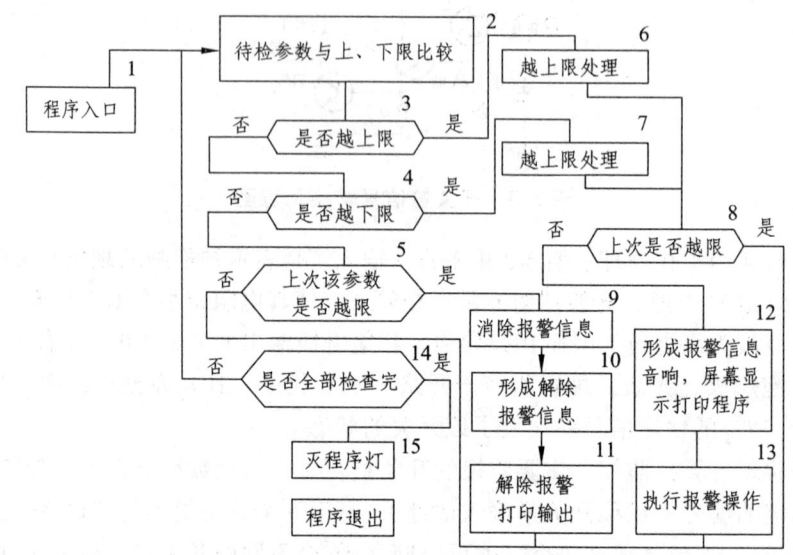

图 5-4　运行参数监视流程简图

程序定时启动,首先点燃程序灯(框),表示 CPU 正在执行该程序;然后依次将运行参数与其给定控制限定值进行比较(框2);如发现该运行参数越上限(框3)或越下限(框4),则应分别进行越上限处理(框6)或越下限处理(框7);这种处理包括记录越限参数号,形成越限标志等,再进一步检查该运行参数上次是否越限(框8),如果上次已经越限,则已做过越限处理,并已报警,所以本次不必再重复进行报警处理,以免扰乱运行人员的注意力;如果该参数上次是正常的,而本次发现越限,则应作报警信息处理,即调入报警子程序,调入显示画面程序,调入越限参数制表打印程序(框12),然后发出音响报警信号,在屏幕上显示出有关画面和完成制表打印等报警操作(框13);如果发现该运行参数上次越限而本次已恢复正常,则应告诉运行人员解除报警,并把解除报警的参数,解除报警的时间等内容记录下来。此时程序中有清除报警信息(框9),接着形成解除报警的处理,即调入解除报警打印程序(框10)由打印机输出(框11)。

(二)运行参数的制表打印

对于运行参数和设备状态的记录,也是控制计算机必不可少的功能。它对变电所的运行分析和故障分析都起到很大的作用。这一部分功能的主要内容包括:

(1)定时制表:正常运行的参数可按需要以一定的格式和时间间隔在制表打印机上制成表格。通常每小时必须记录重要的一次及二次参数。对累计值及经济指标每一值一般为八小时制表一次。日累计值及经济指标的日平均值，每日制表一次。

（2）参数越限打印：部分需监视上下限值的运行参数和运行过程中需监视实时变化趋势的参数，一旦越限或趋势超出预定范围时应进行报警和打印输出，引起运行人员的注意。

（3）事故追记打印：将由事故所引起的继电保护和开关动作情况，按动作时间先后次序予以记录。并将事故前一段规定的时间内的有关参数打印输出，以作分析事故用。

（4）操作记录：每个遥控操作均需记录如下内容，① 操作内容；② 操作人员姓名；③ 操作时间；④ 操作是否成功。

（三）屏幕显示

变电所远动系统的屏幕显示主要有如下内容：

（1）主接线图。

显示变电所主接线及相关的断路器、隔离开关及接地刀闸的状态、模拟量信息，并且要求在该图上可进行断路器、隔离开关及接地刀闸的操作。

（2）主变压器运行参数表。

在该画面上不仅可显示主变线圈及油温度和调压挡位，而且可进行调压操作。

（3）运行参数表。

显示所有模拟量的实时数据。

（4）事故信息表及故障信息表。

显示所有事故及故障信息及其发生的时间和回归正常的时间。

（5）越限信息表。

显示各种越限信息，包括越限参数及其定值、发生时间或恢复正常值时间。

（6）操作记录表。

记录操作人的姓名、操作内容、时间。一般情况以密码输入操作员的代号，而打印显示为操作人的姓名。

（7）实时曲线。

以曲线形式记录某一时段的重要参数。如电压曲线、功率曲线等。

（8）日运行参数表。

一般以小时为单位记录各模拟量，每天一组，定点打印。

（9）电度量表。

此画面分两种：一种以小时为单位，一小时一张；另一种是以日为单位，一日一张，均可定时打印。

（10）定值参数表。

显示主要参数的上、下限定值。有些参数只有上限，有些参数不止一个上、下限，还要求有上上限及下下限。定值经输入密码，可根据要求进行修改。

（四）报警功能

变电所的报警有如下几种：

（1）故障报警：显示报警内容，一般以黄色表示报警发生，同时启动故障报警音响。

（2）事故报警：显示报警内容，一般以红色表示报警发生，报警点闪烁（人为确认报警后才停止闪烁）。一般从原屏幕显示画面切换到主接线画面，以便运行人员一目了然事故点，同时启动事故音响。

（3）越限报警：当越限时，越限参数改变颜色（越上限为红色，越下限为黄色）。

（4）上述情况下，均启动语言报警，告知发生的事件。

（5）上述情况下，均启动打印报警，以备分析事件用。

（五）遥控功能

调度可对变电所进行下列遥控操作：
（1）断路器分、合闸。
（2）隔离开关分、合闸，接地刀闸操作等（需注意闭锁条件）。
（3）电压及无功调节需注意闭锁条件（其闭锁条件见下面的自动功能）。

上述操作均需输入正确密码，同时对整个操作过程进行记录。闭锁条件由软件设置。

（六）自动功能

自动功能：自动功能是指远动系统执行端的计算机系统（下位机）不需调度端的命令而可自动执行的控制。

对于变电站下位机的自动功能主要有以下 3 个：

（1）电压无功自动综合调节根据调度端定值表中设置的电压和功率因数合格范围，下位机自动控制，改变主变分接头位置和切、投补偿电容器。

（2）10 kV 系统接地自动检测与选跳。

下位机以 10 kV 零序电压越限（接地继电器动作）和线路的零序电流增长率（ΔI_0）越限为判据而选跳 10 kV 线路，进行自动选跳；也可以由值班人员根据显示的信息进行手动选跳。

（3）低频自动减载。下位机定时（如 20 ms）测一次频率，当 n 次（可设定）所测频率的平均值低于所设的频率值，并延时若干秒仍低时，则按设定的断路器号逐个跳闸，进行自动减载，并向主控端报警，同时做顺序记录（SoE），启动故障录波仪。

（七）通信功能

远动系统不仅上、下位机间要进行通信而且往往有下列通信要求：
（1）与地调及中调的通信：将一些重要的状态信号及参数实时传送至地调与中调，并接受地调与中调的命令。
（2）与继电保护管理机通信：采集继电保护的信息，并在远动系统中予以显示，如保护定值、保护状态等；同时，可经继电保护管理机改变保护定值及投、退某种保护。

第三节 远动系统的硬件结构

远动系统的硬件结构一般可分为三大部分,即主要用于值班人员进行监视与操作的上位监控管理计算机(或计算机系统)、主要用于与现场设备联系的下位机系统以及辅助的外用接口设备。

一、上位监控管理计算机(或计算机系统)

上位监控管理计算机或计算机系统简称上位机或上位机系统,是人与远动系统的连接界面,根据远动系统规模的大小,可以采用单台计算机,也可以采用多台计算机。

在中型以上远动系统中,上位机系统由工作站、服务器和前置机组成,相互连接成网络。在特别重要的系统中,上位机系统不仅配置工作站、服务器和前置机,而且还配有两套,组成双网络结构。两个网络互为热备用,以保证上位机系统的可靠性。

在小型远动系统中,也可以用 586 以上系列工控机作为上位管理机,其速度、容量可以满足远动的要求。

此外,上位机系统还配置有声霸卡、音响等多媒体系统,以实现智能化语音报警等。

二、下位机系统

下位监控机主要实现与现场设备的连接,硬件结构可以采用多种形式,主要有 RTU、PLC 或 PCC。RTU(Remote Terminal Unit)是远方终端单元的简称,主要完成"四遥"功能。

PLC(Programmable Logic Controller)是可编程序逻辑控制器的简称,与 PTU 相比,具有较强的逻辑编程功能,且由于 PLC 编程简便、抗干扰能力强,目前已较多选用。在 PLC 的基础上,随着计算机技术的不断发展,编程功能更强的 PCC 已推向市场,将逐步进入远动系统。

下位机采用模块式结构为好,便于扩展与维修,在大型远动系统中,下位机可由多台 PLC、PCC 或 RTU 联网构成,每台 PLC、PCC 或 RTU 完成特定范围的功能,这有利于编程、调试与控制,当然相应的成本也将会上升。

现场模拟信号一般经变送器连到下位机系统中,但也可用智能仪表交流采样,经通信与下位机系统相连接。

三、外用接口设备

外用接口设备是远动系统的辅助设备,主要是将现场的信号进行变换后,送至计算机系统。常用的外用接口设备主要有:

1. 变送器

变送器包括电量变送器(电流、电压、有功、无功、频率、功率因数等变送器)及非电量变送器（温度、压力、液位、流、转速、位移等变送器）。

变送器是一种将输入的被测量变换成直流电量输出的设备。这种直流电量的输出值一般均做成通用的，如 0~5 V、4~20 mA，以便与远动、巡回检测及电子计算机等设备配套使用。变送器输出端一般可直接通过电缆与表计相连接，以实现就地测量。当变送器与远动装置和电子计算机（或控制机）配套使用时，尚需经过模/数（A/D）转换器将变送器的输出模拟信号转换成数字量，以便于接收。当需要进行模拟显示时，还需要把数字量转换成模拟量，就是通常所说的数/模（D/A）转换。有时为将遥测量的绝对值显示出来，还需进行标度变换。

变送器的另一功能是抗干扰和电隔离，防止干扰 A/D 转换器。

2. A/D 及 D/A 转换装置

因为遥测变送器送来的是 0~5 V 的直流电压或 4~20 mA 的直流电流信号，这是个模拟量，一般的遥测是采用数字式显示，并向信道发送电码，也就是数字式的遥测。因此，在发送端（执行端）需要将模拟量转换为数字量，这就是所谓的模/数（A/D）转换。在接收端（调度端）除了将收到的遥测数码用数字显示器显示外，有时还需将某个遥测量送入记录仪表；记录仪表需要 0~10 mA 的模拟量输入，因此，在接收端还需要将数字量转换为模拟量（0~10 mA），这就是所谓的数/模（D/A）转换。

第四节　远动系统的软件

一、系统软件

远动系统的应用软件一般基于系统软件的平台上，与之相关的系统软件包括 DOS、Windows、Windows NT 等；有些应用软件的平台为 UNIX，UNIX 主要应用在多任务系统中。

中文平台可以采用 Windows 或 Windows NT 的中文版，或用中文之星及其他中文软件。

系统软件主要由下列部分组成：

① 实时多任务执行系统，这是实时系统软件的一个主要模块，其职能是初始化各队列、各进程控制块和各种状态及参数，调度和控制各进程的运转。

② 实时中断处理软件，实时中断处理软件包括时钟中断、时间片中断、串行接口中断、并行接口中断和键盘中断。

远动系统实时时钟对于分析故障、事故，实时记录均是必需的，它可通过内部时钟产生。但对于远动系统上、下位机需统一时钟才能便于分析与处理。因此，各相关 CPU 均需对时，可统一与调度所对时，也可通过 GPS 进行卫星标准时间对时。

二、应用软件

远动系统的应用软件可采用不同的方式编制，汇编语言在远动系统中已不常用，一般用高级语言进行编制。

由于远动系统要求功能强,许多功能靠软件来实现。某个人从头开始单独编写应用软件,则周期长,可靠性低,不易检查,显然不太现实,因此,往往采用在前人编写的软件的基础上进行不断完善的方法来提高应用软件的质量。

应用软件主要由下列部分组成：

① 数据采集软件：它包括 DI、AI 和 PI 量（开关量输入、模拟量输入与脉冲量输入）的采集。

② 数据预处理软件：它对采集来的数据进行数字滤波、限值比较、标度变换等处理。

③ 人机联系软件：操作人员在键盘上键入不同的命令,人机联系软件则执行与命令对应的处理程序。

④ 数据库管理软件：一个远动系统的优越性主要表现在数据处理能力上。因此,数据库管理软件往往作为独立系统软件加以研究和应用。其主要目标有两个：其一是访问的快速性,其二是数据库的灵活性。

⑤ 实时监控软件：对断路器、主变挡位、电容器等进行控制,监控软件要考虑密码输入操作闭锁等功能。

三、通信软件

远动系统的通信软件是应用软件的重要组成部分,由于其特殊性,故专辟一节进行叙述。

（一）发送程序

发码必须按照远动信息传输通信规约来依次串行发送,即按照规定好的帧信息格式,字信息格式来发码。帧信息格式由同步码字及若干个信息字构成。每个信息字的格式由地址码标志位、数据位及循环码、检错码组成。发码区中各数据的排列有各种各样的方法,总的原则是便于发送时形成预定的信息格式。

（二）同步检出

同步检出的任务是要在发送过来的信息序列中快速而正确地检出帧同步字。帧同步字表示一帧的起点。接收到同步字后才能确认信息字的开始。

（三）接收程序

接收程序的主要任务是正确地接收并划分各种信息,经检验确认可靠的信息再进行各种处理,例如：遥测量去显示、遥信量去指示、遥控量去执行、同时予以记录等。

（四）远动通信规约

前面所述发码必须按通信规约来发送。所谓通信规约规定了发送和接收码的具体格式。不同的远动系统,不同的远动硬件装置,有其不同的通信规约。

四、组态式软件在远动系统中的应用

由于硬件质量的提高，监控系统的硬件运行性能（如可靠性、实时性）等方面都在迅速提高。在这种条件下，软件的支持显得越来越重要。软件开发对系统的影响也越来越大。

组态式软件被称为 20 世纪 90 年代的过程控制软件，是计算机厂商开发的一种内部结构优良，使用简捷，专门用于过程控制的高级应用软件。它具有良好的人机智能界面，并把多种通用功能集成在软件包内部，供用户使用。它为用户提供更为便捷的开发环境和更高层次的系统功能。实现同样的功能，使用组态式软件比使用普通的开发软件节约一定的开发时间和调试时间，而得到的效果往往更令人满意。组态式软件的优良特性主要体现在以下几个方面：

（1）具有成熟的工作平台支持，其中以 Windows 或 Windows NT 系列平台的支持最为广泛。

（2）软件可靠性高，内部功能的实现一般经过较严格的软件性能测试。

（3）软件开发在结构和实现手段上经过特别处理，实时性强。

（4）对用户的开放性好，便于现场工程技术人员的学习和掌握。

（5）界面功能强，能较好地满足用户的各种应用要求与各种数据库软件连接。

（6）功能组态方便，便于系统的修改和功能扩展等。过程控制的组态式软件已广泛应用于控制对象明确的工厂、纺织、机械等行业。在组态式软件中，以美国几家著名的组态式软件的影响最大，它们在各种过程控制领域中取得了优良的业绩，如 Intouch、Lookout、Interlution 等组态式软件等都属于这类软件。

组态式软件由于其结构和设计思想上的优良特性，在实际应用中显示了较多的优越性。其主要优点包括：

（1）丰富的窗口功能。

（2）详细的变量定义功能。

（3）生动的实时动画功能。

（4）自动生成的各类事件记录。

（5）灵活便捷的程序开发功能。

（6）动态的历史及实时曲线功能。

（7）网络数据交换功能。

（8）可与各种高级语言及各类数据库连接。

组态软件正越来越广泛地应用于变电站综合自动化及远动系统等电力系统的领域中。

【复习思考题】

1．什么是远动技术？远动的主要任务是什么？
2．远动系统由哪几部分组成？
3．远动系统的性能指标有哪些？
4．远动系统有哪些功能？
5．远动系统的硬件结构分为哪几个部分？
6．远动系统有哪些软件？

第六章　城市轨道交通供电系统电力电缆

※教学目标※

1. 了解电力电缆的特点。
2. 了解交联聚乙烯绝缘电力电缆的结构、特点、适用范围。
3. 了解直流电缆的种类、结构、特性和使用要求。
4. 了解电力电缆故障的原因。
5. 掌握电缆故障的检测方法。
6. 了解电力故障的探测原理。

※技能目标※

1. 能认识电缆的基本结构。
2. 能区别交联聚乙烯绝缘电力电缆的不同之处。
3. 掌握电力电缆故障的检测方法。

第一节　城市轨道交通供电系统常用电力电缆

一、电力电缆概况

目前，电力系统采用的电缆主要有纸绝缘电力电缆、橡塑绝缘电力电缆和自容式充油电力电缆。纸绝缘电力电缆在城市轨道交通供电系统中很少使用，橡塑绝缘电力电缆是指聚氯乙烯绝缘、交联聚乙烯绝缘（XLPE）和聚乙烯绝缘电力电缆。

普通电缆的绝缘材制有一个共同的缺点，就是具有可燃性。当线路中或接头处发生故障时，电缆可能因局部过热而燃烧并导致事故扩大。阻燃电力电缆与耐火电力电缆属于特种电缆。

阻燃电力电缆是在电缆绝缘或护层中添加阻燃剂，即使在明火烧烤下，电缆也不会燃烧。阻燃电力电缆的结构与相应的普通聚氯乙烯绝缘电力电缆和交联聚乙烯绝缘电力电缆的结构基本相同，但用料有所不同。

对于交联聚乙烯绝缘电力电缆，其填充物、绕包层、内衬层及外护套等均在原用材料中加入阻燃剂，以阻止火灾延燃。有的电缆为了降低电缆火灾的毒性，电缆的外护套不用阻燃型聚氯乙烯，而用阻燃型聚烯烃材料。

对于聚氯乙烯绝缘电力电缆，有的采用加阻燃剂的方法，有的采用低烟、低卤的聚氯乙烯料作绝缘；而绕包层和内衬层均采用无卤阻燃料；外护套采用阻燃型聚烯烃材料等。

至于采用哪一种形式的阻燃电力电缆，要根据使用者的具体情况进行选择。城市轨道交通地下电力电缆一般采用低烟、无卤阻燃电缆，地面或高架采用低烟阻燃电缆。

耐火电力电缆是在导体外增加耐火层，多芯电缆相间用耐火材料填充，其特点是：可在发生火灾以后的火焰燃烧条件下，仍能保持一定时间的供电，为消防救火和人员撤离提供电能和控制信号，从而大大减少火灾损失。

耐火电力电缆一般分为 A 类和 B 类：A 类可以在 900～1 000 ℃ 下工作 90 min；而 B 类可以在 750～800 ℃ 下工作 90 min。

耐火电力电缆又分为有机型和无机型：有机型采用耐 800 ℃ 高温的云母带作为耐火层；而无机型采用氧化镁作为绝缘材料，铜作为护套材料，俗称 M1 电缆。耐火电力电缆适用于对防火有特殊要求的场合，一般情况下，耐火电力电缆比阻燃电缆价格要贵。在城市轨道交通供电系统中，为应急照明、消防设施供电的电缆，明敷时应采用低烟、无卤耐火铜芯电缆或矿物绝缘耐火电缆。

城市轨道交通地下变电所控制电缆一般采用低烟、无卤阻燃铜屏蔽电缆，地面变电所控制电缆一般采用低烟阻燃铜屏蔽电缆，而所外控制电缆应设置铠装加以保护。

城市轨道交通供电系统多采用交联聚乙烯绝缘电力电缆，故本章重点介绍这种电力电缆的结构、常见故障及处理方法。

二、城市轨道交通供电系统常用电力电缆的特点

城市轨道交通供电系统地处城市的中心，其所用电缆越来越多地倾向于交联聚乙烯绝缘电力电缆，其等级包括 4 kV、10 kV、35 kV、110 kV 等；此外，还有 1 500 V、750 V 直流电缆。由于轨道交通电缆使用场合的特殊性，电缆必须具备清洁环保、阻燃、防水、防紫外线、防鼠蚁噬咬等特性。

为了保证可靠安全地运行，城市轨道交通供电系统对电力电缆的基本要求如下：

① 地下环境的高压电缆采用低烟、低卤、A 类阻燃电缆，采用铜带内铠装外护套。
② 低压电缆采用低烟、低卤、A 类阻燃电缆。
③ 在火灾时仍需供电的场合采用铜芯耐火型电缆。
④ 城市轨道交通供电系统控制信号电缆选用屏蔽电缆。
⑤ 聚氯乙烯绝缘电缆（PVC）一般用于高架或地面，交联聚乙烯电力电缆（XLPE）通常用于地铁。

1. 电力电缆敷设地点

电力电缆敷设地点从具体功能位置分，有车站、隧道、电缆沟、电缆夹层、电缆井等；从空间上分，有地下、高架或地面。

2. 电力电缆敷设方式

电力电缆敷设方式有电缆桥架、电缆托架、电缆挂钩、顶部吊挂等,有时也采用穿钢管敷设。

3. 基本要求

地下:交流 26/35 kV,根据不同的系统,通过计算选择不同的截面面积,一般有 1×95 mm²、1×150 mm²、1×240 mm²。

地上:交流 26/35 kV,根据不同的系统,通过计算选择不同的截面积,一般有 1×95 mm²、1×150 mm² 两种。

随着我国城市轨道交通事业的高速发展,轨道交通用电缆的需求量也在不断增加,这也为电缆技术的发展提供了机遇。

第二节 交联聚乙烯绝缘电力电缆

交联聚乙烯绝缘电力电缆(简称交联电缆)是近几十年来发展起来的很有前途的塑料电缆。这种电缆电场分布均匀,没有切向应力,重量轻,载流量大,已广泛用于 6~35 kV 及 110 kV、220 kV 的电缆线路中。110 kV 或 220 kV 是向城市轨道交通供电环网系统供电的;35 kV 是构成城市轨道交通供电环网系统的主干网,为保证城市轨道交通供电系统的正常运行,此等级电网大都采用交联聚乙烯绝缘电力电缆。因此,本节重点学习这两种电缆。

一、35 kV 及以下交联聚乙烯绝缘电力电缆

城市轨道交通供电系统 35 kV 电缆又称为中压环网电缆。35 kV 中压环网电力电缆在轨道交通供电系统中不仅投资比重大,而且对地铁供电系统的安全可靠性影响很大。因此,35 kV 电力电缆的结构选型及参数配置关系到整个轨道交通供电系统的安全运营。一般情况下,35 kV 电力电缆选用低烟、无卤、交联聚乙烯绝缘、铠装单芯电力铜电缆,在车辆段、停车场等露天区段敷设的 35 kV 电缆还需加入防紫外线功能。

1. 中压环网电缆选型原则

① 电缆载流量应满足各种运行工况下最大负荷长期工作的需要。
② 电缆应能承受系统在各种运行方式下的短时短路电流作用。
③ 电缆类型的选择应考虑工程实施的方便性。
④ 电缆选型应满足地铁安全性要求和不同敷设环境的要求。

2. 中压环网电缆截面积选择原则

① 通过负载电流时，线芯温度不超过电缆绝缘所允许的长期工作温度。
② 经济寿命期内的总费用（即初始投资和经济寿命期内线路损耗费用之和）最少。
③ 通过短路电流时，不超过所允许的短路强度。
④ 电压损失在允许的范围内。
⑤ 满足机械强度的要求。

3. 结　构

三芯交联聚乙烯绝缘铠装电力电缆的结构图如图 6-1 所示。

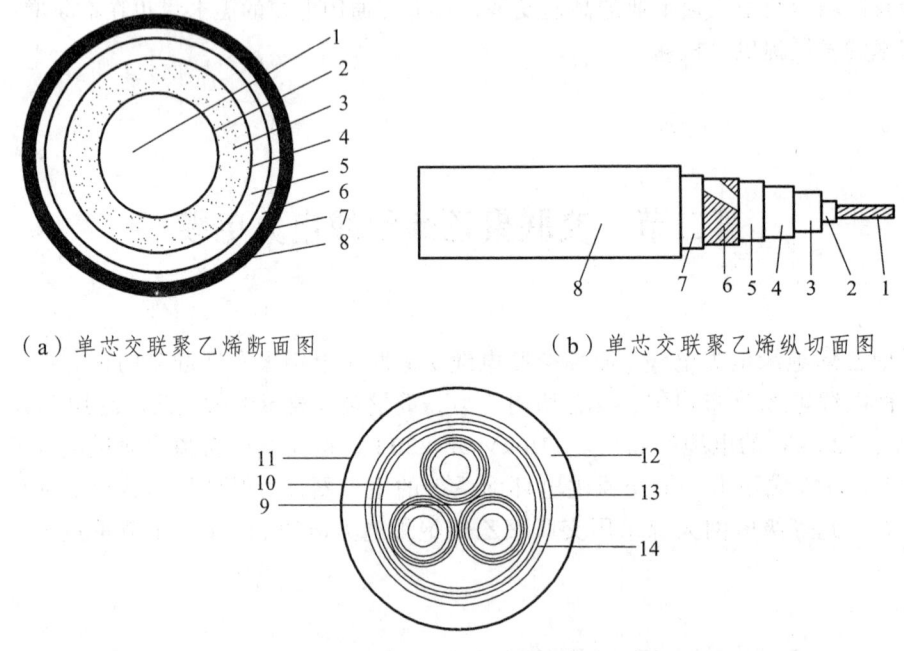

（a）单芯交联聚乙烯断面图　　　（b）单芯交联聚乙烯纵切面图

（c）三芯 6~35 kV 交联聚乙烯绝缘钢带铠装电缆

图 6-1　交联聚乙烯绝缘电力电缆结构图

1—导体；2—导体屏蔽层；3—交联乙烯绝缘；4—绝缘屏蔽层；5—保护带或内护层；6—铜线屏蔽和螺旋铜带；7—塑料带或铝箔；8—聚氯乙烯护套；9—填芯；10—填料；11—内护套；12—钢带铠装；13—钢带；14—外护套

在圆形导体外有内屏蔽层、交联聚乙烯绝缘层和外屏蔽层；外面还有保护带、铜线屏蔽、铜带和塑料带保护层；三个缆芯中间有一圆形填芯，连同填料扭绞成缆后，外面再加护套、铠装等保护层。导体屏蔽层为半导电材料，绝缘屏蔽层为半导电交联聚乙烯材料，并在其外绕包一层 0.1 mm 厚的金属带（或金属丝）。电缆内护层（套）的形式，除了上面介绍的三个绝缘线芯共用一个护套外，还有绝缘线芯分相护套。护套电缆相当于三个单芯电缆的简单组合。这种电缆的电场分布情况与单芯电缆及纸绝缘分相铅套电缆类似，但电气性能更好，应用范围与纸绝缘分相铅套电缆相同。

目前，6~35 kV 交联聚乙烯绝缘电力电缆已得到广泛使用。

4. 电缆终端

为了便于施工，提高工作效率和质量，制造了各种电缆终端和接头。

35 kV 及以下电缆终端分为户内终端、户外终端和设备终端。户内终端是安装在室内环境下，不受阳光直接辐射，又不暴露在大气环境下使用的终端。户外终端则正好相反，它安装在室外环境下，使电缆与架空线或其他电器设备相连接，它是受阳光直接辐射，暴露在大气环境下使用的终端。设备终端直接和电气设备相连接，高压导电金属处于全绝缘状态而不暴露在空气中。

35 kV 及以下中间接头分为直通接头、分支接头、过渡接头、堵油接头、转换接头和绝缘接头。直通接头用来连接两根同一线路上的相邻电缆。分支接头将支线电缆连接到干线电缆上去。而近乎垂直的接头又称为 T 形分支接头；近乎平行的称为 Y 形接头；在干线电缆某处同时分出两根接头，称为 X 形分支接头。当落差较大时，为防止高端浸渍油纸电缆接头绝缘干枯，而在接头内将油路截断，称为堵油接头。转换接头用来连接多芯电缆和单芯电缆。绝缘接头用于大长度电缆线路里，使接头两端的金属护套和电缆绝缘屏蔽层在电气上断开，以便交叉互联，减少护层损耗。

5. 电缆屏蔽及金属屏蔽层截面面积的选择

对于 35 kV 交联聚乙烯绝缘电缆，除了要有导体屏蔽和绝缘屏蔽外，还要有金属屏蔽。电缆的绝缘屏蔽材料有可剥离和不可剥离之分。一般额定电压 U_0 为 12 kV 及以下的电缆挤包绝缘屏蔽应是可剥离的，但对 35 kV 电缆没有提具体要求。

使用不可剥离绝缘屏蔽层的主要缺点：施工中安装电缆中间、终端头时较困难。因为在剥除半导电屏蔽层时，不能留下刀痕和凹凸不平的情况，更不能损伤绝缘。但不可剥离绝缘屏蔽层与绝缘线芯紧密结合，比可剥离绝缘屏蔽具有更高的安全性。

从系统长期运行的安全性考虑，建议 35 kV 电缆绝缘屏蔽采用不可剥离的半导电层绝缘屏蔽。

电缆的金属屏蔽有铜带屏蔽和铜丝屏蔽两种结构。铜带屏蔽由重叠绕包的软铜带组成。铜带的标称厚度：单芯电缆不小于 0.12 mm；三芯电缆不小于 0.10 mm。标准中只规定了铜带的标称厚度，而未规定其截面面积。事实上，铜带宽度不同、绕包层数不同时，截面面积是不同的。重叠绕包的铜带截面面积可由以下公式计算：

$$S = n\omega\delta$$

式中　n ——铜带层数；
　　　ω ——铜带宽度，mm；
　　　δ ——铜带厚度，mm。

铜丝屏蔽由疏绕的软铜线组成，其表面应用反向铜丝或铜带扎紧。铜丝屏蔽的标称截面面积分为 16 mm²、25 mm²、35 mm²、50 mm² 共 4 种，可根据故障电流容量的要求选用。

金属屏蔽层的作用有两个：其一是弥补半导电层屏蔽的不足；其二是作为事故电流的通路。在中性点接地系统发生单相接地故障或中性点不接地系统在不同地点两相同时发生接地故障时，故障电流要从金属屏蔽层流过。为了不使金属屏蔽层烧损，要合理地选择金属屏蔽层的截面面积。

对于 35 kV 小电阻接地系统，通过调整接地电阻值，可以将单相接地故障电流值限制在 1 000 A 以内。此类系统电缆线路发生单相接地故障时，一般有以下几种情况：

① 线路发生单相接地故障，线路纵差保护动作跳闸，系统在毫秒级内（一般不超过 100 ms）与故障分离。

② 线路发生单相接地故障，线路纵差保护未动作，靠过电流保护跳闸，系统在秒级内（一般不超过 3 s）与故障分离。

③ 中性点接地电阻被短接未能及时分开，此时线路发生单相接地故障，线路纵差保护动作跳闸，系统在毫秒级内（一般不超过 100 ms）与故障分离。

④ 中性点接地电阻被短接未能及时分开，此时线路发生单相接地故障，线路纵差保护未动作，靠过电流的保护跳闸，系统在秒级内（一般不超过 3 s）与故障分离。

⑤ 中性点接地电阻接地点断开未能及时恢复，电缆和其他设备形成不同地点两相同时发生接地故障。根据以上分析，系统在不同的工况下发生单相接地故障时，对金属屏蔽层截面面积的要求是不同的。

因此，不论选择铜带金属屏蔽，还是铜丝金属屏蔽，均应提出截面面积要求。

6. 电缆阻燃类别的选择

电缆阻燃类别分为 A 类、B 类、C 类三种类型。对于城市轨道交通供电系统，工程中电缆需选择哪类阻燃等级，目前我国还没有相应的标准。从过去的运行实践看，工程中选择阻燃类别高的电缆，在减少电缆火灾几率、增强系统安全性、减少故障造成的经济损失等方面更具有优越性。对于同类型的 A 类阻燃电缆和 C 类阻燃电缆，价格相差 15% ~ 20%。因此，工程中电缆选取哪类阻燃等级，需结合工程中电缆的数量、电缆敷设的密集度、火灾几率、增强安全性要求和工程的投资等综合考虑。

在城市轨道交通工程供电系统中，35 kV 电缆宜选用交联聚乙烯绝缘低卤阻燃电缆。交联聚乙烯绝缘的标称厚度应不小于 9.3 mm，除有挤包半导电层的导体屏蔽和绝缘屏蔽外，缆芯外还要有金属屏蔽，绝缘、屏蔽要采用铜带或钢带。金属屏蔽层可采用铜带或铜丝屏蔽，要根据工程情况提出截面面积要求。护套应采用低卤阻燃材料。在金属屏蔽层上应有挤包不透水的内衬，此时卤酸气体的含量应小于 100 mg/g。电缆采用重叠绕包的厚度不小于 0.12 mm。

二、110 kV 及以上交联聚乙烯绝缘电力电缆

1. 交联聚乙烯绝缘电力电缆的优点

我国使用 110 kV 及以上交联聚乙烯绝缘电力电缆开始于 20 世纪 80 年代。交联聚乙烯绝缘电力电缆有以下主要优点：

（1）有优越的电气性能。

交联聚乙烯作为电缆的绝缘介质，具有十分优越的电气性能，在理论上其性能指标比充油电缆还要好。

（2）有良好的热性能和力学性能。

聚乙烯树脂经交联工艺处理后，大大提高了电缆的耐热性能，交联聚乙烯绝缘电力电缆的正常工作温度可达 90 ℃，短路时的允许温度最高达 250 ℃，比充油电缆高。因而在导体截面面积相同时，载流量比充油电缆大。

（3）敷设安装方便。

由于交联聚乙烯是干式绝缘结构，不需附设供油设备，这样给线路施工带来很大的方便。交联聚乙烯绝缘电力电缆的接头和终端采用预制成形结构，安装比较容易；敷设交联聚乙烯绝缘电力电缆的高差不受限制，在有震动的场所，如大桥上敷设电缆，交联聚乙烯电力电缆也显示出它的优越性；施工现场火灾危险也相对较小。

交联聚乙烯电力电缆与充油电缆相比较，也存在一定的缺点。

① 由于高电压等级的交联电缆的开发时间还不长，无论在制造工艺上还是在运行使用上，其技术和经验远不如充油电缆，在理论和实践上都还存在一些问题有待解决，其中最重要的和根本性的问题是对其长期运行可靠性和使用寿命的评价至今没有取得一致的结论。

② 交联聚乙烯作为一种绝缘介质，虽然在理论上具有十分优越的电气性能，但作为制成品的电缆，其性能受工艺过程的影响很大。从材料生产、处理到绝缘层（包括屏蔽层）挤塑的整个生产过程中，绝缘层内部难以避免出现杂质、水分和微孔，且电缆的电压等级越高，绝缘厚度越大，挤压后冷却收缩过程产生空隙的几率也越大。运行一定时期后，由于"树枝"老化现象，使整体绝缘下降，从而降低电缆的使用寿命。

③ 尽管高压交联电缆本体的绝缘介质具有十分优越的电气性能，但若其连接部位（终端和接头）的绝缘品质一旦出现问题，特别是一旦终端或接头附件密封不良而受潮后，容易引起绝缘破坏。

2. 各部分作用

（1）导体。

导体为无覆盖的退火铜单线绞制，紧压成圆形。为减小导体的趋肤效应，提高电缆的传输容量，对于大截面（一般大于 100 m^2）导体采用分裂导体结构。

（2）导体屏蔽。

导体屏蔽为挤包半导电层，由挤出的交联型超光滑半导电材料均匀地包覆在导体上。表面应光滑，不能有尖角、颗粒、烧焦或擦伤的痕迹。

（3）交联聚乙烯绝缘。

电缆的主绝缘由挤出的交联聚乙烯组成，使用超净料。110 kV 电压等级的绝缘标称厚度为 19 mm，任意点的厚度不得小于规定的最小厚度值 17.1 mm（90%标称厚度）。

（4）绝缘屏蔽。

绝缘屏蔽亦称为挤包半导电层，要求其必须与绝缘同时挤出。绝缘屏蔽是不可剥离的交联型材料，以确保与绝缘层紧密结合，其要求同导体屏蔽。

（5）半导电膨胀阻水带。

半导电膨胀阻水带是一种纵向防水结构，一旦电缆的金属护套破损造成水分进入电缆，这时半导电膨胀阻水带吸水后会膨胀，阻止水分在电缆内纵向扩散。

（6）金属屏蔽层。

金属屏蔽层一般由疏绕软铜线组成，外表面用反向钢丝或铜带扎紧。

（7）金属护套。

金属护套由铅或铝挤包成形，或用铝、铜、不锈钢板纵向卷包后焊接而成。成形的品种有无缝铅套、无缝波纹铝套、焊缝波纹铝套、焊缝波纹钢套、焊缝波纹不锈钢套、综合护套6种。

金属护套的结构特点：这些金属护套都具有良好的径向防水层，但内在质量、应用特性和制造成本各不相同。目前，国内除波纹钢套和波纹不锈钢套外都有生产，一般用铅和铝制作护套者较多。用铝制作护套时，铝的最低纯度为99.6%，高质量的铝不应含有微孔、杂质等，铝护套任意点的厚度不小于其标称厚度的85%即0.1 mm。当采用铅制作护套时，铅套用的铅合金应含0.4%~0.8%的锑和0.08%以下的铜，铅套任意点的厚度不小于其标称厚度的85%，即0.1 mm。

（8）外护层。

外护层包括铠装层和聚氯乙烯护套（或由其他材料组成的）等。交流系统单芯电缆的铠装层一般由窄铜带、窄不锈钢带、钢丝（间置铜丝或铝丝）制作，只有交流系统三芯统包型电缆的铠装层才用镀锌钢带或不锈钢带。

3. 110 kV 电缆接头

110 kV 电缆的结构和单芯交联聚乙烯相同，其各部分的作用也相同，此处不再赘述。这里主要讲解110 kV 电缆接头。

（1）110 kV 电缆中间接头及绝缘中间接头。

110 kV 以上交联聚乙烯电缆中间接头包括绝缘接头与直通接头。无论是绝缘接头还是直通接头，按照它的绝缘结构分为绕包型接头、预制型接头等，目前以预制型接头为主要形式。

组装式预制型中间接头是以在工厂浇注成形的环氧树脂作为中间接头的中段绝缘和两端以弹簧压紧的预制橡胶应力锥组成的中间接头，接头内无需充气或浸渍油。这种接头在工厂内预制，在现场进行组装。由于中间接头由三段组成，因此，出厂时无法进行整体绝缘实验。

整体预制型中间接头是将中间接头的半导电内屏蔽、主绝缘、应力锥、半导电外屏蔽在工厂内预制成一个整体的中间接头预制件，在现场安装时，只要将整体的预制件套在电缆绝缘上即可完成。预制件接头在外边暴露的时间短，接头工艺简单，安装时间短。由于接头绝缘是一个整体预制件，出厂时可进行整体绝缘实验，以保证质量。这种接头在我国已普遍使用，特别是在轨道交通供电系统中，由于受施工环境比较狭小的限制，采用这种接头，既可以缩短工期，又能保证质量，而且要求的施工界面较小。

（2）110 kV 交联聚乙烯电缆终端。

110 kV 交联聚乙烯电缆终端包括户外终端、GIS 终端和变压器终端。下面分别介绍户外终端和GIS 终端。目前110 kV 及以上交联聚乙烯电缆终端主要为预制橡胶应力锥终端。预制型终端的内、外绝缘是在工厂内一体制成的同一个橡胶预制件，现场安装时，只要将整体的预制件套在电缆绝缘上即可完成。

目前，110 kV 及以上系统的交联聚乙烯电缆终端的内绝缘采用预制应力锥，而外绝缘采用瓷套管或环氧树脂套管。套管和应力锥之间一般都填充硅油或者聚丁烯等绝缘油。有一些GIS 终端的结构是将应力锥紧贴在环氧树脂套管上，其间不充油，称为干式绝缘GIS 终端。总体上讲，户外终端、GIS 终端和变压器终端结构相似，但一般来讲GIS 终端比户外终端要复杂些，GIS 终端一般采用环氧树脂套管作为外绝缘，如图 6-2 所示。

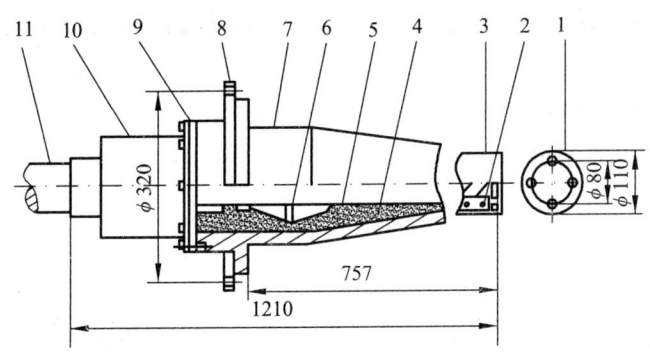

图 6-2 GIS 终端

1—终端与 GIS 结合面；2—导电金具；3—屏蔽罩；4—绝缘油；5—电缆绝缘；6—应力锥；
7—环氧树脂套管；8—卡环；9—密封底座；10—尾管；11—交联电缆

一般情况下，电缆制造厂家需按 IEC 895 标准设计制造电缆。凡是满足该标准的终端，可以安装在任何厂家生产的标准型 GIS 设备上。由于技术原因和经济因素，轨道交通供电系统常采用非一体的橡胶预制件，采用上述的两部分结构。110 kV 交联聚乙烯电缆户外终端结构如图 6-3 所示。

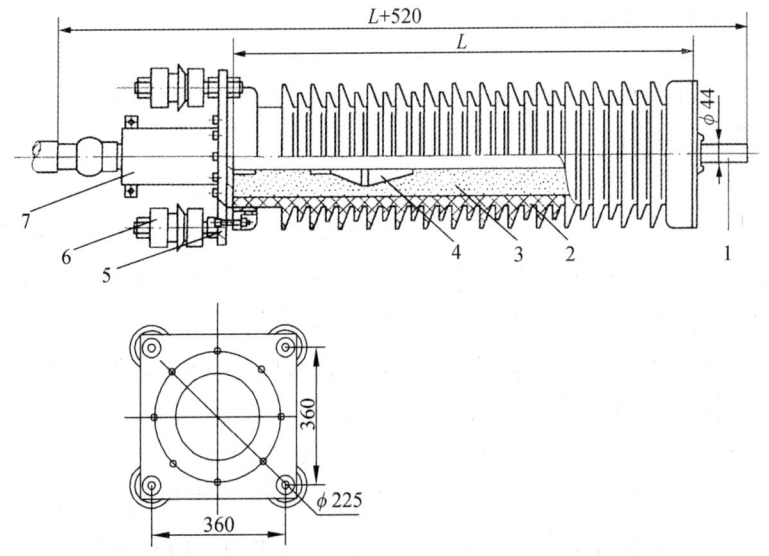

图 6-3 110 kV 交联聚乙烯电缆户外终端结构

1—出线杆；2—瓷套；3—绝缘油；4—应力锥；5—底板；6—支撑绝缘子；7—尾管

第三节 750 V 或 1 500 V 直流电缆

城市轨道交通直流电力电缆是指轨道交通供电系统中直接对牵引机车进行供电的

1 500 V 及低于 1 500 V 的低压正极电缆、连接电缆和负极电缆。直流输电有许多优点：线路成本低，损耗小，没有无功功率，电力连接方便，容易控制和调节，尤其是在长距离输电中直流电力系统已经被广泛采用。

直流电力电缆具有下列优点：

① 绝缘的工作电场强度高，绝缘厚度薄，电缆外径小、重量轻、柔软性好，制造安装容易。

② 介质损耗、导体损耗低，载流量大。

③ 没有交流磁场，有环保方面的优势。

直流电缆特性与交流电缆有本质区别，后者除芯线电阻损耗外，还有绝缘介损及铅包、铠装的磁感应损耗，而前者基本上只有芯线电阻损耗且绝缘老化也较后者缓慢得多，因而运行费用也较低。

在输送功率相同和可靠性指标相当的条件下，直流电缆输电线路的投资比交流线路要低（特别是当线路长度为 20 ~ 40 km 时），而在输电技术上更能提高电力系统的运行可靠性和调度灵活性。

一、直流电缆的种类

轨道交通的牵引供电系统采用直流 1 500 V 电压，因此，1 500 V 直流电缆的选择直接关系着地铁车辆的安全可靠性。

目前我国采用 1 500 V 直流供电的地铁比较多，已经建成的有广州地铁 1、2 号线，上海地铁 1、2 号线、明珠线、莘闵线、M8 线，深圳地铁一期工程，南京地铁和重庆轻轨等。

随着轨道交通系统的迅速发展，越来越多的直流电缆投入了使用。直流牵引电缆用于连接高速直流开关和接触网，是直流供电系统的"瓶颈"。

电缆一般采用交联聚乙烯（XLPE）电缆或乙丙橡胶（EPR）柔性电缆。轨道交通的发展历史比较长，不同时期不同方式的直流牵引电力电压等级多种多样，一般在 DC 600 ~ 3 000 V，其中常用的电压等级有 DC 750 V、DC 1 500 V 和 DC 3 000 V。

轨道交通牵引直流系统采用浮空供电方式，直流牵引电缆用于直流高速开关到接触网的供电，直流牵引电缆主要选用高性能的低烟、无卤、阻燃的 XLPE 或 EPR 电力电缆，有时为了防止鼠咬及增加机械强度等采用软铜带铠装。

轨道交通用直流牵引电缆主要适用于额定电压 3000 V 及以下的城市轨道交通的直流电力传输。

直流牵引电缆具体有 XLPE 绝缘 PVC 护套直流牵引（软）电缆；XLPE 绝缘聚烯烃护套低烟无卤阻燃直流牵引（软）电缆；XLPE 绝缘聚烯烃护套低烟低卤阻燃直流牵引（软）电缆；XLPE 绝缘聚烯烃护套低烟无卤阻燃防紫外线直流牵引（软）电缆；EPR 绝缘弹性体护套直流牵引软电缆；EPR 绝缘弹性体护套低烟无卤阻燃直流牵引软电缆；XLPE 绝缘防蚁防鼠低烟无卤 A 类阻燃直流牵引电缆等。

二、直流电缆的特性和使用要求

轨道交通用电缆为各种中、低压电缆,属于固定敷设类型,传输功率也比较大,既属于电气装备电缆类,也属于电力电缆类。还有一种电缆用于输送 1 500 V 直流电压,是机车的供电电缆。1 500 V 直流电压相当于 600 V 交流电压,在国家标准 GB/J 12706—2008(等同于 IEC 60502)中,低压交直流比为 24。为此,电缆的绝缘厚度可按 0.6/1 kV 的电缆选用。轨道交通用电缆一般均为单芯电缆。

轨道交通电缆对导体要求很高,希望采用紧压束绞细铜丝为单元,再绞合成导体,截面面积一般都比较大,400~630 mm^2 是常用的规格,要求有内外半导电屏蔽层,在绝缘半导电屏蔽层外用铜带屏蔽,铜带要求采用硬度较高的黄铜带,以防止老鼠将电缆咬坏。还有一项重大的要求是防火,故采用 A 类阻燃电缆。另外根据项目具体情况,电缆一般应具有防水、防油、防紫外线、防鼠、防白蚁等性能。地铁项目中直流牵引电缆敷设空间有限,一般要求其重量轻,柔软性好,易弯曲,便于安装及维护。电缆敷设时的弯曲半径规定为:非软结构电缆为电缆外径的 12 倍;交联聚乙烯绝缘软结构电缆为电缆外径的 6 倍;乙丙橡胶绝缘软结构电缆为电缆外径的 4 倍。

直流供电一般为双极传输,具有两根导线:一根为正极,另一根为负极。正极电缆为绝缘加护套的结构,负极电缆为护套兼具有绝缘功能。所有正、负极电缆护套都选用低烟无卤阻燃材料构成,这样电缆在火灾环境中不但自己具有阻燃性能,而且不释放浓烟和有毒气体,减少对人员和电气设备的损害。

具体要求为:

① 电缆燃烧时的阻燃性能应满足 GB 18380.3—2001 规定的 A 类、B 类或 C 类要求。

② 对于低卤低烟阻燃电缆,透光率≥30%;电缆燃烧时低卤性能应满足:卤酸气体逸出量≤100 mg/g,pH 值≥25,电导率 30≤μS/mm。

③ 对于低烟无卤阻燃型电缆,无卤性能应满足 pH 值≥4.3,电导率≤10 μS/mm 和透光率≥60%。

三、直流电缆的结构

1. 导 体

地铁中牵引电缆敷设空间有限,要求直流电缆轻量化、柔性好、转弯半径小。硬性电缆导体(1、2 类导体)由紧压型的多股圆铜线组成,不必镀锡,导体紧压系数较大,生产成本较低。柔性电缆的导体(5 类导体)由非紧压型的多股圆铜线组成,采用镀锡退火处理,生产成本较高。

正、负极电缆通常可选择 400 mm^2 的铜导体,线芯直径不大于 3 mm。对于敷设空间特别狭小且敷设处存在强烈振动的连接电缆,应选择柔性电缆。如果连接电缆中 120 mm^2 扩规格的电缆约占连接电缆总长的 25%,可以将其截面面积加大,即整个工程都采用 150 mm^2 扩的连接电缆,便于统设备、施工以及运营维护。

2. 绝　缘

电缆在直流电压下绝缘内的电场强度与其电阻率成正比分布,电缆在运行中,电缆内温度升高,电阻率会受温度的影响而发生变化。当电缆负载为零时,最大电场强度出现在导电线芯表面;加上负载后,最大电场强度有向绝缘表面移动的趋势。因此,在选择绝缘材料和设计厚度时不仅应保证在空载时线芯表面电场强度不能超过其允许值,而且还应保证电缆在最大允许负载时,绝缘层表面的电场强度不超过其允许值。

直流牵引电缆的绝缘一般采用电气性能优良的 XLPE 或 EPR 材料,直流电缆对工频耐压和冲击耐压的要求不高,正极电缆的电压在各个工程中没有差别,而负极电缆的电压有较大区别。地铁工程中负极电缆的数量约占直流电缆数量的 40%,考虑设备的统一、施工和运营维护的方便以及运营的可靠,负极电缆宜采用与正极电缆相同的结构。

3. 防　水

因地下环境和大气的影响,电缆长期敷设在潮湿的环境下,水分子会通过橡胶或塑料层渗透到电缆的内部,引起绝缘电气性能下降,甚至造成安全事故。因此,直流牵引电缆应具有防水、防潮性能。电缆防水一般以径向防水为主,采用一层不能渗水或难以透水的材料,将水分阻挡在绝缘以外,从而达到保护绝缘的目的。

通常可采用铝/塑黏结综合护层;也可以在绝缘和护层之间单独设计一层线性低密度聚乙烯材料作为防水层,因为线性低密度聚乙烯具有较好的韧度、耐磨性及较低的透水性。另外,也可采用膨胀型阻水带缠绕在绝缘层的外表面,以便起到纵向或径向防水的作用。

4. 铠　装

地下空间鼠害严重,另外电缆敷设空间狭小,施工时容易损伤电缆,地铁系统的电缆应采取措施使电缆免于一般的机械损伤,直流电缆的铠装材料可以选用铜带或不锈钢带。

5. 外护套

为了保证电缆优良的电气性能和阻燃特性,绝缘采用非阻燃材料,而外护层要采用具有防紫外线的低烟无卤阻燃材料。在地铁的牵引变电所电缆出口处敷设的直流电缆数可达 20 多根。按电缆成束燃烧试验要求地铁直流电缆通常要求达到 A 类阻燃。

对于 C 类阻燃直流牵引电缆,采用乙丙橡胶和交联聚乙烯材料用作绝缘,外护套采用阻燃材料是能够实现的,但对于 A、B 类阻燃要求来说就比较困难。为了使电缆达到不同的阻燃级别要求,可以在绝缘和护层之间增加一层厚度为 1~2 mm 的高阻燃隔氧层,以提高电缆的阻燃等级。

轨道交通是城市客运的大动脉和生命线,所以要求直流电缆不仅要防水、防鼠和安全可靠;同时还要考虑消防的要求,应采用阻燃型的低烟无卤电缆。

第四节 电力电缆故障及检测

一、故障原因

电力电缆在运行中发生故障或击穿的主要原因是绝缘损坏。运行经验表明，导致绝缘损坏的原因如下。

1. 过热过负荷导致电缆绝缘损坏

电力电缆过负荷和接头发热导致绝缘损坏，在主干电缆线路中比较常见，主要原因是超负荷运行或连接点接触不良。

2. 密封不良导致电缆附件绝缘损坏

电缆终端头和接头盒密封性能差，引起受潮，甚至绝缘损坏。这是因为户外终端头常年经受大气、温度和干、湿等气候条件的影响，其运行条件比电缆本身更为恶劣。特别是南方地区，对密封性能非常敏感。以鼎足式电缆头为例，它的三个瓷套管以及顶盖共有 6~7 处可能成为受潮进水的通道。水分进入电缆头后，逐渐使绝缘受潮，导致绝缘击穿，甚至爆炸。

3. 腐蚀引起受潮导致电缆绝缘损坏

电缆腐蚀穿孔引起的受潮，在运行时间较长的老电缆或有电腐蚀和化学腐蚀的地区中是常见的现象。此外，电缆外护层质量差也会加速电缆腐蚀穿孔。被腐蚀的电缆，其绝缘性能下降。在电压、温度和电场作用下，形成相间或对地击穿现象。电缆敷设场所的环境及敷设方式对其腐蚀有重要影响。从运行实践和事故分析资料中可以发现：直埋电缆比电缆沟或管道敷设电缆耐腐蚀。而对于跨越道路穿于管中的电缆，其腐蚀、绝缘损坏率和故障次数也明显多于直埋电缆。

4. 机械损伤电缆绝缘

这类损伤主要包括以下几个方面：
（1）直接受外力作用造成的破坏。

这方面的损坏主要有施工和交通运输所造成的损坏，如挖土、打桩、起重、搬运等都可能误伤电缆，行驶车辆的振动或冲击性负荷也会造成穿越公路或铁路以及靠近公路或铁路敷设电缆的铅（铝）包裂损。

（2）敷设过程造成的损坏。

这方面的损坏主要是电缆因受拉力过大或弯曲过度而导致绝缘和护层的损坏。尤其是一些穿进管道的电缆，常发现管口部位绝缘击穿，主要原因是两端管口的弯曲半径太小。有的甚至以管口边缘作支点，严重损坏了电缆内部的绝缘。在电缆转角的地方也经常发现弯曲半径小于允许倍数的现象。

（3）自然力造成的损坏。

这方面的损坏主要包括中间接头或终端头受自然拉力和内部绝缘胶膨胀作用所造成的电

缆护套的裂损，因电缆自然胀缩和土壤下沉所形成的过大拉力，拉断中间接头或导体以及终端头瓷套因受力而破损等。

5. 绝缘老化与绝缘干枯

绝缘老化与干枯主要出现在使用多年的电缆和接头盒内。电缆在长期运行中，因受过热、过负荷和各种过电压的作用，使本体内绝缘层发生逐渐的自然老化和干枯现象。因此，其绝缘强度也逐渐降低。

6. 过电压导致绝缘击穿

在电力系统中出现的雷电过电压和内部过电压都可能导致电缆绝缘击穿，这在保护不完善的电缆线路中也时有发生。对实际事故分析表明，许多户外终端头的事故，是由于雷电过电压引起的，电缆本身有缺陷更容易在雷电过电压和内部过电压下发生击穿事故。

二、电力电缆检测

1. 绝缘电阻试验

绝缘电阻的接线方法如图 6-4 所示。

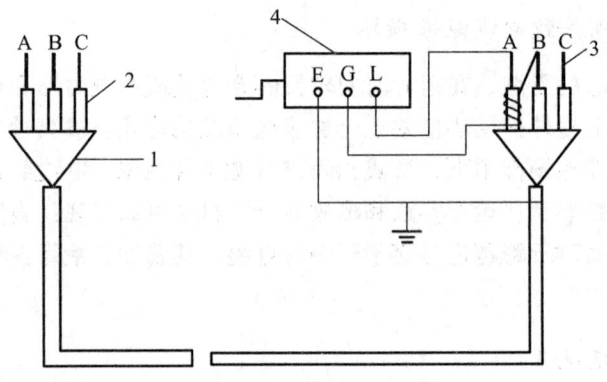

图 6-4　测量绝缘电阻的接线方法

1—电缆终端；2—套管或绕包绝缘；3—导体；4—绝缘兆欧表

① 试验前电缆要充分放电并接地，方法是将电缆导体及电缆金属护套接地。
② 选择合适的绝缘电阻表。
③ 试验前绝缘电阻表必须校零。
④ 电缆套管表面必须擦净。
⑤ 测试完后，一定要将电缆放电，而且电缆越长，绝缘性能越好，接地放电时间越长，但至少不少于 1 min。

2. 直流耐压试验

微安表在高压侧测量泄漏电流的接线方法如图 6-5 所示。

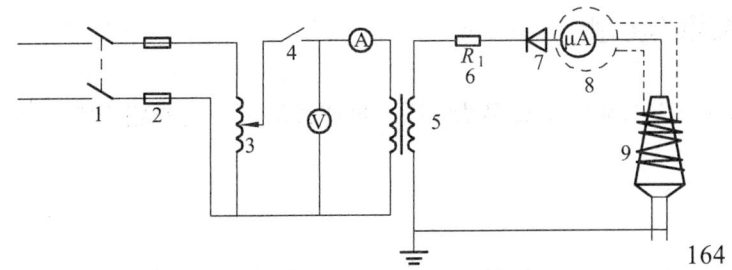

图 6-5 微安表在高压侧测量泄漏电流

1—总开关；2—熔丝；3—调压器；4—电压表；5—变压器；6—保护电阻；
7—高压硅堆；8—微安表；9—电缆

图 6-5 所示试验接线不受杂散电流的影响，但需注意安全。一般应在微安表上并联一个保护设备，或并联一个开关（起短路保护作用），操作时，为了安全，要采用绝缘棒，戴绝缘手套。此外，直流耐压试验按照试验电压的数值进行 5 个阶段的升压，升压速度为 1~2 kV/s，在阶段停留 1 min，然后分别记录各个电压阶段以及达到试验电压值时及以后各个 15 s、60 s、3 min、5 min、10 min、15 min 时刻的泄漏电流。

直流耐压试验电压标准对于不同的设备数值也不一样，应查阅相关的材料，根据要求进行选择。

3. 工频交流耐压试验

对交联聚乙烯电缆进行交流耐压试验，需要高电压、大容量的交流电压试验设备。如对一根长度为 3 km 的 110 kV、630 mm^2 的交联聚乙烯电缆进行交流耐压试验，试验电压为 128 kV，试验电流达到 22.7 A，试验容量是 128 kV×22.7A = 2.9 MV·A。很难将这样的庞大试验设备移到现场做试验。为了减少容量，必须采用串联谐振装置。这种设备一般有调感式和调频式两种。

第五节 电力故障的探测

电力电缆的绝缘缺陷，如受潮、绝缘性能降低等通常可通过预防性试验来检测。规程规定的试验项目有测量绝缘电阻和进行直流耐压试验。实践表明，它们对发现绝缘缺陷是有效的。但是如何确定故障的位置呢？

对电缆故障，采用常规的预防性试验方法进行诊断难以奏效，必须采用专门的仪器和方法进行诊断。

主要步骤是：第一步判明故障性质，第二步选择相应的方法进行粗测，第三步精确测定故障点。

一、电缆故障的类型

电缆故障的探测方法取决于故障的性质,电缆故障可分为开路故障、低阻故障和高阻故障三种类型。

1. 开路故障

如果电缆相间或相对地的绝缘电阻值达到所要求的规范值,但工作电压不能传输到终端,或虽然终端有电压,但负载能力较差,这类故障称为开路故障。如图 6-6 所示,在某相 H 点处存在电阻 R_k,当 $R_k = \infty$ 时,这种情况称为断线故障,这是开路故障的特殊情况。

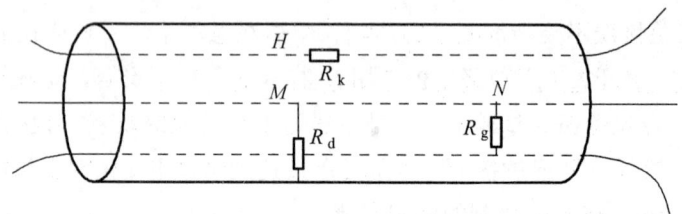

图 6-6 电缆故障示意图

2. 低阻故障

若电缆相间或相对地的绝缘受损,其绝缘电阻减小到一定程度,能用低压脉冲法测量的故障称为低阻故障。如图 6-6 所示,在电缆中,某相 M 点对地绝缘电阻小于 100 Ω以下时,便认为是低阻故障。$R_d = 0$ 的这种情况称为短路故障,这是低阻故障的特殊情况。如果故障点在电缆终端头,R_d 小于电缆特性阻抗才认为是低阻故障。

3. 高阻故障

相对于低阻故障,若电缆相间或相对地的故障电阻较大,以致不能采用低压脉冲法进行测量的故障通称为高阻故障,它包括泄漏性高阻故障和闪络性高阻故障。在电缆预防性试验时,泄漏电流是随试验电压的升高而逐渐增大的,且其值远远超过规定的泄漏值,这种故障称为泄漏性高阻故障。

在图 6-6 中,对泄漏性高阻故障,R_d 一般大于 150 Ω。特殊情况下,终端高阻泄漏故障中的 R_d 大于电缆的特性阻抗。闪络性高阻故障则不然,其特点是故障点不但没有形成低阻通道,相反,绝缘电阻值很大。做试验时,当电压升高到一定值时,泄漏电流突然增大;当电压稍降时,此现象消失。在图 6-6 中,某相 N 点在高电压作用下,$R_g = 0$,当高电压降低到某一数值后,$R_g \to \infty$。

二、判定电缆故障性质的方法

通常是将电缆脱离供电系统,并按下列步骤测量:

① 用绝缘电阻表测量每相对地绝缘电阻,如绝缘电阻指示为零,可用万用表进行测量,以判断是高阻还是低阻接地。

② 测量两相之间的绝缘电阻。

③ 将另一端三相短路,测量其线芯直流电阻。按上述步骤应分别在两端各做一次,并将测得的数据列成表格,如表 6-1 所示,以利于全面分析比较,从而确定故障性质。各相对地及相间绝缘电阻示意图如图 6-7 所示。

表 6-1 电缆故障类型测量记录

测 试 地 点		甲 端	乙 端
各相对地绝缘电阻/MΩ	A B C	800 100 50	800 1×10^{-3} 50
相间绝缘电阻 /MΩ	AB BC CA	900 150 850	800 50 850

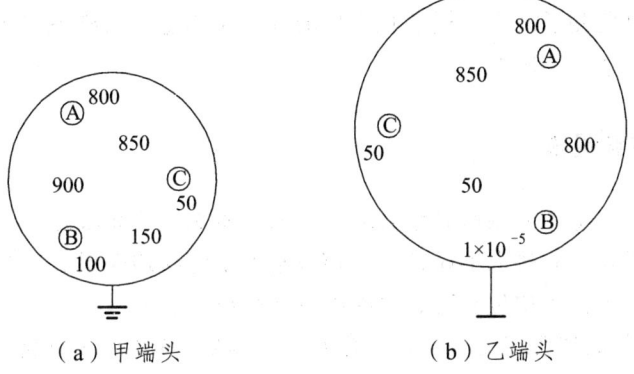

（a）甲端头　　　　　　　　　（b）乙端头

图 6-7　各相对地及相间绝缘电阻（MΩ）示意图

由于表 6-1 中数据尚不能说明故障性质,所以仍需做电缆芯回路直流电阻测试,测量示意图如图 6-8 所示,测量结果列于表 6-2 中。

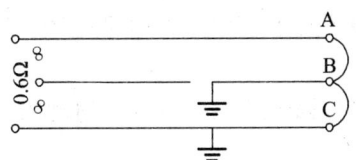　　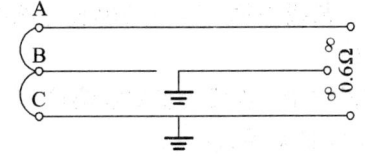

（a）甲端头测量（乙端头临时三相短路）　　（b）乙端头测量（甲端头临时三相短路）

图 6-8　电缆芯回路直流电阻测量示意图

表 6-2 缆芯回路直流电阻测量记录

测 试 地 点		甲 端	乙 端
万用表测得数据/Ω	AB BC CA	0.6	0.6

综合上述测试,可作如下结论:① A 相正常;② B 相断开,乙端有一低阻接地故障点;③ C 相有一高阻接地故障点,但导体完整。有了准确的故障性质判定结论,接着便可以选择

合适的探测仪器和确定的测定寻找方法。

三、电缆故障探测方法

电缆故障探测方法普遍应用电桥法、脉冲法、驻波法等，但这些方法主要用以测量绝缘电阻较低的一类电缆故障，对于电缆中出现的一些高阻故障，常用高压闪络测量法，其中以电缆故障闪测仪的测量方法为这种方法的典型代表，它同时集脉冲法等多种方法于一体，可探测几乎所有 35 kV 级以下的中低压电力电缆的各种故障，测量速度快，多数故障在数小时甚至几分钟内便可确定，测量准确率高达 99%以上。

随着技术的发展，出现了智能化电缆故障闪测仪，应用大规模集成电路技术，使测量波形经 A-D 转换为数字信号，并进行储存，之后再经 D-A 转换，通过监视器同时显示测量波形和故障点到测量端的距离。仪器配有标准波形存储系统，可使测量波形与标准波形进行比较，帮助操作人员识别测量波形，提高测量准确率。仪器还配有绘图打印机，可方便地将测量波形及故障距离数字打印出来。

（一）低压脉冲测量法

应用此法可测量电缆中出现的开路故障、相间或相对地低阻故障，同时也可以测量电缆全长和显示电缆中部分中间接头的位置。当用仪器测量电缆故障时，电缆被认为是一传输线（或叫长线）。当电波在长线中传输时，存在以下几个特性：

① 对于均匀无损的理想电缆，设长度为 L，若从其一端加电压或电流波，那么电波便以均匀速度 v 向其另一端传播，经 T_d 时间后到达另一端，则有：$L = v \times T_d$。

由波过程理论可知，式中的 v 为光速，$v = 300$ m/μs。对油纸电缆，$v \approx 172$ m/μs；对不滴油流电缆，$v \approx 144$ m/μs；对交联聚乙烯电力电缆，$v \approx 160$ m/μs；对聚乙烯（全塑电缆）电力电缆，$v \approx 184$ m/μs。

② 均匀长线中每一点的波阻抗是相等的，对不同截面面积油浸纸介质电缆，其波阻抗 Z 为 $10 \sim 50 \, \Omega$。

③ 在长线中，若某一点的波阻抗发生变化，电波传播到该点就发生反射现象，反射电压与入射电压满足关系式：

$$U_f = \beta U_r$$

式中　U_f——反射电压波；

　　　U_r——入射电压波；

　　　β——电压波反射系数。

β 可表示为

$$\beta = \frac{Z_2 - Z_1}{Z_2 + Z_1}$$

式中　Z_1——长线的波阻抗，$Z_1 = Z_C$；

　　　Z_2——长线中发生变化点的等效波阻抗。

因此，对于低阻故障，若故障点对地电阻为 R_d，则该点的等效波阻抗 $Z_2 = \dfrac{R_d Z_1}{R_d + Z_1}$；对于开路故障，若故障电阻为 R_k。则该点的等效阻抗 $Z_2 = R_k + Z_1$。不同故障时的等效电路如图 6-9 所示。

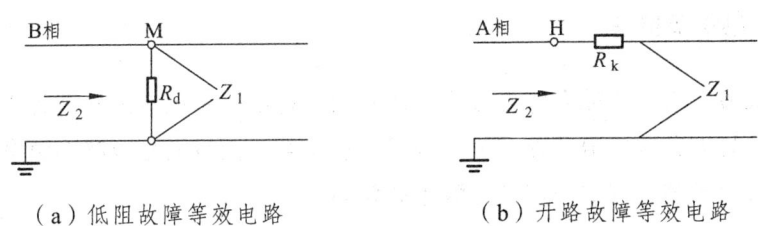

（a）低阻故障等效电路　　　　　（b）开路故障等效电路

图 6-9　不同故障时的等效电路

由上述公式可知，$-1 \leqslant \beta \leqslant 1$。当 $-1 \leqslant \beta \leqslant 0$ 时，说明低阻抗点存在反射波，且反射波与入射波反极性。R_d 越小，$|\beta|$ 越大，$|U_f|$ 越大。当 $R_d = 0$（为短路故障）时，$\beta = -1$，$U_f = -U_r$，即电压波在短路故障点产生全反射。当 $0 < \beta < 1$ 时，说明开路故障点也存在反射波，且反射波与入射波同极性。R_k 越大，$|\beta|$ 越大，$|U_f|$ 越大。当 $R_k = \infty$，即为断线故障时，$\beta = 1$，$U_f = U_r$，电压波在断线故障点发生全反射。

用仪器测量低阻、开路故障时，由仪器内产生一宽度为 $0.1 \sim 2\,\mu s$，幅度大于 120 V 的低压脉冲。在 t_0 时刻加到电缆故障相一端，此时脉冲便以速度 v 向电缆故障点传播，经 Δt 时间后到达故障点，同时产生反射脉冲，反射脉冲波又以同样的速度向测量端传播，并经过同样的时间 Δt 于 t_1 时刻到达侧量端。若设故障点到测量端的距离为 L，则有

$$L = v\Delta t = \frac{1}{2}v(t_1 - t_0)$$

所以只要记录 t_0 和 t_1 时刻，就可以测出测量端到故障点的距离，t_0 和 t_1 时刻的记录由闪测仪完成。当对电缆全长进行校准时，往往使电缆终端开路。因此，电缆全长的校准相当于电缆断线故障的测量情况。电缆存在中间接头时，由于接头处的电缆形状及其绝缘介质等的变化，引起了该点波阻抗的变化。根据长线理论，该点也一定存在反射；但有些中间接头反射幅度较小，仪器可能分辨不出来。

用低压脉冲法测得的电缆故障相波形如图 6-10 所示。从波形曲线测得始端到故障点为 14.5 μs，故障点到末端为 2.5 μs，始端到末端为 14.5+2.5 = 17（μs）。经计算：电缆全长 = $\dfrac{1}{2} \times 17 \times 160 = 200$ (m)；电缆故障点到首端距离 = $\dfrac{1}{2} \times 14.5 \times 160 = 1\,160$ (m)；电缆故障点到末端距离 = $\dfrac{1}{2} \times 2.5 \times 160 = 200$ (m)。

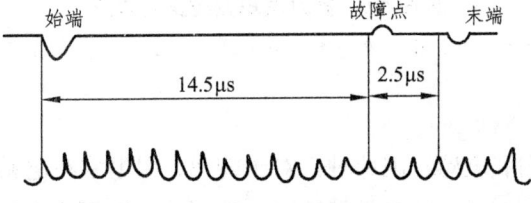

图 6-10　电缆故障相波形

根据低压脉冲法得到的故障相电缆波形图，可计算出故障点距末端约 200 m，并测量出距末端 200 m 处有一电缆井。揭开井盖检查，发现该电缆已烧成圆形的孔洞，用绳子测量出的电缆故障点到末端的距离为 198.8 m（测量的绝对误差为 1.2 m）。

（二）高压闪络测量法

对于高阻故障，由于故障点电阻较大，此点的反射系数 β 很小或几乎等于零，用低压脉冲法测量时，故障点的反射脉冲幅度很小或不存在反射，因而仪器分辨不出来。应用高压闪络测量法对这种故障进行测量，可取得满意的效果。

由直流高压发生器产生一负的直流高压，加到电缆故障相，当电压高到一定数值后，电缆故障点产生闪络放电，瞬间被电弧短路，故障点便产生一跳变电压波在故障点与测量端之间来回反射。采用 DGC-711 电缆故障闪测仪，在测量端取出这一反射波，同时产生标准刻度波，最后由式 $L = v\Delta t = \frac{1}{2}v(t_1 - t_0)$ 计算出故障点到测量端的距离。利用数字式电缆故障闪测仪，同样在测量端取出反射波形，并自动分析测量波形，最后直接显示出故障点到测量端的距离。

常用的高压闪络测量法有两种，即直流高压闪络测量法（简称直闪法）和冲击高压闪络法（简称冲闪法）。

1. 直闪法

直闪法测量电路如图 6-11（a）所示。

图中高压变压器输出的交流电压通过二极管 VD 整流后加到电缆故障相，当负高压加到一定幅度时，故障点闪络放电，在故障点与测量端之间形成如图 6-11（b）所示的测量波形，这一波形通过隔直电容 C，再经电阻 R_1、R_2 分压后加到仪器上。

由于受到高压电源输出功率的限制，因此，直闪法只能测量闪络性高阻故障。

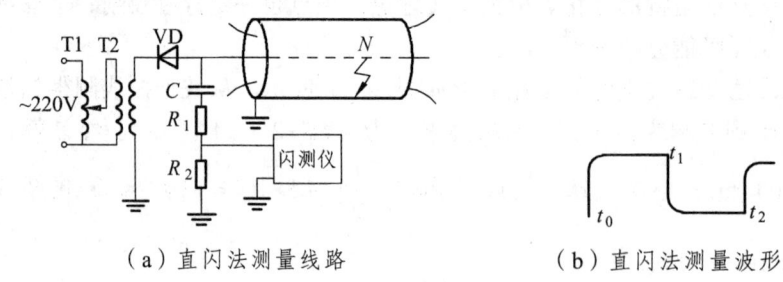

（a）直闪法测量线路　　　　（b）直闪法测量波形

图 6-11　直闪法测量线路及波形

C—耦合电容（大于 0.1 μF）；R_1—水电阻（20~40 kΩ）；R_2—水电阻（约 500 Ω）

2. 冲闪法

冲闪法分为电阻冲闪和电感冲闪两种。对于前者，因电阻在电路中的分压作用，使得实际加到故障电缆上的电压偏低，故对放电不利，特别是对于那些有较高阻值的故障更难以放电，因此，此法存在一定的局限性，故通常采用电感冲闪法。

冲击直流高压电感测量法（简称冲 L 法）的测量电路如图 6-12（a）所示。

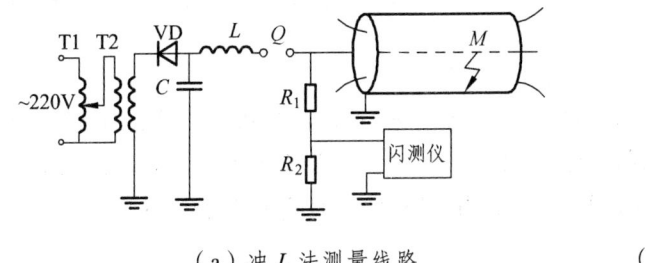

(a) 冲 L 法测量线路　　　　(b) 冲 L 法测量波形

图 6-12　冲 L 法测量线路及波形

当电源接通后，首先由直流高压给储能电容 C 充电，当电容上的电压高到一定幅值时，球间隙 Q 被击穿放电，在 t_0 时刻瞬间负高压加到电缆故障相，并传向故障点，继而故障点闪络放电，故障点放电时的短路电弧使沿电缆送去的电压波反射回去，从而在测量端和故障点之间产生图 6-12（b）所示的波形，图中尖脉冲是由于电感 L 的微分作用产生的。这一波形通过 R_1、R_2 电阻分压后加到仪器上。

冲闪法主要用于测量泄漏性高阻故障，也可测量闪络性高阻故障。

四、电缆故障的精确定点方法

从整个电缆故障测量技术来看，故障点的精确定点是非常困难的，它是当今电缆故障测量技术的一大难题。由于电缆的故障性质不同，定点的具体做法稍有差异，所以下面就针对不同性质的电缆故障分别进行分析和讨论。

1. 低阻故障的定点

用低压脉冲法对低阻故障进行故障点的粗测后，按图 6-13 所示连接线路，然后在粗测的范围内进行定点。

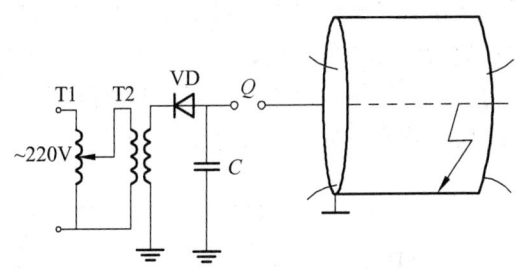

图 6-13　低阻故障定点接线图

由于这类故障电阻小，因此，故障点的放电间隙也小，致使施加的冲击高压在是不很高的情况下，故障点便发生闪络放电。这时因闪络放电而产生的冲击振动波也小，因此，给定点时的测听工作增加了难度。再加上定点现场其他因素的干扰，这时的放电声往往不易分辨甚至听不到，当发生这种情况时，可以人为地调节球间隙的距离，以控制冲击电压的高低，同时还可以通过加大储能电容器的电容量，增强放电强度，从而获得较强、较大的放电声，便于收听、分析和判断故障点的精确位置。当然，无论任何时间，收听到声音最大的点即为故障点。

2. 高阻故障的定点

高阻故障的定点方法和低阻一样，接线方法仍如图 6-13 所示。因这类故障的阻抗较高，当定点时施加的冲击电压达到较高的幅度时，故障点才会发生闪络放电，故放电声和由此而产生的冲击振动波一般来说都比较大，比较便于收听、分析和辨别，因而相比之下就比较容易定点。

3. 开路故障的定点

开路故障定点接线图如图 6-14 所示。

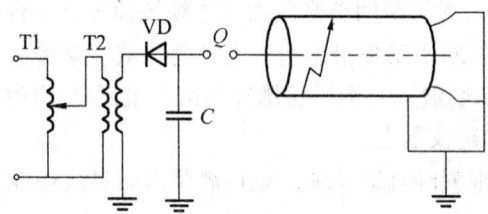

图 6-14 开路故障定点接线图

由图可以看出，在故障相的一端加冲击高压，而故障相的另一端及另外两相和电缆铅包连接后充分接地，然后利用定点仪在粗测的范围内进行定点。因开路故障类似于高阻故障，因此故障现象与高阻故障相类似。在定点时，除电路连接与高阻故障定点时稍有区别外，其定点方法与高阻故障的定点方法相同。

4. 特殊位置故障的定点

上述仅是一般情况下的定点方法，即故障点都远离测试端。如果故障点就在测试端附近，这时故障点的放电声会被球间隙的放电声所淹没。因此，故障点的放电声不易被测量人员收听，当然也就无法定点了。当遇到这种情况时，可以采用如图 6-15 所示的接线。由图可知，由于人为地将球间隙放到远离测试端的另一端，并通过已知的正常相对故障相加电压，从而达到故障相闪络放电的目的。这时因串入回路的球间隙远离测试端，因此，当故障点放电时比较容易收听，就不会因球间隙放电声的干扰而难以辨别了。

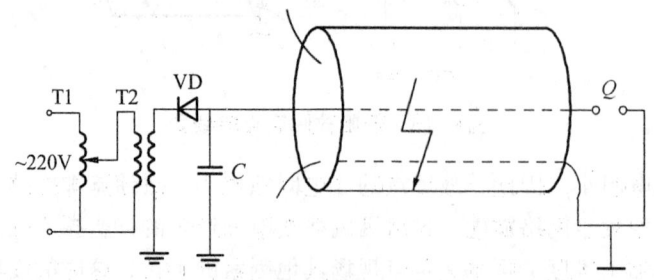

图 6-15 故障点在测试端附近的接线图

【复习思考题】

1. 城市轨道交通供电系统对电力电缆有何基本要求？它一般采用何种电力电缆？
2. 城市轨道交通供电系统的电缆选择应满足什么原则？
3. 110 kV 交联聚乙烯电缆的电缆接头有几种？
4. 交联聚乙烯绝缘电力电缆有何主要优点？
5. 电缆故障的精确定点方法有几种？
6. 城市轨道交通供电系统的电缆敷设方式有几种？
7. 电缆故障的原因是什么？

参考文献

[1] 卢文鹏, 王志惠. 发电厂变电站电气设备[M]. 北京: 中国电力出版社, 2007.
[2] 湖南电力学校. 发电厂变电所电气设备[M]. 北京: 水利电力出版社, 1983.
[3] 杨玉菲. 电气化铁道供电系统[M]. 北京: 中国铁道出版社, 2004.
[4] 李建民. 城市轨道交通供电导论[M]. 北京: 机械工业出版社, 2012.
[5] 杨扩武. 牵引变电所[M]. 北京: 中国铁道出版社, 2011.
[6] 刘增良. 电气设备及运行维护[M]. 北京: 中国电力出版社, 2005.
[7] 林永顺. 牵引变电所[M]. 北京: 中国铁道出版社, 2006.

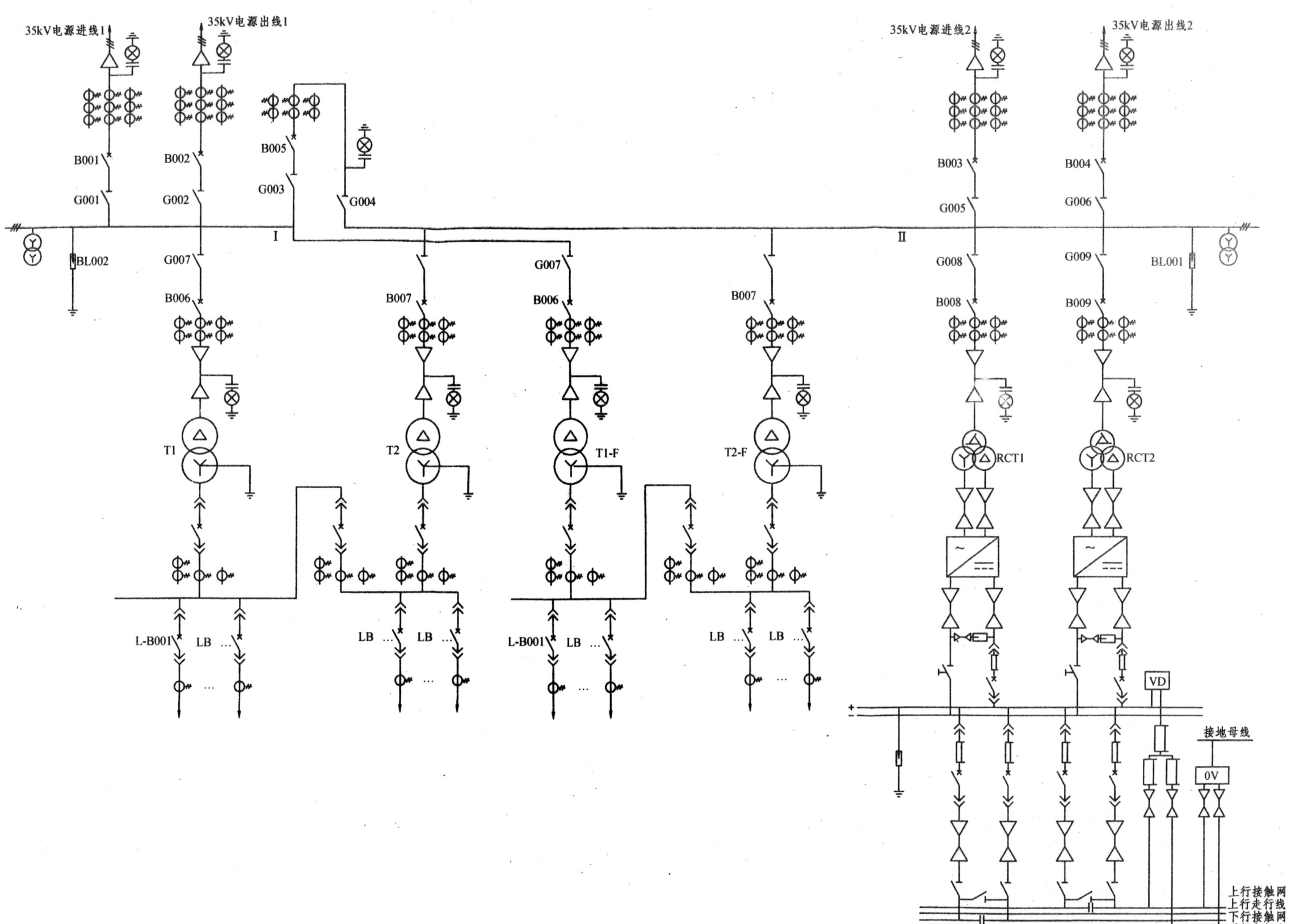

牵引降压混合变电所典型主接线图